«Este libro es un tesoro. Por un lado, le provee a un [...] John Stott sobre la misión del pueblo evangélico, lig[...] Christopher Wright, biblista y misiólogo de renomb[...] de Wright nos muestran cómo la misiología evangélica se ha desarrollado en las cinco décadas desde esa publicación pionera. Este libro nos informa de los avances en el pensamiento evangélico y apunta al futuro desafiante con esperanza».

M. Daniel Carroll R. (Rodas), Profesor de Scripture Press Ministries de Estudios Bíblicos y Pedagogía de Wheaton College y Graduate School

«¿Cómo se ve la misión de la iglesia global en un momento en que la mayoría de los cristianos viven en países que antes eran 'campos de misión'? Combina la cuidadosa enseñanza bíblica con las décadas de escuchar y aprender internacionalmente de estos dos autores y encuentras la respuesta en este libro: la iglesia completa llevando el evangelio completo al mundo completo».

Paul Borthwick, autor de *Western Christians in Global Mission: What's the Role of the North American Church?*

«Esta edición en español del clásico de John Stott, *La misión cristiana en el mundo moderno*, ha sido actualizada por uno de los principales eruditos bíblicos de la actualidad, Christopher Wright, quien es la persona adecuada para hacerlo. Él no sólo comprende el mensaje original de Stott, sino que también puede ampliar los argumentos de Stott con el fin de actualizarlos en el siglo veintiuno. Esta edición impactará en gran manera al mundo de habla hispana».

Steven Ybarrola, Profesor de Antropología Cultural y Decano del Colegio E. Stanley Jones de Misión y Ministerio

«*La misión cristiana en el mundo moderno* fue un libro clave cuando se imprimió hace más de cuarenta años, el cual dio voz a pensamientos importantes con respecto a los temas de la misión, el evangelismo, el diálogo, la salvación y la conversión. Christopher Wright es una elección excelente para integrar sus propias ideas junto con más material de John Stott y otras voces para iluminar estos temas que siguen siendo críticos hoy. Wright entiende perfectamente los temas originales que Stott afrontó y provee ideas que enriquecen el texto original. Estoy agradecido por este regalo a la conversación sobre la misión».

Bud Simon, coautor de *Effective Intercultural Evangelism*

«El libro de John Stott, *La misión cristiana en el mundo moderno*, es un breve trabajo clásico que continúa siendo asombrosamente relevante en nuestros días. Nadie está más calificado que Chris Wright para actualizar el debate, expandir, reformular y aun a veces disentir con lo escrito por Stott en cuanto a ciertos asuntos que enmarcan el compromiso evangélico y bíblico compartido por ambos. Para la misión cristiana este libro demostrará ser una excelente introducción básica a la misión y la evangelización, además de proveer una comprensión bíblica sobre la salvación, el diálogo y la conversión. También será una guía útil de cómo ha evolucionado el pensamiento evangélico sobre la misión en las cuatro últimas décadas, presentada por dos de sus principales exponentes».

Michael W. Goheen, autor de *Introducing Christian Mission Today* y *A Light to the Nations*

JOHN STOTT

LA MISIÓN CRISTIANA

en el

MUNDO MODERNO

CHRISTOPHER J. H. WRIGHT

PRÓLOGO DE
RUTH PADILLA DeBORST

TRADUCIDO POR
ADRIANA POWELL

InterVarsity Press
P.O. Box 1400 | Downers Grove, IL 60515-1426
ivpress.com | email@ivpress.com

Hecho el Depósito Legal en la Biblioteca Nacional del Perú N° 2023-09854
Primera edición, octubre 2023
ISBN N° 978-612-5026-35-4
1. Religión. 2. Teología cristiana
240 pp.; 15.2 x 22.9 cm.

Diseño de carátula: David Fassett
Traducción: Adriana Powell
Edición: Jim Breneman

ISBN 978-1-5140-0926-0 (físico) | ISBN 978-1-5140-0927-7 (digital)

Library of Congress Cataloging-in-Publication Data
Names: Stott, John R. W., author. | Wright, Christopher J. H., 1947- author.
Title: Misión cristiana en el mundo moderno / John R. W. Stott, Christopher J. H. Wright.
Other titles: Christian mission in the modern world. Spanish
Description: Primera edición. | Downers Grove, IL : InterVarsity Press, 2024. | Translation of: Christian mission in the modern world. | Includes bibliographical references.
Identifiers: LCCN 2023049913 (print) | LCCN 2023049914 (ebook) | ISBN 9781514009260 (paperback) | ISBN 9781514009277 (ebook)
Subjects: LCSH: Mission of the church. | Evangelistic work. | Christianity and other religions. | Salvation--Christianity. | Conversion–Christianity.
Classification: LCC BV601.8 .S818 2024 (print) | LCC BV601.8 (ebook) | DDC–dc23/eng/20231207

31 30 29 28 27 26 25 24 | 13 12 11 10 9 8 7 6 5 4 3 2 1

Dedicado al Movimiento de Lausana, que comparte sus orígenes con este libro.

Contenido

Prefacio a la primera edición

Además de mi compromiso personal con la evangelización, tanto por medio de la iglesia local como en la universidad —a partir de una actividad misionera en la Universidad de Cambridge en 1952—, hay cuatro experiencias en particular que contribuyeron a que escribiera este libro.

En primer lugar, en 1968 asistí como consejero a la cuarta Asamblea del Concilio Mundial de Iglesias, realizada en Upsala. Fui asignado a la sección 2 (La renovación en la misión) y de inmediato me vi sumergido en el debate contemporáneo sobre el significado de la misión.

En segundo lugar, aunque en enero de 1973 no pude asistir al congreso en Bangkok sobre «La salvación hoy», naturalmente lo seguí con profundo interés y preocupación. Cuando al año siguiente me invitaron a presentar la ponencia Baker en Melbourne (en memoria del obispo Donald Baker, erudito en Nuevo Testamento y exrector del Ridley College, en Melbourne), elegí hablar sobre «La salvación ayer y hoy». Buena parte de esa conferencia se ha reproducido aquí, con permiso y ampliada, en el capítulo 4.

En tercer lugar, el comité organizador del Congreso Internacional sobre Evangelización Mundial, que se realizó en Lausana en julio de 1974, me pidió que diera una conferencia de apertura sobre la naturaleza de la evangelización bíblica, y que procurara brindar una definición bíblica de cinco palabras: *misión, evangelización, diálogo, salvación* y *conversión*.

En cuarto lugar, cuando el canónigo Jim Hickinbotham, rector de Wycliffe Hall, Oxford, me invitó a dar las Conferencias Chavasse de 1975 (en memoria del obispo F. J. Chavasse de Liverpool, exrector de Wycliffe Hall, y de su hijo, el obispo Christopher Chavasse, exprofesor de St. Peter's College y presidente de la junta directiva de Wycliffe Hall), la oportunidad me pareció propicia para tomar esas cinco palabras y profundizar lo que había intentado bosquejar en Lausana. Estoy sumamente agradecido al rector y al personal, al igual que a los estudiantes de Wycliffe Hall por su amable bienvenida y su gran interés por el tema, así como por el estímulo que significó el tiempo de preguntas que siguió a cada conferencia.

Aunque no quiero en absoluto ocultar ni disimular el hecho de que soy un cristiano de convicción evangélica, este libro no es un ejercicio de propaganda partidaria. No tengo ningún fin subalterno, excepto el de perseverar en la búsqueda de lo que el Espíritu le está diciendo a las iglesias por medio de la Palabra. Lo que más me alentó en Wycliffe fue escuchar al director comentar, en su conclusión, que consideraba que yo había sido «escrupulosamente justo» hacia aquellos con quienes me había aventurado a disentir. Esa, sin duda, ha sido mi meta. Además, así como discrepo de otros, también deseo ser crítico conmigo mismo y con mis colegas evangélicos. La vida es un camino de aprendizaje, un viaje de descubrimiento, en el que nuestras perspectivas equivocadas se van corrigiendo, se ajustan nuestros conceptos distorsionados, profundizamos nuestras opiniones superficiales y se reducen algunas de nuestras numerosas ignorancias.

Quizás lo que más urge en el debate ecuménico actual es encontrar una hermenéutica bíblica coincidente, porque sin ella es poco probable que alguna vez se alcance un consenso más amplio sobre el significado de la *misión* y la obligación que esta nos impone.

John Stott
Abril, 1975

Prefacio a la edición revisada y ampliada

Recuerdo bien haber comprado *Christian Mission in the Modern World* (*La misión cristiana hoy*) en 1975, cuando era un estudiante de teología y estaba cursando estudios doctorales en Antiguo Testamento y capacitándome para ser ordenado en Ridley Hall, Cambridge. El libro llegó en el despertar del entusiasmo generado por los informes del Primer Congreso de Lausana sobre la Evangelización Mundial en 1974 y el documento del Pacto de Lausana, que hizo historia. Muchos de nosotros, como evangélicos británicos más jóvenes, nos sentimos alentados por el resurgimiento de la teología evangélica frente al liberalismo que todavía dominaba los departamentos de teología en las universidades. Al mismo tiempo, nos sentíamos animados por la recuperación de la conciencia social evangélica, históricamente comprometida con un entendimiento de la misión que abarcaba el involucramiento con las realidades sociales, económicas, políticas y culturales de nuestro tiempo. John Stott era nuestro héroe y nuestro mentor en esos dos campos. ¿Acaso no se había levantado para defender con valentía una comprensión bíblica y evangélica de la misión y la evangelización en los encuentros del Consejo Mundial de Iglesias? ¿No era él quien nos urgía a ser sal y luz en la sociedad, a penetrar nuestra cultura en lugar de aislarnos de ella? Ese libro, en sus cinco medulosos capítulos, parecía cubrir esas preocupaciones y encender nuestro celo.

Yo había leído muchos de los libros escritos por él en la década de 1960. Asimismo, había disfrutado las presentaciones bíblicas que daba como orador invitado en la Unión Cristiana Interuniversitaria en Cambridge y las conferencias con las que enriquecía los encuentros de la Fraternidad de Estudiantes de Teología. Igualmente, lo había escuchado predicar en la Iglesia All Souls, en Langham Place. Pero fue recién en 1978 cuando me encontré personalmente con él en el Congreso Evangélico Nacional sobre Ética Social, que dirigía, y a la cual fui invitado (como un ministro anglicano novato con un doctorado en ética del Antiguo Testamento) para dar una de las exposiciones bíblicas matinales. Nuestro contacto inicial condujo a una amistad duradera, que culminó en muchos años de trabajar juntos tras su invitación en 2001 a que me hiciera cargo de los ministerios fundados por él como parte de Langham Partnership (Sociedad Langham) —años que incluyeron a veces el placer de compartir la estadía en su cabaña, The Hookses (ubicada en Gales), su retiro para escribir, donde ahora me encuentro para redactar este prefacio.

Por esa razón, con gran sentido de deuda personal, así como de enorme privilegio y cierta conciencia de falta de mérito, acepté la invitación de InterVarsity Press y de los albaceas de los escritos de John Stott a trabajar en una edición revisada de *Christian Mission in the Modern World* (*La misión cristiana hoy*), que sería publicada a los cuarenta años de su primera edición, con el requerimiento de aliviar al libro de algunos datos desactualizados y sumarle a cada capítulo algunas de mis propias reflexiones. Quisiera, entonces, agregar algunas pocas palabras sobre cada uno de esos aspectos de la tarea.

Al revisar los capítulos originales de John Stott, evité escrupulosamente modificar el sentido de sus conceptos. Quité las referencias a los debates de la década de 1960 y comienzos de 1970 que han quedado lejos en el tiempo y han perdido importancia, además de algunos (pero no todos) de los nombres y de las citas de colegas con los que debatió Stott (y los detalles históricos de algunas controversias específicas). Aun con esa poda, es importante que el lector sepa que cada vez que Stott utiliza palabras como *actual, reciente* o *contemporáneo*, estaba escribiendo en el contexto de los años 60 y 70. Consciente de que Stott aprobaba el lenguaje inclusivo que llegó a ser más habitual a partir de los años 90, revisé el uso predominante del término *hombre* que todavía se entendía y aceptaba en sentido genérico en la década de 1970.

En la preparación de mis propias reflexiones, fui consciente, en primer lugar, de que este libro había sido elaborado a partir de una serie de cinco conferencias que Stott presentó en diversos lugares, y que en ninguna de ellas es posible expresar todo lo que hay para decir sobre un asunto. Por consiguiente, los lectores deben saber que, si quieren alcanzar una plena comprensión de lo que Stott pensaba, digamos, sobre *salvación*, necesitan completar la lectura del capítulo 4 de este libro y a continuación explorar la amplitud y profundidad de su libro *La cruz de Cristo*.

Además de eso, intenté hacer tres cosas, dentro de los límites de espacio y los límites aún mayores de mis conocimientos. Primero, cuando Stott mismo había continuado reflexionando y escribiendo sobre el tema de cada capítulo, siempre que pude lo indiqué con citas y referencias. Segundo, ya que cada tema ha seguido generando debate teológico y misionológico, procuré comunicar el rumbo de esos debates en las décadas posteriores a 1975. Uno de los rasgos del libro que me impresionó una y otra vez es la capacidad anticipatoria de Stott. En una sección tras otra menciona asuntos (a veces solo al pasar) que se volvieron importantes o controversiales años después. En varias ocasiones, agregué notas con la información bibliográfica que logré reunir, con la expectativa de que esta edición revisada del libro pudiera ser útil como material de consulta para estudiantes en algunas áreas de los estudios sobre la misión. Y, en tercer lugar, me tomé la libertad de compartir mis propias reflexiones, unas veces desarrollando la línea de pensamiento de Stott, otras discrepando, y a veces citando extensamente lo que yo mismo escribí en otro lugar. Donde me veo expresando el concepto de manera diferente (¡o atreviéndome a disentir!), me gusta pensar que, si tuviera la oportunidad de analizar el asunto con el autor, llegaríamos a una feliz coincidencia de pensamiento. Esa fue a menudo nuestra experiencia cuando tuvimos tal oportunidad.

Tengo el placer y el privilegio de conceder a este breve y excelente clásico de John Stott un renovado contrato de existencia, y es mi oración —como sé que hubiera sido la de él— que fortalezca la fe, alimente la reflexión y vigorice la misión bíblica.

Chris Wright
Marzo, 2015

Prólogo a la edición en español

Al igual que cientos y miles de cristianos latinoamericanos, mi comprensión del evangelio, mi sumisión al señorío de Cristo, mi actitud hacia las Escrituras y mi sentido de vocación fueron marcados por la vida de John Stott, su enseñanza y sus escritos. Si la vida de Stott marcó a cuantas personas tuvimos el privilegio de conocerlo personalmente, miles más han sido impactados por su exposición clara, convincente y relevante de las Escrituras. Ediciones Certeza Unida, la editorial de los movimientos estudiantiles de habla hispana de la IFES, ha ampliado el alcance de su enseñanza con títulos como *Cristianismo básico*, *La cruz de Cristo*, sus comentarios del Nuevo Testamento y su último libro, *El discípulo radical*.

El viento azotaba violentamente, amenazando con arrancar la carpa de sus estacas. En el interior, alrededor de una luz tenue, escuchábamos atentamente. «Los invito a ser tocados por la ternura de Dios. Dios anhela reunirnos, protegernos y cuidarnos como lo hace una mamá gallina». Era febrero de 1981, cuando el mundialmente famoso líder John Stott acampó con las familias Rooy y Padilla en la Patagonia Argentina. En ese viaje, Stott se convirtió en el tío especial que nos abrió los ojos a la maravillosa belleza tanto de la creación de Dios como de la Palabra de Dios. Yo había conocido al «Tío Juan» cuatro años antes cuando, después de haber visitado varios países latinoamericanos con mi padre, René Padilla, e intentar infructuosamente convertirlo en un ávido avistador de aves, Stott había dirigido una serie de seminarios pastorales en Buenos Aires bajo los auspicios de la Fraternidad Teológica Latinoamericana. Con su claridad y profundidad características, Stott abrió la Palabra, regó en mí las semillas de la sed teológica plantadas por mis padres y alimentó el entusiasmo por la relevancia de las Escrituras para la vida cotidiana. Años más tarde, me hizo sentir como la traductora más excelente del mundo cuando facilité su comunicación con los obreros de la Comunidad Internacional de Estudiantes Evangélicos (CIEE o IFES) en Quito en 1985. «Ruthie», me llamaba cariñosamente, como solo lo hacía mi familia más cercana. Y su abrazo se extendió por encima de los océanos mediante palabras de aliento amoroso tras la muerte de mi primer esposo.

Chris Wright heredó de John Stott la mayordomía de *Langham Partnership International*, una generosa organización que se dedica a promover la literatura bíblica, escuelas de expositores bíblicos, y académicos bíblicos. Por décadas ya, Wright ha estado nutriendo la visión misional y el compromiso ético de mujeres y hombres alrededor del mundo con su pasión por una vivencia integral del gran relato de Dios y su profundo conocimiento del Antiguo Testamento. Personalmente, debo mucho a este generoso maestro que me ha acompañado en decisiones cruciales de la vida e inspirado, como a tantas otras personas, mediante sus prolíficas publicaciones. Certeza Unida celebra haber publicado su generadora obra, *La misión de Dios: descubriendo el gran mensaje de la Biblia*. Como artesano del Compromiso de Ciudad del Cabo, producido en relación al encuentro global Lausana III, Wright articuló una Confesión de Fe y un Llamado a la Acción que sigue convocando a seguidoras y seguidores de Jesucristo alrededor del mundo.

Ciertamente, el texto original del libro que tienes entre manos fue escrito hace varias décadas, en medio de controversias entre grupos con énfasis diversos. Stott navega aguas agitadas con un timón firmemente bíblico y, a la vez, una disposición humilde y generosa hacia aquellas posturas con las cuales disiente. Esta firme gracia es un modelo a imitar hoy, cuando arrecian controversias y polarizaciones teológicas e ideológicas en el seno de la iglesia. Más allá aún, *La misión cristiana en el mundo moderno* nos ofrece el fructífero y desafiante aporte de Chris Wright, quien construye respetuosamente sobre el trabajo de su mentor y a la vez profundiza, expande y actualiza la enseñanza sobre las marcas misionales de la iglesia en el mundo. En este proceso Wright demuestra cómo podemos sostener fuertes convicciones sin perder la gracia que debe caracterizar las interacciones y apreciaciones de quienes nos reconocemos deudores de la gracia infinita de nuestro Buen Dios.

No dudo que, al recorrer las páginas de este libro, descubrirás que las sólidas enseñanzas de estos dos imitables maestros, sumadas al estilo único de este libro, te despertarán preguntas y te abrirán horizontes para una vivencia fiel de las Buenas Nuevas en medio de las realidades actuales en las cuales el Gran Maestro te llama a ser su testigo. ¡Que así sea!

Ruth Padilla DeBorst
Directora de Certeza Unida
Santo Domingo de Heredia,
Costa Rica,
Agosto, 2023

1

La misión

John Stott

Todos los cristianos, cualquiera que sea su trasfondo cultural o su convicción teológica, en un momento u otro deben pensar sobre la relación entre la iglesia y el mundo. ¿Cuál es la responsabilidad de un cristiano hacia sus parientes, sus amigos y vecinos no cristianos, así como, en realidad, hacia toda la comunidad no cristiana?

En respuesta a esta pregunta, la mayoría de los cristianos recurriría de algún modo al término *misión*. Es casi imposible analizar la relación entre la iglesia y el mundo y omitir el concepto de *misión*. Sin embargo, habría una amplia divergencia en el entendimiento de lo que es nuestra misión, o qué papel cumple la *evangelización* en la *misión*, y qué papel juega en ella el *diálogo*. Me temo que disentiríamos no solo en nuestra comprensión de la *naturaleza* de la misión, de la evangelización y del diálogo, sino también en nuestra comprensión de la *meta* de estos tres. Posiblemente, los términos *conversión* y *salvación* aparecerían en algún lugar en nuestra definición de la meta, aunque aquí también podría haber poco consenso en cuanto al significado de estas palabras. Mi tarea, entonces, es tomar este conjunto de cinco palabras: *misión, evangelización, diálogo, salvación* y *conversión*, e intentar definirlas bíblicamente, comenzando en este capítulo con *misión*, y dedicando luego un capítulo a cada una de las cuatro palabras restantes.

En los años recientes, la relación entre cristianos ecuménicos y evangélicos (si se me permite usar estos términos como una simplificación conveniente, porque reconozco que de ningún modo son mutuamente excluyentes) se ha vuelto más rígida, más confrontativa. No deseo empeorar esta situación. Sin embargo, sí creo que parte del pensamiento ecuménico actual es equivocado. Aun así, francamente creo que algunas de nuestras formulaciones evangélicas tradicionales también están equivocadas. Muchos cristianos ecuménicos parecen no haber comenzado siquiera el aprendizaje de vivir bajo la autoridad de las Escrituras. Los evangélicos pensamos que sí lo hemos hecho, y no hay duda de que sinceramente lo deseamos, pero a veces somos muy selectivos en nuestra sujeción, y en otras ocasiones las tradiciones de las generaciones evangélicas anteriores parecen deberle más a la cultura que a las Escrituras. Por lo tanto, mi preocupación principal es someter el pensamiento ecuménico y el evangélico a la misma comprobación independiente y objetiva, a saber, la de la revelación bíblica.

La primera palabra que vamos a considerar es *misión*. Antes de intentar una definición bíblica puede ser útil dar una mirada a la polarización contemporánea.

Dos perspectivas extremas

La perspectiva tradicional o más antigua ha sido la de igualar *misión* y *evangelización, misioneros* y *evangelistas, misiones* y *programas de evangelización*. En su forma extrema esta visión más antigua, de que la misión consiste exclusivamente en evangelización, también ponía el acento en la proclamación verbal. Al misionero a menudo se lo caricaturizaba de pie bajo una palmera, luciendo un sombrero de paja y recitando el evangelio ante un grupo de nativos pobremente vestidos, sentados en el piso alrededor de él con actitud respetuosa. La imagen tradicional del misionero, entonces, era la del predicador, y uno bastante paternalista. A veces, ese énfasis en la prioridad de la predicación evangelizadora dejaba poco espacio para que cualquier otro tipo de tarea pudiera calificarse como *verdadera misión*, ni siquiera escuelas y hospitales. Sin embargo, la mayoría de los adherentes a la visión tradicional de la misión consideraría el trabajo médico y educacional perfectamente apropiado, y, por cierto, como complementos muy útiles de la labor evangelizadora, nacidos de la compasión cristiana hacia enfermos y analfabetos, aunque a veces usados sin reparo como *plataforma* o *trampolín* para la evangelización, ya que los hospitales y las escuelas ofrecían en sus pacientes y alumnos una conveniente audiencia cautiva para la presentación del evangelio. En ambos casos, la misión en sí era entendida en términos de evangelización.

Este enfoque tradicional no está muerto y enterrado, ni mucho menos. A veces lo acompaña una visión muy negativa del mundo de la cultura y la sociedad. El mundo es como un edificio que se incendia, y la única obligación del cristiano es montar una operación de rescate antes de que sea demasiado tarde. Jesucristo puede regresar en cualquier momento; no hay por qué meterse con las estructuras de la sociedad, porque la sociedad está condenada y a punto de ser destruida. Además, cualquier intento de mejorarla no puede ser sino improductivo, porque las personas no renovadas son incapaces de construir un nuevo mundo. La única esperanza que tiene una persona es la de nacer de nuevo. Solo entonces podría pensarse en que la sociedad naciera de nuevo, pero es demasiado tarde aun para eso.

Un pesimismo de esta naturaleza, que niega el mundo, es un fenómeno extraño en personas que dicen creer en Dios. Pero, claro, la imagen que estas personas tienen de Dios está solo parcialmente modelada por la revelación bíblica. No es la del Creador quien en el principio dio a la humanidad un *mandato cultural* de someter y gobernar la tierra —que instituyó a las autoridades de gobierno como sus *ministros* para que organizaran la sociedad y mantuvieran la justicia— y quien, como lo expresó el Pacto de Lausana, al ser «tanto el Creador como el Juez de toda la humanidad», está interesado en «la justicia y la reconciliación en toda la sociedad humana».[1]

En el extremo opuesto a este concepto antibíblico que entiende que la misión consiste solo en la evangelización, está la perspectiva fomentada en el movimiento ecuménico desde la década de 1960. Consiste en que Dios está obrando en el proceso histórico, y que el propósito de su misión, la *missio Dei*, es establecer el *shalom* (término hebreo que significa 'paz') en el sentido de armonía social. Este *shalom* (que sería idéntico al reino de Dios) se ejemplifica en áreas como la lucha contra el racismo, la humanización de las relaciones en el ámbito industrial, la superación de las divisiones clasistas y el desarrollo comunitario, así como la búsqueda de una ética de honestidad e integridad en los negocios y otras profesiones.

Más aún, al avanzar hacia esta meta, Dios usa tanto a las personas que pertenecen a la iglesia como a las que no la constituyen. El papel concreto de ella en la misión es señalar dónde está obrando Dios

---

1 Pacto de Lausana, párrafo 5.

en la historia de este mundo y descubrir lo que está haciendo, para entonces comprometernos e involucrarnos en la tarea. Según este argumento, el principal vínculo del Señor es con el mundo, de modo que la verdadera secuencia ya no debe buscarse en la fórmula *Dios-iglesia-mundo*, sino en esta otra: *Dios-mundo-iglesia*. Siendo así, es el mundo el que debe establecer la agenda de la iglesia. Las iglesias deben tomar el mundo con seriedad y esforzarse por servir conforme a las necesidades sociológicas contemporáneas de este.

¿Qué diremos respecto a esta identificación de la misión de Dios con la renovación social? Podemos hacer cuatro críticas.

En primer lugar, el Dios que es *Señor de la historia* también es *Juez de la historia*. Es ingenuo aclamar a todos los movimientos revolucionarios como señales de renovación divina, pues, después de la revolución, el nuevo *statu quo* encierra a veces más injusticia y opresión que las que tenía el régimen al que desplazó.

Segundo, las categorías bíblicas del *shalom*, de la nueva humanidad y del reino de Dios no deben ser identificadas con la renovación social. Es verdad que en el Antiguo Testamento el *shalom* (paz) a menudo indica bienestar político y material. ¿Puede sostenerse, como exégesis bíblica seria, que los autores del Nuevo Testamento presentan a Jesucristo como el conquistador de esta clase de paz, que luego confiere a toda la sociedad? Asumir que todas las profecías del Antiguo Testamento se completan en términos literales y materiales es cometer el mismo error que los contemporáneos de Jesús cuando intentaron llevarlo por la fuerza y consagrarlo rey (Juan 6.15). La comprensión que presenta el Nuevo Testamento de la profecía del Antiguo Testamento es que su cumplimiento *trasciende* las categorías en las que se dieron aquellas promesas. Según los apóstoles, la paz que proclama y otorga Jesús es algo más profundo y rico; a saber, la reconciliación y la comunión con Dios y unos con otros (por ejemplo, Efesios 2.13-22). Además, no la otorga a todas las personas, sino a quienes pertenecen a él, a su comunidad redimida. Es decir, *shalom* es la bendición que el Mesías trae a los suyos. La nueva creación y la nueva humanidad han de verse en aquellos que están en Cristo (2 Corintios 5.17), y el reino ha de recibirse con la actitud propia de un niño (Marcos 10.15). Por supuesto, nuestro deber cristiano es recomendar, mediante argumentos y con el ejemplo, a aquellos que aún no han recibido el reino ni han entrado en él, los estándares de justicia que lo rigen. De este modo, podríamos decir que la justicia del reino *rebasa* y se derrama en algunos sectores del mundo y, entonces, hasta cierto punto, borra la frontera entre ambos. Sin embargo, el reino se mantiene diferenciado de la sociedad incrédula, y el ingreso a él depende de un nuevo nacimiento espiritual.

En tercer lugar, la palabra *misión* no puede usarse con propiedad para abarcar todo lo que Dios está haciendo en el mundo. Por su providencia y gracia común, sin duda está activo en todas las personas y en todas las sociedades, sea que lo reconozcan o no. Pero esta no es *misión* de Dios; es responsabilidad de sus redimidos y consiste en lo que él les envía a ellos a hacer en el mundo.

En cuarto lugar, esta preocupación por el cambio social a veces deja poco o ningún lugar a la preocupación por la evangelización. Por supuesto, debemos dar atención especial al hambre, a la pobreza y a las injusticias en el mundo; pero debemos tener una preocupación o compasión comparable por el hambre espiritual de las personas, y no descuidar a los millones que perecen sin Cristo. El Señor Jesucristo envió a su iglesia a predicar las buenas nuevas y a formar discípulos, por lo que no debemos quedar tan absorbidos por actividades y metas sociales legítimas que nos impidan obedecer aquel mandamiento.

¿Una síntesis bíblica?

Habiendo considerado la idea tradicional que sostiene que la misión comprende exclusivamente a la evangelización, así como el punto de vista ecuménico actual según el cual ella consiste en el establecimiento del *shalom*, nos preguntamos si hay una mejor alternativa, más equilibrada y más bíblica de definir la misión de la iglesia y de expresar la relación entre la responsabilidad evangelística y la responsabilidad social del pueblo de Dios.

La necesidad de una relación más equilibrada fue reconocida en el seno del movimiento ecuménico. En la apertura de la Asamblea del Consejo Mundial de Iglesias en Upsala, en 1978, el secretario general, Dr. W. A. Visser 't Hooft, recientemente jubilado, hizo la siguiente notable declaración:

> Creo que, en relación con la enorme tensión entre la
> interpretación vertical del evangelio como esencialmente

> interesado en la acción salvadora de Dios en la vida de los individuos, y la interpretación horizontal del mismo con el interés principalmente puesto en las relaciones humanas en el mundo, debemos salirnos de este movimiento oscilatorio un tanto primitivo que va de un extremo al otro, y que no es coherente con un movimiento que por su propia naturaleza busca abrazar la verdad del evangelio en toda su plenitud. Un cristianismo que ha perdido su dimensión vertical ha perdido la sal, y no solo es insípida sino inútil para el mundo. Pero un cristianismo que se vale de la preocupación vertical como medio para eludir su responsabilidad para con la vida humana común es una negación de la encarnación, del amor de Dios para con el mundo manifestado en Cristo.[2]

Lamentablemente, el asunto no quedó clarificado en esa conferencia y se mantuvo como una cuestión que dividió a evangélicos y ecuménicos por igual, en una antigua polarización que todavía existe.

Todos nosotros deberíamos poder coincidir en que la misión surge ante todo de la naturaleza de Dios y no de la iglesia. El Dios viviente de la Biblia es el Dios que envía. Algunos han llegado a aplicarle la palabra *centrífugo*, normalmente referida a la iglesia que sale en misión. Esta figura del lenguaje es bien dramática. Sin embargo, solo es otra manera de decir que Dios es amor, que siempre se extiende y que, en servicio de entrega, busca alcanzar a otros.

Dios le ordenó a Abraham que dejara su parentela y saliera de su tierra y lo envió a un lugar que no conocía; dijo que le daría su bendición y que, si obedecía, por medio de él, bendeciría a todo el mundo (Génesis 12.1-3). Luego envió a José a Egipto, invalidando la crueldad de sus hermanos, con el objetivo de preservar un remanente fiel durante la hambruna (Génesis 45.4-8). Después envió a Moisés a su pueblo oprimido en Egipto, con buenas noticias de liberación, y le dijo: «Voy a enviarte al faraón para que saques de Egipto a los israelitas, que son mi pueblo» (Éxodo 3.10). Después del éxodo y de

---

2 W. A. Visser 't Hooft, en *The Uppsala 68 Report*, ed. Norman Goodall (Génova: WCC, 1968), 317-18.

que su pueblo se estableciera en Canaán, Dios les envió una constante sucesión de profetas con palabras de advertencia y de promesa. Por medio de Jeremías, dijo: «Desde el día en que sus antepasados salieron de Egipto hasta ahora, no he dejado de enviarles, día tras día, a mis servidores los profetas. Con todo, no me obedecieron ni me prestaron atención» (Jeremías 7.25-26; ver 2 Crónicas 36.15-16). Luego del cautiverio en Babilonia, por su gracia, los envió de regreso a su tierra, y mandó con ellos más mensajeros para ayudarles a reconstruir el templo, la ciudad y la vida de la nación. Finalmente, «cuando se cumplió el plazo, Dios envió a su Hijo»; y después, Padre e Hijo enviaron al Espíritu, en el día de Pentecostés (Gálatas 4.4-6; ver Juan 14.26; 15.26; 16.7; Hechos 2.33).

Todo esto forma parte del trasfondo bíblico esencial para cualquier entendimiento de la misión. La misión primaria es de Dios, porque es él quien envió a sus profetas, a su Hijo, a su Espíritu. De estas, la misión del Hijo es central, porque fue la culminación del ministerio de los profetas, y porque comprendió, como su clímax, el envío del Espíritu. Y ahora el Hijo envía tal como él fue enviado.

Ya durante su ministerio público, Jesús envió primero a los apóstoles y luego a los setenta, como una especie de extensión de su propio ministerio de predicación, enseñanza y sanación. Más tarde, después de su muerte y resurrección, amplió el alcance de la misión al incluir a todos los que lo reconocieran como Señor y se consideraran sus discípulos. Había otras personas presentes cuando se les encomendó a los Doce la Gran Comisión (ver, por ejemplo, Lucas 24.33). No podemos restringir su aplicación a los apóstoles.

La gran comisión

Esto nos lleva a considerar los términos en que está expresada la Gran Comisión. ¿Qué fue lo que el Señor Jesús encomendó a los suyos que hicieran? No cabe duda de que la mayoría de las versiones (porque parece haberla repetido en distintos formatos en varias ocasiones) coloca el énfasis en la evangelización. «Vayan por todo el mundo y anuncien las buenas nuevas a toda criatura» es el mandamiento conocido que aparece en el final largo del Evangelio de Marcos, que parece haber sido añadido más tarde por alguien después que se perdiera el cierre original de Marcos (Marcos 16.15). La fórmula en Mateo es «vayan y hagan discípulos de todas las naciones, bautizándolos [...] enseñándoles» (Mateo 28.19-20), en tanto que Lucas registra al final de su evangelio la expresión de Cristo: «... en su nombre se predicarán el arrepentimiento y el perdón de pecados a todas las naciones», y al comienzo del libro de Hechos consigna que los suyos recibirían poder para ser sus testigos hasta los confines de la tierra (Lucas 24.47; Hechos 1.8). El énfasis acumulativo parece claro y está en la predicación, el testimonio y el hacer discípulos. De esto, muchos deducen que la misión de la iglesia, conforme a lo especificado por el Señor resucitado, consiste exclusivamente en predicar, lograr conversos y enseñarles. De hecho, confieso que yo mismo sostuve esta perspectiva en el Congreso Mundial de Evangelización, en Berlín, en 1966, cuando procuré exponer las tres principales versiones de la Gran Comisión.

Hoy, sin embargo, me expresaría de otra manera. No se trata solamente de que la Comisión incluye el deber de enseñar a los discípulos bautizados todo lo que Jesús les había mandado antes (Mateo 28.20) y que la responsabilidad social está entre sus órdenes. Ahora veo más claramente que no solo debe entenderse como consecuencia de la Comisión, sino como parte de su esencia, que incluye la responsabilidad social tanto como la de evangelizar, a menos que queramos ser culpables de distorsionar las palabras de Jesús.

La forma crucial en que nos llegó la Gran Comisión (aunque es la más descuidada porque es la más costosa) es la juanina. Jesús lo había anticipado cuando oró en el aposento alto y le dijo al Padre: «Como tú me enviaste al mundo, yo los envío también al mundo» (Juan 17.18). Ahora bien, probablemente en el mismo aposento alto, pero después de su muerte y resurrección, convirtió esa declaración en un mandato y dijo: «Como el Padre me envió a mí, así yo los envío a ustedes» (Juan 20.21). En estas dos declaraciones Jesús hizo algo más que trazar un difuso paralelo entre su misión y la nuestra. Al decir «*como* el Padre me envió a mí, *así* yo los envío a ustedes», con actitud deliberada y precisa, definió su misión como el *modelo* de la nuestra. En consecuencia, nuestro entendimiento de la misión de la iglesia debe deducirse de nuestro entendimiento de la misión del Hijo. ¿Por qué y cómo envió el Padre al Hijo?

Por cierto, el propósito principal de la venida del Hijo a este mundo tenía un carácter único. Quizás sea en parte por esta razón que los cristianos han titubeado ante la idea de que su misión pudiera ser, en algún sentido, comparable a la de él. El Padre envió al Hijo para ser el Salvador del mundo, y para serlo debía expiar nuestros pecados y darnos vida eterna (1 Juan 4.9-10, 14). Más aún, él mismo dijo que «vino a buscar y a salvar lo que se había perdido» (Lucas 19.10). No podemos emularlo en ello, no somos salvadores; sin embargo, todo esto sigue siendo una declaración incompleta de por qué vino.

Es mejor comenzar con un planteo más general y decir que vino para servir. Sus contemporáneos estaban familiarizados con la visión apocalíptica de Daniel, del Hijo del Hombre que recibe dominio y a quien todos los pueblos sirven (Daniel 7.14). Sin embargo, Jesús sabía que, antes de recibir el servicio de todas las naciones, él debía servir y soportar sufrimiento antes de recibir autoridad y dominio. Lo que hizo fue fusionar dos imágenes del Antiguo Testamento aparentemente incompatibles: el Hijo del Hombre presentado en Daniel y el Siervo Sufriente de Isaías, por lo que dijo: «... ni aun el Hijo del hombre vino para que le sirvan, sino para servir y para dar su vida en rescate por muchos» (Marcos 10.45). El rescate por el pecado fue un sacrificio que solo él podía ofrecer, pero este sería la culminación de una vida de servicio, lo que también nosotros podemos hacer. En otra ocasión dijo: «... yo estoy entre ustedes como uno que sirve» (Lucas 22.27). Se dio a sí mismo a los demás en servicio desinteresado, el cual tomó una amplia variedad de formas según las necesidades de las personas. Sin duda predicó y proclamó las buenas noticias del reino de Dios. Igualmente, enseñó sobre el carácter y la venida del reino, así como la forma de ser parte de él y la manera en que habría de extenderse. Además, sirvió tanto con hechos como con palabras, por lo que en su ministerio es imposible separar sus obras de sus palabras. Dio de comer a los hambrientos y lavó los pies sucios; sanó a los enfermos, consoló a los afligidos y hasta devolvió la vida a los muertos.

Ahora él nos envía, dice, como el Padre lo envió a él. Por lo tanto, nuestra misión debe ser de servicio, como la de él. Jesús se vació de su estatus y tomó la forma de siervo, con una actitud de humildad que también debemos tener nosotros (Filipenses 2.5-8). Él nos provee el modelo perfecto de servicio y envía su iglesia al mundo como una iglesia que sirve. ¿Acaso no es esencial que recuperemos este énfasis bíblico? En muchas de nuestras actitudes y proyectos cristianos (especialmente entre aquellos que vivimos en Europa y América del Norte) nuestra tendencia ha sido actuar como jefes más que como siervos. Sin embargo, parece ser que es en nuestro papel como siervos donde podemos encontrar la síntesis precisa entre evangelización y acción social, porque ambas deberían ser para nosotros, como sin duda lo fueron para Cristo, la auténtica expresión de un amor que sirve.

Hay, además, otro aspecto de la misión del Hijo que debe encontrar su paralelo en la misión de la iglesia; a saber, que Cristo fue enviado *al mundo* con el fin de servir. No descendió simplemente como un visitante del espacio, ni llegó como un extranjero trayendo consigo su propia cultura extraña. Asumió nuestra humanidad, en carne y hueso, así como nuestra cultura. Aún más, se hizo uno de nosotros y experimentó nuestra fragilidad, nuestros sufrimientos y nuestras tentaciones. Incluso cargó nuestros pecados y murió nuestra muerte. Ahora nos envía «al mundo», a identificarnos con otros (pero sin perder nuestra identidad cristiana), así como él se identificó con nosotros, y a volvernos vulnerables como lo hizo él. Sin duda uno de nuestros fracasos más característicos como cristianos, no menos entre aquellos que nos llamamos cristianos evangélicos, es que rara vez tomamos en serio este principio de la encarnación. Nos surge más naturalmente vociferarle a la gente el evangelio desde cierta distancia que involucrarnos profundamente en su vida, pensar en su cultura y sus problemas, y compartir sus sufrimientos. Sin embargo, esta implicancia del ejemplo de nuestro Señor es algo de lo que no podemos escapar. Como lo expresa el Pacto de Lausana: «Afirmamos que Cristo envía a su pueblo redimido al mundo como el Padre lo envió a él, y que esto exige una penetración del mundo similarmente profunda y costosa».[3]

La relación entre evangelización y responsabilidad social

¿Cuál debería ser, entonces, la relación entre la evangelización y la acción social en el marco de nuestra responsabilidad cristiana total? Aun si damos por sentado que no tenemos libertad para

---

3 Pacto de Lausana, párrafo 6.

concentrarnos en la evangelización, excluyendo la inquietud social, ni para hacer del activismo social un sustituto de la evangelización, todavía necesitamos definir la relación entre ambas. Esto se ha intentado de tres maneras, principalmente.

Primero, algunos consideran la acción social como *un medio para la evangelización*. En ese caso, las metas primordiales son evangelizar y ganar conversos; pero se considera la acción social como un recurso preliminar útil, un medio eficaz para lograr esas metas. La modalidad más descarada de este enfoque hace de la acción social (sea alimento, medicina o educación) el equivalente de la cobertura dulce de la píldora, la carnada en el anzuelo, mientras que en su mejor versión confiere al evangelio una credibilidad que de otro modo carecería. En cualquier caso, el olor a hipocresía ronda a nuestra acción filantrópica. Una motivación oculta nos impulsa a este compromiso. El resultado de hacer de nuestro programa social un medio para otro fin es que producimos los llamados cristianos *interesados,* que son una consecuencia inevitable si nosotros nos desempeñamos también como evangelistas *interesados.* Nosotros les transmitimos el engaño. Por eso no asombra que Gandhi haya dicho lo siguiente en 1931: «Sostengo que hacer proselitismo bajo el amparo del trabajo humanitario es, cuando menos, indecoroso [...] ¿por qué debería cambiar mi religión porque un médico que profesa el cristianismo como religión me sanó de alguna enfermedad?».

Hay una segunda y mejor manera de relacionar la evangelización y la acción social. Ella no considera la acción social como un medio para evangelizar, sino como *una expresión de la evangelización* o, al menos, del evangelio que se proclama. En este caso, la filantropía no se adjunta a la evangelización de una manera artificial y externa, sino que crece como su expresión natural. Casi podríamos decir que la acción social se convierte en el *sacramento* de la evangelización, porque de forma significativa hace visible el mensaje. Los mismos actos de amor y de compasión *predican* el mensaje del evangelio del que fluyen. No debemos titubear en aceptar este criterio, hasta donde llega, ya que tiene un fuerte precedente en el ministerio de Jesús. Sus palabras y sus obras se pertenecían mutuamente; sus palabras interpretaban a sus obras y las obras eran la encarnación de sus palabras. No solo anunciaban las buenas noticias del evangelio; también hacían visibles las *señales del reino*. De este modo, si las personas no querían creer en

31

sus palabras, entonces que le creyeran «por las obras mismas», dijo (Juan 14.11).

Sin embargo, esta segunda perspectiva también me deja intranquilo. Hace del servicio una subdivisión de la evangelización, un aspecto de la proclamación. Las buenas obras de amor tuvieron valor evidencial cuando las realizó Jesús, por supuesto, y también las tienen cuando las realizamos nosotros (ver Mateo 5.16). Aun así, no puedo aceptar que esta sea su única, ni siquiera su principal, justificación. Si lo fuera, esas buenas obras seguirían siendo, si bien tímidamente, solamente medios para un fin. Si las buenas obras son una predicación visible, entonces esperan un retorno; pero si son amor visible, se hacen «sin esperar nada a cambio» (Lucas 6.35).

Llegamos a la tercera forma de describir la relación entre la evangelización y la acción social, que a mi juicio es la única verdaderamente cristiana, y es la que considera a la acción social como *compañera de la evangelización*. Como socias, se pertenecen mutuamente y a la vez son independientes una de la otra. Ninguna de las dos es un medio para la otra ni tampoco una manifestación de la otra. Cada una es un fin en sí misma. Ambas son expresiones de un amor no fingido. La evangelización y el servicio compasivo pertenecen juntas a la misión de Dios.

El apóstol Juan me ayudó a comprender esto mediante las siguientes palabras de su primera carta: «Si alguien que posee bienes materiales ve que su hermano está pasando necesidad, y no tiene compasión de él, ¿cómo se puede decir que el amor de Dios habita en él? Queridos hijos, no amemos de palabra ni de labios para afuera, sino con hechos y de verdad» (1 Juan 3.17-18). Aquí el amor en acción surge de una doble situación: primero, *ver* a un hermano en necesidad, y segundo, *tener* los medios para satisfacer la necesidad. Si no vinculo lo que *tengo* con lo que *veo*, no puedo decir que habita en mí el amor de Dios. Además, ese principio se aplica cualquiera sea la naturaleza de la necesidad vista. Puedo percibir una necesidad espiritual (pecado, culpa, perdición) y tener el conocimiento del evangelio para responder a ella. O puedo ver como necesidad una enfermedad, la ignorancia o una vivienda precaria, y tener la pericia médica, educacional o social para aliviarla. Ver la necesidad y poseer el remedio inspira al amor a actuar. Así, según lo que *veamos* y lo que *tengamos*, la acción será evangelizadora, social o, incluso, política.

Eso no significa que las palabras y las obras, la evangelización y la acción social, sean socias tan inseparables que todos debamos ocuparnos todo el tiempo de ambas. Las situaciones varían, y también las vocaciones cristianas. En cuanto a las situaciones, habrá ocasiones cuando el destino eterno de la persona será la consideración más urgente, ya que no debemos olvidar que, sin Cristo, las personas perecen. Pero, sin duda, habrá otros momentos cuando la necesidad material de una persona sea tan apremiante que no pueda escuchar el evangelio aunque se lo comportáramos. Por ejemplo, el hombre que cayó en manos de ladrones necesitaba por sobre todas las cosas, en ese momento, aceite y vendas para sus heridas, ¡no folletos de evangelización en sus bolsillos! Como dice el refrán, «la persona con hambre no tiene oídos». Si nuestro enemigo tiene hambre, el mandato bíblico no es evangelizarlo, sino darle de comer (Romanos 12.20). Por cierto, hay una variedad de vocaciones cristianas, por lo que todo cristiano debería ser fiel a su propio llamado. Un médico no debe descuidar la práctica de la medicina a cambio de la evangelización, y tampoco debería un evangelista desatender su ministerio de la Palabra por atender las mesas, como muy pronto descubrieron los apóstoles (Hechos 6).

El gran mandamiento

Permítanme volver a la Gran Comisión. He intentado mostrar que la fórmula juanina, según la cual la misión de la iglesia debe seguir el modelo de la misión del Hijo, implica que somos enviados al mundo para servir, y que el servicio que hemos de prestar con humildad incluirá, como lo fue también para Cristo, palabras y obras; es decir, una preocupación por el hambre y la enfermedad tanto del cuerpo como del alma; en otras palabras, acción evangelizadora y acción social. Pero ¿qué ocurre en el caso de que alguien permanece convencido de que la Gran Comisión se aplica exclusivamente a la evangelización?

Me atrevo a decir que, a veces —quizás porque fue la última instrucción que nos dio Jesús antes de volver al Padre—, damos a la Gran Comisión un lugar demasiado prominente en nuestro pensamiento cristiano. Por favor, no me malinterpreten. Creo firmemente que la iglesia toda está obligada a obedecer la comisión del Señor de llevar el evangelio a todas las naciones; pero también me preocupa que consideremos esto como la única instrucción que nos dejó. También citó Levítico 19.18: «... ama a tu prójimo como a ti mismo», y dijo que ese era «el segundo y gran mandamiento» (segundo en importancia solo en relación con el mandamiento supremo de amar a Dios con todo nuestro ser), lo cual explicó en el Sermón del Monte. Insistió en que, en el vocabulario de Dios, nuestro prójimo incluye a nuestro enemigo y que amar significa hacer el bien; es decir, entregarnos de manera activa y constructiva en favor del bienestar de nuestro prójimo.

Encontramos aquí dos instrucciones de Jesús: un gran mandamiento («ama a tu prójimo») y una gran comisión («vayan y hagan discípulos»). ¿Cuál es la relación entre ambas? Algunos de nosotros nos conducimos como si fueran idénticas y, en consecuencia, pensamos que al compartir el evangelio con alguien ya hemos completado nuestra responsabilidad de amor hacia él o ella. No es así. La Gran Comisión no explica, no agota ni reemplaza al Gran Mandamiento. Lo que hace es agregar al requerimiento de amar y servir al prójimo una nueva y urgente dimensión cristiana. Si verdaderamente amamos a nuestro prójimo, no hay duda de que compartiremos con él o ella las buenas noticias de Jesús. ¿Cómo podríamos decir que amamos a nuestro prójimo si conocemos el evangelio, pero nos rehusamos a compartírselo? Sin embargo, de la misma manera, si de verdad lo amamos no nos limitaremos a solamente evangelizarlo. Nuestro prójimo no es un alma incorpórea que nos obliga a amar solo su espíritu, ni es un cuerpo sin alma que nos compromete a interesarnos únicamente en su bienestar físico. Tampoco es un cuerpo con un alma, pero aislado de la sociedad, ya que Dios creó a la persona humana, que es mi prójimo, como un *cuerpo-alma-en-comunidad*. Por lo tanto, si amamos a nuestro prójimo como él lo hizo, inevitablemente nos interesaremos en su bienestar total: el bien de su alma, de su cuerpo y de su comunidad. Por otra parte, es esta visión del ser humano como ser psicosomático y comunitario, a la vez, la que nos obliga a agregar la dimensión *política* a nuestra preocupación social, puesto que la acción humanitaria se ocupa de las víctimas de una sociedad enferma. Ello nos impele también a ocuparnos de la medicina preventiva o la salud comunitaria, lo cual implica la búsqueda de mejores estructuras sociales donde se asegure la paz, la dignidad, la libertad y la justicia para todos. No hay razón alguna que nos impida, en esta búsqueda, unir nuestras manos a las de las demás personas de buena voluntad, aun cuando no sean cristianas.

En síntesis, al igual que Jesús, somos enviados al mundo para servir. Esta es la expresión natural de nuestro amor por nuestro prójimo. Amamos. Vamos. Servimos. Al hacerlo no tenemos (o no deberíamos tener) ninguna segunda intención. Al evangelio le falta visibilidad si meramente lo predicamos, al igual que carece de credibilidad si al predicarlo nos interesamos solo por las almas y no nos preocupamos por el bienestar del cuerpo, la situación y la comunidad de las personas. Sin embargo, la razón primordial para aceptar nuestra responsabilidad social no es la de darle al evangelio la visibilidad o la credibilidad de las que, de otro modo, carecería, sino la simple y sencilla compasión. El amor no necesita justificarse. Se expresa en servicio allí donde ve una necesidad.

Misión, entonces, no es una palabra para describir todo lo que la iglesia hace. *La iglesia es misión* suena bien, pero es una exageración. Ella es una comunidad que adora y que sirve; pero si bien la adoración y el servicio se pertenecen mutuamente, no deben ser confundidos. Y como hemos visto, «misión» tampoco cubre todo lo que el Señor hace en el mundo. El Dios creador está constantemente activo en su mundo por medio de su providencia, su gracia común y su juicio, aparte de los propósitos por los cuales envió al mundo a su Hijo, a su Espíritu y a su iglesia. El término *misión* describe, más bien, todo lo que se le ha enviado a la iglesia a hacer en el mundo. La *misión* abarca el doble llamado de ser «la sal de la tierra» y «la luz del mundo». Cristo *envía* a su pueblo a ser sal, y *envía* a su pueblo a ser luz en el mundo (Mateo 5.13-16).

Implicaciones prácticas

Para concluir, puede ser útil considerar cuáles podrían ser las consecuencias de este entendimiento de la misión. Los cristianos evangélicos se arrepienten hoy de su pietismo de antaño, que tendía a mantenerlos aislados del mundo secular, y están aceptando que tenemos una responsabilidad social además de la de evangelizar. ¿Qué significará esto en la práctica? Quisiera explorar dos áreas: la *vocación cristiana* y la *iglesia local*.

Comienzo con la vocación, con la cual me refiero al trabajo en la vida de un cristiano. A menudo damos la impresión de que, si un joven cristiano está entusiasmado por Cristo, decidirá ser misionero en el extranjero; que, si el entusiasmo no es tan grande, se quedará en su lugar y llegará a ser pastor; y que, si no tiene suficiente compromiso para eso, sin duda servirá como médico o maestro. ¡Quien termina dedicándose al trabajo social o a los medios de comunicación o, aún peor, a la política, está a pocos pasos de claudicar!

Me parece urgente buscar una perspectiva más acertada en este asunto de las vocaciones. Jesucristo llama a todos sus discípulos al *ministerio*, es decir, al servicio. Él mismo es el siervo por excelencia, y nos llama a ser siervos también. Entonces, esto al menos es claro: que, si somos cristianos, hemos de dedicar nuestra vida a servir a Dios y a los demás. La única diferencia entre nosotros reside en la naturaleza del servicio que somos llamados a realizar. Sin duda, algunos son llamados a ser misioneros, evangelistas o pastores, y otros a ejercer profesiones importantes, como pueden ser la abogacía, la educación, la medicina o las ciencias sociales. Otros son llamados al comercio, a la industria, a la agricultura, a seguir profesiones bancarias y contables, al Gobierno o al Parlamento, a los medios de comunicación, a la administración del hogar o a llevar adelante una familia. En todos estos ámbitos, y en muchos otros, una persona cristiana puede llevar adelante su trabajo de manera cristiana sin necesidad de verlo como un mal necesario (es decir, como inevitable para asegurar la subsistencia), o como un espacio útil para evangelizar o ganar dinero para costear la evangelización, sino reconociéndolo como su vocación cristiana, el modo en que Cristo lo ha llamado para servirle. Más aún, parte de su llamado incluye el esfuerzo por mantener las pautas del Señor en cuanto a la justicia, la rectitud, la honestidad, la dignidad humana y la compasión en una sociedad que ya no las acepta.

Cuando una comunidad se deteriora, la culpa tiene que recaer donde corresponde: no sobre la comunidad que va de mal en peor, sino sobre la iglesia que no está cumpliendo su papel de ser la sal que evita ese deterioro. La sal solo puede ser efectiva si permea la sociedad, si los cristianos redescubren la amplia variedad de llamados divinos y si muchos de ellos penetran profundamente en la sociedad secular a fin de servir allí a Cristo.

En procura de esa meta, personalmente me gustaría ver que se designen orientadores vocacionales cristianos que visiten las escuelas, las universidades y las iglesias, no solo para reclutar para el pastorado, sino para presentar a la juventud las apasionantes y variadas oportunidades disponibles hoy para servir a Cristo y al resto de la humanidad. También me gustaría que hubiera en forma habitual conferencias vocacionales, no solamente conferencias *misioneras*, que asignan la mayor prioridad a la vocación misionera transcultural, ni conferencias *ministeriales*, que se concentran en el pastorado ordenado, sino conferencias de *misión*, que interpreten la amplitud bíblica de la misión de Dios, la apliquen al mundo contemporáneo y desafíen a la juventud a dar su vida sin reservas al servicio en algún aspecto de la misión cristiana.

Una segunda aplicación concierne a la iglesia local. Aquí también nuestra tendencia ha sido ver a la iglesia como una comunidad que adora y da testimonio. Pensamos que su responsabilidad hacia el distrito o barrio está en gran medida restringida a dar un testimonio evangelístico. Sin embargo, si la iglesia local es «enviada» a ese lugar como el Padre envió al Hijo a este mundo, su misión de servicio ha de ser mucho más amplia que la evangelización. Una vez que la iglesia local como un todo reconoce y acepta esta dimensión más plena de su responsabilidad, se halla en condiciones de percibir otra verdad. Aunque todos los cristianos están llamados, en general, a los dos tipos de servicio (testificar a Cristo y seguir el ejemplo del buen samaritano cuando se presente la ocasión), no todos los cristianos están llamados a consagrar su vida o a dedicar su tiempo libre a ambos aspectos.

Es obviamente imposible que todos hagan todo lo que se necesita. Por lo tanto, debe haber una especialización acorde con los dones y el llamado de Cristo. No cabe duda de que algunos miembros de la iglesia local están dotados para evangelizar y tienen el llamado de la evangelización. Pero ¿somos capaces de afirmar con la misma convicción que los dones y el llamado de Cristo a otras personas las orienta hacia lo social? ¿Podemos liberarnos de la esclavitud impuesta por seres humanos (porque eso es lo que es) de suponer que todo cristiano verdaderamente comprometido habrá de dedicar todo su tiempo disponible a la tarea de *ganar almas*? La doctrina bíblica del cuerpo de Cristo, con los distintos miembros dotados para cumplir diferentes funciones, debería ser suficiente para darnos esta libertad más plena.

Una vez que hayamos aceptado este principio, grupos de cristianos en cada congregación, conscientes de su responsabilidad, deberían poder unirse en una variedad de *grupos de estudio y acción*. Por ejemplo, uno podría concentrarse en la visitación casa por casa, otro en la extensión evangelizadora de un sector todavía no alcanzado (a saber, un albergue o un club juvenil, una universidad o una cafetería) y otro en las relaciones entre los inmigrantes en la comunidad. Asimismo, uno podría ocuparse de organizar una asociación de viviendas para ayudar a quienes no tienen techo y otro a visitar a los ancianos o enfermos, o a asistir a los discapacitados. Igualmente, otros podrían estar enfocados en cuestiones éticas o sociopolíticas, tales como el aborto (en caso de que hubiera en ese vecindario una clínica que practique abortos) o la problemática laboral (si se tratase de una zona industrial) o la liberalidad sexual (donde los locales pornográficos constituyeran una ofensa al barrio). He usado de modo deliberado la expresión *grupos de estudio y acción* porque los cristianos tenemos la tendencia a pontificar desde una posición de ignorancia, cuando en realidad necesitamos lidiar con las complejidades del tema antes de recomendar al consejo de la iglesia un posible curso de acción, sea de evangelización o de acción social, o de ambas.

Si podemos aceptar este concepto amplio de la misión cristiana como un servicio en el mundo que abarca tanto la evangelización como la acción social —concepto que nos llega por el modelo de misión de nuestro Salvador—, entonces los cristianos podremos, con la guía de Dios, tener un impacto en la sociedad, un impacto acorde con nuestra fortaleza numérica y las demandas radicales de la comisión que nos dio Cristo.

2

Reflexiones sobre la misión

Chris Wright

La teología y la práctica de la misión estuvieron en el centro de la inquietud de John Stott desde los primeros días siguientes a su conversión cuando era estudiante hasta el fin de sus días a los noventa años. El libro que el lector tiene en sus manos nació en el periodo inmediatamente posterior al Primer Congreso de Lausana sobre evangelización mundial, en 1974, en el cual jugó un importante rol como arquitecto del documento que lo definió, el Pacto de Lausana. En los últimos meses de su vida, cuando ya había perdido la vista, insistió en que se le leyera el «Compromiso de Ciudad del Cabo», la declaración del Tercer Congreso de Lausana, del 2010, sección por sección, a lo largo de varios días. Se alegró al escucharlo, lo aprobó y se sintió enormemente alentado por el compromiso permanente y global de los evangélicos con la misión mundial, expresada en su totalidad y plenitud en esos importantes documentos.

No sorprende que los temas elaborados en este libro en 1975 hayan mantenido su atención durante las décadas siguientes y hasta su muerte en 2011. Si en el futuro tuviéramos la posibilidad de acceder a una fuente completa, digitalizada y accesible de las obras de John Stott, las palabras claves de este libro —*misión, evangelización, diálogo, salvación* y *conversión*— aportarían una mina de oro de citas y referencias útiles para cualquier investigador. Por esa razón comienzo observando algunas de las perdurables declaraciones que Stott hace en este capítulo, y después, en cada caso, reflexiono sobre la evolución en curso durante los años siguientes, a veces bajo el liderazgo activo del propio Stott.

Nuestra misión fluye de la misión de Dios

En su afán de trascender los extremos polarizados que conciben a la misión exclusivamente como evangelización o tan solo como acción sociopolítica, y procurar lo que él llama «una mejor alternativa, más equilibrada y más bíblica de definir la misión de la iglesia», enfatiza correctamente un entendimiento de la misión centrado en Dios. «Todos nosotros deberíamos poder coincidir —anhela— en que la misión surge ante todo de la naturaleza de Dios y no de la iglesia. El Dios viviente de la Biblia es el Dios que envía». Por cierto, este es un flujo característico del pensamiento de Stott. Ante cualquier problema o cuestión del que estuviera por ocuparse, preguntaría: *¿Qué dice la Biblia?* y *¿Cómo se vincula esto con lo que conocemos de la revelación bíblica sobre el carácter, los propósitos y las acciones de Dios, y en especial como se revelan en Cristo?* John Stott tenía una cosmovisión saturada de las Escrituras, centrada en Dios y enfocada en Cristo. Esa era la lente que usaba antes de fijar su vista en cualquier asunto.

Este es un criterio desafiante y refrescante. Cuando nos sentimos exhaustos y frustrados con las constantes preguntas sobre cuál es la misión esencial de la iglesia o qué debe incluir legítimamente la misión de ella (y qué no debe contener), vale la pena recordar que la pregunta clave no es *¿Qué clase de misión se propone Dios para su iglesia?*, sino *¿Qué clase de iglesia requiere Dios para su misión?* La iglesia, en su recorrido histórico en la tierra, existe por el bien de la misión de Dios en el mundo. En lugar de preguntar solamente sobre lo que la iglesia debe (o no debe) *hacer,* debemos preguntar *para qué* está la iglesia; eso nos lleva a considerar la misión redentora de Dios para todas las naciones y toda la creación.

En este capítulo, Stott habla de la misión de Dios solo en el sentido del Dios que *envía.* El concepto de *enviar* —de la raíz etimológica de la palabra *misión,* por supuesto— domina el significado de la misión. Cuando *hacemos misión,* enviamos personas para hacer algo. Pero el punto que subraya Stott es que Dios estaba haciendo eso mucho antes que nosotros, como iglesia, enviáramos a alguien a algún lugar. La naturaleza *centrífuga* de Dios puede verse en el modo en el que, en las tres Personas de la Trinidad, está siempre *yendo* hacia su creación, entregándose por amor. Eso queda históricamente enraizado en toda una secuencia de envíos a lo largo de la Biblia, comenzando con Abraham y culminando con el envío del Espíritu, así como el de los discípulos hasta los confines de la tierra.

> Este es el trasfondo bíblico para cualquier entendimiento de la misión. La misión primaria es de Dios, porque es él quien envió a sus profetas, a su Hijo, a su Espíritu. De estas misiones, la del Hijo es central, porque fue la culminación del ministerio de los profetas y porque comprendió, como su clímax, el envío del Espíritu. Y ahora el Hijo envía tal como él fue enviado.

El envío es, por cierto, un componente muy importante de la teología bíblica de la misión. Y, sin duda, hay muchos más ejemplos de Dios enviando personas que los que Stott menciona.[1] Sin embargo, un concepto más amplio de misión no solo incluye el acto de enviar, sino también el propósito, la meta o el plan general por el cual estos envíos ocurren y tienen sentido. Después de todo, enviar a alguien a algún lugar carece de sentido a menos que haya algún propósito para hacerlo. Una *misión* no solo consiste en el acto de enviar o en la experiencia de ser enviado. Implica que el que envía tiene en mente un propósito de largo alcance y que el que es enviado participa en esa meta más amplia, esté o no consciente de su trascendencia.

La *misión de Dios* ha llegado a referirse no solamente al Dios que envió y envía, sino al Dios que tiene un propósito que engloba a toda su creación y que está constantemente *en misión* para cumplirlo. Cuando el Señor envió a alguien en el Antiguo o en el Nuevo Testamento, lo hizo en relación con este propósito último y universal, sea cual fuere el momento concreto dentro de su despliegue en la historia. Por lo general, los envíos de Dios entran en dos categorías: envía a algunas personas a *actuar*, a ser agente de su voluntad, ya sea para salvación o para juicio. Y envía a algunas personas para *hablar*, a ser sus heraldos y mensajeros. Pero todos esos envíos forman parte de diferentes etapas de la misión de Dios, la cual se despliega a lo largo de la narrativa bíblica.

---

1 He analizado más detalladamente esta dimensión de la misión en «People Who Send and Are Sent», en Christopher J. H. Wright, *The Mission of God's People: A Biblical Theology of the Church's Mission* (Grand Rapids: Zondervan, 2010), 201-21.

En otras palabras, hemos llegado a pensar la misión de Dios en términos más comprehensivos, que abarcan la totalidad de la narrativa bíblica, no solo como múltiples actos de envío, y ni siquiera como un solo acto culminante, como el de la así llamada Gran Comisión. Hablar de la misión de Dios es hablar del plan y el propósito de Dios, aquello a lo cual Pablo a veces se refirió como «el misterio de su voluntad» (*thelēma*; Efesios 1.9-10) o «todo el consejo [*boulē*] de Dios» (Hechos 20.27, RVR 1960): su meta última de reconciliar y unir a toda la creación en, por medio de y bajo Cristo.

La misión, entonces, es fundamentalmente la actividad de Dios, quien conduce toda esta historia hacia adelante y la lleva a su gloriosa conclusión. Por esa razón, cuando el Compromiso de Ciudad del Cabo define la misión a la que estamos asignados, comienza presentando una síntesis de la misión de Dios, en un párrafo pleno de resonancias bíblicas:

> Estamos comprometidos con la misión mundial, porque es fundamental para nuestra comprensión de Dios, la Biblia, la Iglesia, la historia humana y el futuro último. La Biblia entera revela la misión de Dios de llevar todas las cosas en el cielo y en la tierra a la unidad bajo Cristo, reconciliándolas por medio de la sangre de su cruz. Al llevar a cabo su misión, Dios transformará la creación rota por el pecado y el mal en la nueva creación donde ya no habrá más pecado ni maldición. Dios cumplirá su promesa a Abraham de bendecir a todas las naciones de la tierra por medio del evangelio de Jesús, el Mesías, la simiente de Abraham. Dios transformará el mundo fracturado de naciones que están dispersas bajo el juicio de Dios en la nueva humanidad que será redimida por la sangre de Cristo de toda tribu, nación, pueblo y lengua, y será reunida para adorar a nuestro Dios y Salvador. Dios destruirá el reinado de la muerte, la corrupción y la violencia cuando Cristo vuelva para establecer su reino eterno de vida, justicia y paz. Entonces Dios, Emanuel, morará con nosotros, y el reino del mundo pasará a ser el reino de nuestro Señor y de su Cristo, y reinará por siempre

jamás [Génesis 1-12; Efesios 1.9-10; Colosenses 1.20; Apocalipsis 21-22].[2]

Esto ha dado lugar a una compresión más amplia de *nuestra* misión, ya que deriva por completo de la misión de Dios. Una vez que captamos el carácter global del grandioso plan del Señor y de su propósito para toda la humanidad y toda la creación, entonces concluimos que habrá algún carácter global análogo en el modo en que somos llamados por Dios a participar con él en esa misión. Por supuesto que *no* en el sentido de que hacemos todo lo que Dios hace. Dios es Dios y nosotros no (gracias a Dios). No gobernamos el mundo ni lo salvamos. Como dice Stott, no «podemos ser iguales a él en esto. No somos salvadores». Pero *sí* en el sentido de que cuando Dios nos llama y nos envía a participar con él en el cumplimiento de su gran propósito para la creación y la humanidad, nos llama a participar de una agenda verdaderamente grande. O, como lo expresa Stott en el párrafo inicial del siguiente capítulo: «La palabra misión, como vengo sugiriendo, es, en rigor de verdad, una palabra amplia, que abarca todo lo que Dios envía a su pueblo a hacer en el mundo». Ese *todo* es, sin duda, amplio e inclusivo, si tomamos en cuenta todo lo que la Biblia nos muestra sobre lo que Dios requiere de su pueblo en cuanto al compromiso con el mundo que lo rodea.

Es decir, esta comprensión de la misión del Señor a partir de *toda-la-historia-de-la-Biblia* establece un firme cimiento para una comprensión más integral de la misión, de la que en este libro Stott es partidario (con cuidadosas aclaraciones).

Sin embargo, no solo alcanzamos una *teología bíblica de la misión* más plena, sino también una *comprensión más misional de la Biblia*.[3]

---

2 Compromiso de Ciudad del Cabo, I.10. Las referencias bíblicas corresponden al texto original de la declaración.

3 Recuerdo que la primera ocasión en que usé la palabra misional delante de John Stott, me miró con recelo. «¿Es esa una palabra?», preguntó con apenas un leve arqueo de cejas. Era un ávido consultor de diccionarios. Para ser honesto, es una palabra acuñada recientemente (en 2008, *Christianity Today* mencionó que databa de hace apenas unos diez años). Le expliqué (como lo hice en *The Mission of God: Unlocking the Bible's Grand Narrative* [Downers Grove, IL: InterVarsity Press, 2006], 22-25; *La misión de Dios* [Buenos Aires: Certeza Unida, 2009], 25-28), que es una palabra *necesaria*, ya que *misionero* tiene demasiada carga y *misionológico* se aplica a la reflexión teológica sobre la misión. *Misional* significa la cualidad o la dimensión relacionada con, o que contribuye a, o se aplica a, o está caracterizado por la misión.

La *hermenéutica misional* ha llegado a ser una disciplina seria, con una comunidad de estudiosos dedicados a explorar qué significa leer toda la Biblia desde la perspectiva de la misión de Dios y la misión del pueblo de Dios. Este movimiento floreció particularmente a partir del comienzo del nuevo milenio, aunque poco antes Andrés Kirk había planteado una importante pregunta en su libro *What Is Mission? Theological Explorations*. Refiriéndose a la necesidad de que la misión informe a todo el abanico de disciplinas teológicas, escribe: «Por ejemplo, ¡cuánta diferencia haría en los estudios bíblicos si se hiciera justicia a la Biblia como un libro sobre misión, de principio a fin, escrito por misioneros para misioneros!».[4]

Esta fue la pregunta que motivó mis propios esfuerzos por leer la Biblia desde esa perspectiva, lo cual me condujo a escribir dos libros: *The mission of God* (*La misión de Dios*) y *The Mission of God's People*. El primero de estos tuvo una gestación prolongada durante trece años de enseñar cursos bíblicos en All Nations Christian College (ANCC), una institución formativa orientada a una comunidad ampliamente internacional de hombres y mujeres, en su mayoría profesionales graduados, llamados a diversas expresiones de misión transcultural en distintos lugares del mundo. En ANCC solíamos decir que no enseñábamos Teología y misión, sino, más bien, Teología *para* la misión. Todo el currículo de materias bíblicas, teológicas, históricas, culturales, pastorales, religiosas y prácticas estaba intencionalmente colmado de preguntas sobre cómo el material de estudio era relevante, afectaba, desafiaba o era iluminada por la realidad de la misión global. Cuando a comienzos de la década de 1990 David Bosch hizo un llamado a transformar la iniciativa teológica completa, reconociendo su esencial naturaleza misional, ¡en ANCC dimos la bienvenida a su

---

4 J. Andrew Kirk, *What Is Mission? Theological Explorations* (Londres: Darton, Longman & Todd, 1999), 20. Por cierto, la frase «la Biblia como un libro sobre la misión» invita a la pregunta. Es decir, asume una respuesta a la pregunta «¿La misión de quién?». Solo cuando comenzamos nuestra definición de misión con referencia a Dios es posible decir que toda la Biblia es «sobre la misión», o se puede entender que «fue escrita por misioneros para misioneros». Esta última frase puede ser acertada, aunque no en el sentido de que los escritores de la Biblia hayan sido enviados por la iglesia como ocurre con los misioneros modernos, sino en que, de alguna manera, fueron comisionados por Dios para *sus* propósitos, incluyendo el propósito divino de inspirar los escritos que fueron reunidos en el canon de la Biblia. El vocabulario de Kirk cobra sentido solo cuando vemos a la Biblia como el producto y el testimonio de la misión de Dios.

magistral libro y también sentimos que ya estábamos haciendo caso a su llamado!

> De igual modo que la iglesia deja de ser iglesia si no es misionera, la teología deja de ser teología si pierde su carácter misionero […]. Se requiere de una agenda misionológica para la teología en vez de una simple agenda teológica para la misión, porque la teología, entendida correctamente, no tiene razón de ser fuera de acompañar de manera crítica a la *missio Dei*.[5]

En el Departamento de Biblia, a mi cargo en ANCC, este asunto me obsesionaba, en un sentido positivo. Deseaba cambiar el nombre del curso que impartía, de «El fundamento bíblico de la misión» a «El fundamento misional de la Biblia». Me esforzaba por desarrollar una *hermenéutica misional* minuciosa de las Escrituras, y el resultado final fue *La misión de Dios*.[6]

El ímpetu hacia una conciencia mayor de la centralidad de la misión no solo en el estudio de la Biblia, sino en toda la empresa teológica, cobró fuerzas a lo largo de las décadas que siguieron a Lausana (1974) y al presente libro (1975).[7]

---

5 David Bosch, *Transforming Mission: Paradigm Shifts in Theology of Mission* (Maryknoll, NY: Orbis, 1991), 494; *Misión en Transformación: Cambios de paradigma en la teología de la misión* (Grand Rapids, MI: Libros Desafío, 2000), 600-601. Una compilación de gran riqueza informativa sobre textos teológicos clave en relación con cada capítulo del libro de Bosch se encuentra en Norman E. Thomas, ed., *Classic Texts in Mission and World Christianity: A Reader's Companion to David Bosch's Transforming Mission* (Maryknoll, NY: Orbis, 1995).

6 Puede ser apropiado agregar que *The Mission of God* [*La misión de Dios*] fue escrito después de que salí de ANCC en 2001 y me hice cargo de la conducción de Langham Partnership, fundada por John Stott. Como consecuencia, buena parte del libro fue escrito en el sitio de retiro que era propiedad de Stott, The Hookses, en Gales, y a menudo nos encontramos allí. Él se interesó mucho en el trabajo y me alentó de manera constante, a menudo debatiendo este o aquel tema o texto bíblico. Creo que el libro está en línea con la trayectoria del propio Stott en su lectura implícitamente misional de la Biblia (aunque nunca le dio una bienvenida completa al neologismo *misional*).

7 Sin duda, la transición hacia la percepción de la misión como algo que no es meramente una actividad de la iglesia, sino fundamentalmente el propósito y la acción de la Trinidad, la *missio Dei* como se conoce típicamente, tiene una larga trayectoria en círculos ecuménicos, hasta el Concilio Misionero Internacional que se reunió en Willingen, Alemania, en 1952. Y aun antes, el interés por leer los textos bíblicos desde una perspectiva misionera atrajo al renombrado erudito británico en Antiguo Testamento, H. H. Rowley, en *Israel's Mission to the World* (Londres: SCM

Lesslie Newbigin, quien regresó al Reino Unido en 1974 después de una prolongada carrera misionera en la India y en el ámbito del Consejo Mundial de Iglesias, habló y escribió prolíficamente durante los veinte años siguientes sobre la necesidad de un compromiso misional con la cultura occidental, así como acerca de una comprensión plenamente bíblica y trinitaria de la misión. Sus contribuciones más importantes incluyen *Trinitarian Doctrine for Today's Mission, The Open Secret, Foolishness to the Greeks, The Gospel in a Pluralist Society* y *Truth to Tell*.[8] La influencia de Newbigin ha sido inmensa, y muchos de aquellos que están actualmente abocados al esfuerzo de desarrollar una hermenéutica misional de las Escrituras son conscientes de su deuda con él. Es la inspiración de la red Gospel and Our Culture y de la Newbigin House of Studies, bajo cuyos auspicios se ha desarrollado un gran número de estudios misionales de la Biblia y de reflexión bíblica sobre la misión.[9]

Esa influencia puede verse en años recientes en dos contribuciones destacadas a la teología de la misión, las cuales exponen de manera exhaustiva el carácter esencialmente misional de todo el canon de las Escrituras, como narrativa de la misión de Dios, de la que debe derivarse toda misión humana: Michael Goheen, *Introducing Christian Mission Today*, y Scott Sunquist, *Understanding Christian Mission*.[10] Sunquist combina una firme articulación y defensa de

---

Press, 1939) y en *The Missionary Message of the Old Testament* (Londres: Carey, 1944).

8 Lesslie Newbigin, *Trinitarian Doctrine for Today's Mission* (Londres: Edinburgh House, 1963; reimpreso en Carlisle, UK: Paternoster, 1998); *The Open Secret: An Introduction to the Theology of Mission* (Grand Rapids: Eerdmans, 1978); *Foolishness to the Greeks: Gospel and Western Culture* (Grand Rapids: Eerdmans, 1986); *The Gospel in a Pluralist Society* (Grand Rapids: Eerdmans, 1989); *Truth to Tell: The Gospel as Public Truth* (Londres: SPCK, 1991).

9 Visite el sitio en línea Gospel and Our Culture, gocn.org. Este sitio ofrece un informe muy útil sobre los diferentes sentidos en que la frase «hermenéutica misional» es usada por diversos estudiosos (incluido yo mismo): George R. Hunsberger, «Proposals for a Missional Hermeneutic: Mapping the Conversation», 28 de enero de 2009, www.gocn.org/resources/newsletters/2009/01/gospel-and-our-culture. Visite el sitio de la Newbigin House of Studies en newbiginhouse.org.

10 Ver Michael W. Goheen, *Introducing Christian Mission Today: Scripture, History and Issues* (Downers Grove, IL: InterVarsity Press, 2014). Esta obra se elabora a partir de una anterior de Goheen, Craig G. Bartholomew y Michael W. Goheen, *The Drama of Scripture: Finding our Place in the Biblical Story* (Grand Rapids: Eerdmans, 2004). Ver Scott W. Sunquist, *Understanding Christian Mission: Participation in Suffering and Glory* (Grand Rapids: Baker, 2013).

la hermenéutica misional con una mirada trinitaria igualmente apasionada que le permite observar toda la Biblia en relación con la persona y la misión de Dios.

En consecuencia, en los cuarenta años desde que Stott escribió este libro inmediatamente después de Lausana 1974, se han visto desarrollos bíblicos y teológicos excepcionales en la teología de la misión, especialmente en la comunidad evangélica. Me consta que Stott le dio la bienvenida, tanto al emprendimiento en sí como al rumbo general que ha tomado.

La evangelización y la acción social se encuentran unidas en nuestro ejercicio de la misión bíblica

Este libro no fue el primero en el que Stott expresó la convicción que sostuvo a lo largo de su vida: que la misión cristiana en obediencia a la Gran Comisión no podía ser confinada, en su definición ni en su práctica, solamente a la proclamación verbal del evangelio (evangelización), sino que incluye legítima y bíblicamente el compromiso real de los cristianos en la sociedad, en la amplia diversidad de buenas obras que conforman la responsabilidad, el servicio y la acción social.[11] Insistió en que ambas eran socias inseparables en la tarea de la misión cristiana. Sin embargo, al mismo tiempo, afirmó con la misma fuerza (en el Pacto de Lausana, en este libro y en otros lugares) que la evangelización tiene cierta *primacía* o *prioridad*, por razones que expondremos en breve.

---

11 Stott se refiere al servicio práctico y comprometido de la iglesia en la sociedad como una dimensión crucial de cómo se desarrolla en la práctica la evangelización en la iglesia local (y se aseguraba de que la iglesia que él conducía la practicaba) en un libro anterior sobre evangelización, *Our Guilty Silence: The Gospel, the Church and the World* (Londres: Hodder & Stoughton, 1967; reimpreso, Leicester, UK: Inter-Varsity Press, 1997), 77. Pero en ese libro no abordó de manera directa cómo se relacionan la evangelización y la acción social, teológicamente y en la misión. Más adelante abordó el asunto brevemente, con la misma precaución que tuvo en este libro para evitar el extremo de la retirada evangélica del mundo y el otro extremo de la equiparación ecuménica entre evangelización y acción política, en *Christ the Controversialist: A Study in Some Essentials of Evangelical Religion* (Londres: Tyndale, 1970), 185-89; rev. ed., *Christ in Conflict* (Downers Grove, IL: InterVarsity Press, 2013), 175-181; en español, *Las controversias de Jesús* (Buenos Aires: Certeza, 1975), 196-207. La temática adquirió una importancia central en y después del Congreso de Lausana en 1974.

Lo primero que observamos es la explicación franca de que su manera de pensar sobre este asunto había cambiado en cierto modo entre el Congreso de Berlín en 1966 y el Congreso de Lausana en 1974 («Sin embargo, hoy me expresaría de otra manera»). Uno de los factores fue sus viajes internacionales en los años sesenta y a comienzos de los setenta, a sitios del Mundo Mayoritario, donde la realidad de la pobreza y de la opresión resultaban ineludibles y no podían ser ignorados por los evangélicos comprometidos con la evangelización. De esos viajes, evolucionó una disposición a escuchar y una estrecha amistad personal con René Padilla y Samuel Escobar, quienes hicieron valiosas presentaciones en el Congreso de Lausana.[12] El impacto puede observarse en el modo en que Stott redactó el párrafo 5 del Pacto de Lausana, sobre «La responsabilidad social cristiana», donde leemos que «tanto la evangelización como la participación sociopolítica forman parte de nuestro deber cristiano, pues ambas son expresiones necesarias de nuestras doctrinas de Dios y del hombre, de nuestro amor por nuestro prójimo y nuestra obediencia a Jesucristo».[13]

En este libro, sin embargo, su argumentación no proviene de la experiencia, sino de la Biblia. A partir de los cuatro Evangelios, había llegado a una comprensión más cabal de la Gran Comisión.

> No se trata solamente de que la Comisión incluye el
> deber de enseñar a los discípulos bautizados todo
> lo que Jesús les había mandado antes (Mateo 28.20),
> y que la responsabilidad social está entre las cosas
> que Jesús había ordenado. Ahora veo más claramente
> que no solo debe entenderse como consecuencia de la
> Comisión, sino como parte de su esencia, que incluye
> la responsabilidad social tanto como la de evangelizar,
> a menos que queramos ser culpables de distorsionar las
> palabras de Jesús.

---

12 Ellos mismos (Padilla y Escobar) relatan la impresión que les dejó Stott, como alguien que escuchaba atentamente y procuraba entender sus contextos y compromisos, en sus contribuciones a Christopher J. H. Wright, ed., *Portraits of a Radical Disciple* (Downers Grove, IL: InterVarsity Press, 2011), 112-18, 119-21.
13 Pacto de Lausana, párrafo 5.

Esas dos oraciones son muy significativas, y podrían aportar mucho, pero de ninguna manera han encontrado acuerdo universal. La cuestión de cómo deben relacionarse entre sí la evangelización y la responsabilidad social continuaron provocando división entre los evangélicos, desde los años inmediatamente siguientes a Lausana hasta la fecha. Por ejemplo, en su libro *What is the mission of the Church?*, Kevin DeYoung y Greg Gilbert citaron a John Stott sobre su uso de la forma juanina de la comisión («Como el Padre me envió a mí, así yo los envío a ustedes», Juan 20.21, además de Juan 17.18), pero no coinciden con su enfoque de que esto significa que nuestra misión (como la de Cristo) debe caracterizarse por el servicio (no solo por la evangelización), mediante un modelo sacrificial de *encarnación* en la vida de las personas. En la perspectiva de estos autores, la Gran Comisión es más estrecha y no incluye o implica las buenas obras y la acción social *como parte de la misión de la iglesia* (si bien insisten firmemente en que las obras concretas de amor y compasión son, por cierto, una parte muy importante de nuestra obediencia cristiana). «La misión consiste en predicar y enseñar, anunciar y testificar, hacer discípulos y dar testimonio. La misión se enfoca en la declaración verbal inicial y continua del evangelio, el anuncio de la muerte y resurrección de Cristo y de la vida que se encuentra en él cuando nos arrepentimos y creemos».[14]

Durante los años ochenta, el movimiento de Lausana continuó debatiendo y explorando lo que el Pacto de Lausana había declarado, en un esfuerzo por sostener el compromiso con un entendimiento integral de la misión a partir de un fundamento bíblico y teológico firme. John Stott, en su carácter de presidente del Grupo de Trabajo Teológico de Lausana, y alguien que daba su apoyo a todo el espectro de agencias evangélicas misioneras involucradas a la vez en la evangelización (por ejemplo, la Comunidad Internacional de Estudiantes Evangélicos —IFES, por su sigla en inglés— y la Unión Bíblica) y la acción social (por ejemplo, TearFund), convocó la Consulta Internacional sobre la Relación entre Evangelización y

---

14 Kevin DeYoung y Greg Gilbert, *What Is the Mission of the Church? Making Sense of Social Justice, Shalom and the Great Commission* (Wheaton, IL: Crossway, 2011), 59. Creo que la crítica que hacen a Stott nace de una interpretación injusta de él, pero ese es un debate para otro lugar.

Acción Social (Cireas), bajo el auspicio tanto de Lausana como de la Alianza Evangélica Mundial.[15] Se reunieron en Grand Rapids, Michigan, en 1982.

El extenso informe que produjo aquel evento habla de tres tipos de relación entre evangelización y acción social (que de algún modo son un eco de los términos que Stott usa en este libro). La acción social puede ser, en primer lugar, una *consecuencia* de la evangelización, y en segundo término, un *puente* hacia la evangelización. El tercer enfoque incluido en el informe, y el más importante, es el que Stott expresa en este libro: que son *socias*.

> Son como los dos filos de una tijera o las dos alas de un ave. Esta relación se observa claramente en el ministerio público de Jesús, quien no solo predicaba el evangelio, sino que alimentaba a los hambrientos y sanaba a los enfermos. En su ministerio, *kerygma* (proclamación) y *diakonia* (servicio) iban de la mano. [...] Sus palabras explicaban sus obras, y sus obras dramatizaban sus palabras. Ambas expresaban su compasión por las personas, y ambas deberían expresar la nuestra. [...]. De hecho, tan cercano es el vínculo entre proclamar y servir, que en realidad se superponen.
>
> Esto no significa que deban identificarse una con la otra, porque la evangelización no es responsabilidad social, ni la responsabilidad social es evangelización. Aun así, cada una involucra a la otra.
>
> Proclamar a Jesús como Señor y Salvador (evangelización) tiene consecuencias sociales, porque convoca a las personas a arrepentirse de sus pecados sociales tanto como de los personales, y a vivir una nueva

---

15 Además, podríamos decir, Stott construyó un modelo de misión integral, centrada en el evangelio, en su propia iglesia, All Souls, Langham Place, Londres, que todavía caracteriza su ministerio. Stott no solo fue pionero en varias formas fructíferas de evangelización en la iglesia local, sino que también inició ministerios entre los carenciados y los sin techo, además de enfatizar la importancia de capacitar a los cristianos laicos para el ministerio y la misión en y mediante su trabajo cotidiano. Los detalles fascinantes de su estructuración sistemática de toda la vida y el trabajo de All Souls en torno a esta amplia agenda misional están registrados en *Our Guilty Silence*.

vida de justicia y paz en una nueva sociedad que desafía a la antigua.

Dar de comer a los hambrientos (responsabilidad social) tiene implicancias para la evangelización, porque las buenas obras de amor, hechas en el nombre de Jesús, son una demostración y una proclamación del evangelio. [...]

Así, la evangelización y la responsabilidad social, si bien diferentes entre sí, están integralmente relacionadas en nuestra proclamación de y nuestra obediencia al evangelio. Esta relación es, en realidad, un matrimonio.[16]

El informe continúa de inmediato con la confirmación de la *primacía* de la evangelización dentro de este vínculo como socios, en los mismos términos en que lo afirma el Pacto de Lausana. En parte se trata de una prioridad lógica: «El hecho de la responsabilidad cristiana presupone cristianos socialmente responsables, y solo es posible que hayan llegado a serlo mediante la evangelización y el discipulado». También es así porque:

La evangelización se vincula con el destino eterno de las personas, y al hacerles llegar las Buenas Noticias de salvación, los cristianos están haciendo algo que nadie más puede hacer. Rara vez, o nunca, deberíamos elegir entre satisfacer el hambre física o el hambre espiritual, o entre sanar el cuerpo y salvar el alma, ya que el amor genuino hacia nuestro prójimo nos guiará a servirle como un ser integral. Sin embargo, si tenemos que elegir, entonces diremos que la necesidad suprema y final de toda la humanidad es la de la gracia salvadora de Jesucristo, y, por lo tanto, la salvación espiritual y eterna de una persona es de importancia mayor que

---

16 El informe completo de este evento está disponible en Lausanne Occasional Paper 21, www.lausanne.org/content/lop/lop-21. También se puede leer, junto con los demás documentos importantes de Lausana elaborados entre 1974 y 1989, en John Stott, ed., *Making Christ Known: Historic Mission Documents from the Lausanne Movement 1974-1989* (Grand Rapids: Eerdmans, 1997), 165-213.

la de su bienestar material o temporal. [...] La opción, nos parece, es mayormente de carácter conceptual. En la práctica, como lo fue en el ministerio público de Jesús, son inseparables. [...] Más que competir una con la otra, se respaldan y fortalecen mutuamente en una espiral ascendente de preocupación creciente por ambas.

Hacia el final de la década, el Segundo Congreso de Lausana, que se realizó en 1989 en Manila, hizo básicamente las mismas declaraciones sobre esta cuestión que las expresadas en el informe de la Consulta Internacional sobre la Relación entre Evangelización y Acción Social:

El evangelio auténtico debe llegar a ser visible en las vidas transformadas de hombres y mujeres. Al proclamar el amor de Dios, debemos estar involucrados en un servicio amoroso, y al predicar el Reino de Dios, debemos estar consagrados a sus demandas de justicia y paz.

La evangelización es primordial porque nuestra mayor preocupación es la difusión del evangelio, para que todas las personas puedan tener la oportunidad de aceptar a Jesucristo como Señor y Salvador. Sin embargo, Jesús no solamente proclamaba el reino de Dios, sino que también demostró su llegada por medio de obras de misericordia y poder. Hoy día se nos llama a una integración similar de palabras y hechos. En un espíritu de humildad debemos predicar y enseñar, ministrar a los enfermos, dar de comer a los hambrientos, cuidar a los presos, ayudar a las personas con discapacidad y desprovistos, y liberar a los oprimidos. Aunque reconocemos la diversidad de los dones espirituales, de las vocaciones y de los contextos, afirmamos también que las buenas nuevas y las buenas obras son inseparables. Por lo tanto, tal como ya se ha dicho, la evangelización, aun cuando no tenga principalmente una motivación social, tiene necesariamente una dimensión social, así como la responsabilidad social, aun cuando no tenga una intención evangelizadora, siempre tendrá una dimensión de evangelización.[17]

Aquí son importantes las palabras *dimensión* e *intención*, lo cual, casi con seguridad (ya que el borrador del Manifiesto de Manila fue redactado por él), refleja la diferenciación que Stott vio originalmente en un libro de Lesslie Newbigin publicado en 1959, alguien cuyos escritos sobre misión despertaban admiración en él. La distinción nos protege de la famosa (y muchas veces citada) advertencia de Stephen Neill, en el sentido de que, si todo es misión, entonces nada es misión. En pocas palabras, todo lo que hace la iglesia tiene una dimensión misional, ya que ella existe en función de la misión de Dios, pero algunas de sus acciones tienen una intención misional concreta. Michael Goheen resume el enfoque de Newbigin de la siguiente manera, y a continuación analiza más plenamente sus implicaciones:

> Surgió una diferencia importante entre la dimensión misional y la intención misional. Lesslie Newbigin señala que la distinción es «entre la misión como una *dimensión* de la vida total de la iglesia, y la misión como la *intención* principal de ciertas actividades. Debido a que la iglesia *es* la misión hay una dimensión misionera en todo lo que la iglesia hace. Pero no todo lo que la iglesia hace tiene una intención misionera»; se puede considerar que ciertas actividades tienen una intención misional cuando se trata de «una acción que la iglesia emprende saliendo de sus propias fronteras para dar testimonio de Cristo como Señor entre aquellos que no lo conocen, y cuando la *intención* general de la misma es que pasen de la incredulidad a la fe».[18]

---

17 El Manifiesto de Manila, párrafo 4, «The Gospel and Social Responsibility», www.lausanne.org/content/manifesto/the-manila-manifesto. En español «El evangelio y la responsabilidad social» https://lausanne.org/es/contenido/manifiesto-de-manila/manifiesto. [N. del E.] La última oración del párrafo proviene del informe de la Consulta Internacional sobre la Relación entre Evangelización y Acción Social (Cireas), citado en la nota anterior.

18 Michael W. Goheen, *Introducing Christian Mission Today* (Downers Grove, IL: InterVarsity Press, 2014), 82-83; cita de Lesslie Newbigin, *One Body, One Gospel, One World: The Christian Mission Today* (Londres: International Missionary

En un intercambio por correspondencia en torno a esta distinción, Michael Goheen me escribió lo siguiente sobre la vida de los cristianos en la iglesia y en el mundo:

> Lo que Newbigin estaba tratando de hacer era confirmar el creciente consenso de que toda la vida es misión, es decir, cada parte de la vida de un cristiano es dar testimonio de la obra renovadora de Dios.
> A la vez, él quería proteger ciertas actividades cuyo propósito concreto y deliberado era el de compartir el evangelio con las personas a fin de invitarles a que respondan con fe. Creo que esta distinción es mucho más importante de lo que la mayoría de las personas se da cuenta. Podría aclarar mucho de la confusión que rodea a la misión.

Aquellos dos documentos (el Informe Cireas y el Manifiesto de Manila) le deben mucho, por supuesto, a la habilidad de Stott para redactar la propuesta. Aun así, su defensa más elaborada de la comprensión integral u holística de la misión cristiana apareció pocos años después, en 1992, en el capítulo «Misión holística» en *El cristiano contemporáneo* (*The Contemporary Christian*).[19] Allí explica el contexto, analiza los fundamentos bíblicos de su punto de vista, responde a algunas objeciones corrientes y da algunos ejemplos históricos.

Para cuando se realizó el Tercer Congreso de Lausana en Ciudad del Cabo, en 2010, la expresión *misión holística* ya estaba siendo superada en algún sentido por la expresión *misión integral*. El cambio de énfasis se inspira en el lenguaje «integralmente relacionado» (Cireas) e «integración entre palabras y obras» (Manila). En consecuencia, en lugar de entender las dos actividades (evangelización y acción social) como simplemente socias que existen o funcionan una junto a la

---

Council, 1958), 43-44. David Bosch también adopta —favorablemente— la distinción de Newbigin: *Transforming Mission* (Maryknoll: Orbis, 1991), 372-73; en español, *Misión en Transformación* (Grand Rapids: Libros Desafío, 2000), 456-457.

19 John R. W. Stott, *The Contemporary Christian* (Downers Grove, IL: InterVarsity Press, 1992), 337-55; *El cristiano contemporáneo* (Buenos Aires: Nueva Creación, 1995), 323-340.

otra, este enfoque considera la misión como un sistema integrado de actividades interrelacionadas, en donde el funcionamiento adecuado de cada una es fundamental para el funcionamiento de las otras, y para la salud y el éxito de todo el proyecto.

El cuerpo humano es un sistema integrado. Tenemos el sistema respiratorio, el sistema digestivo, el sistema circulatorio, etc. Estas son *actividades* separadas y diferenciables; no son solo palabras diferentes para señalar una misma cosa. Sin embargo, en el cuerpo humano vivo y normal deben funcionar de manera integral e inseparable. Tiene poco sentido hablar de la primacía o prioridad de una sobre otra, excepto en circunstancias extremas en las que se deba prestar atención a una por sobre la otra, como en el caso de un grave accidente o ante la posibilidad de ahogo, donde la respiración, una hemorragia, o una falla cardíaca tendrían prioridad sobre la ingestión de alimento o bebida. Pero en la vida cotidiana, todas las funciones corporales son necesarias, están interrelacionadas y contribuyen cada una a su manera a lo que entendemos que significa un ser humano vivo. De manera similar, la misión integral enlaza todas las dimensiones de nuestra obediencia a Cristo a fin de servir a los propósitos de Dios en el mundo. La evangelización y la acción social se corresponden —son integrales— la una a la otra: son funciones diferentes pero necesarias en la vida completa de la misión.[20]

---

20 Ya en 1983 me encontraba lidiando con este concepto de misión, en uno de mis primeros libros, *The Use of the Bible in Social Ethics* (Cambridge, UK: Grove Books, 1983). Escribí: «Las tareas sociales y evangelizadoras de la iglesia deben ser vistas como partes inseparables de su única misión. Por un lado, la evangelización que es fiel a la totalidad del evangelio bíblico debe incluir la naturaleza social de la constitución humana, los efectos del pecado en el ámbito de las relaciones y de la vida social, y un desafío al arrepentimiento y a la conversión que tiene efectos profundos en ese terreno [...]. Por otro lado (y este es el aspecto más descuidado del asunto), la ética social cristiana no puede evadir la dimensión evangelizadora si ha de mantenerse fiel a la totalidad de los fundamentos, la motivación, y la meta bíblica de sus actividades [...] Precisamente tal [entendimiento] unificado e integrado caracterizó el ministerio público de Jesús: la evangelización socialmente eficaz; la acción social evangelísticamente eficaz. ¿Cuántas horas inútiles, perdidas en discusiones en encuentros cristianos [...] sobre la supuesta competencia entre las demandas de la evangelización y las de la acción social podrían haberse ahorrado, si se pudiera reconocer que una comprensión integralmente bíblica de la misión incluye a ambas, y además, de hecho, cada una de ellas necesariamente implica a la otra, según el pensamiento bíblico?» (21-22).

LA MISIÓN CRISTIANA EN EL MUNDO MODERNO

La Declaración Miqueas sobre la Misión Integral (2001) lo expresó así:

> La misión integral o transformación holística es la proclamación y la demostración del evangelio. No es simplemente que la evangelización y el compromiso social tengan que llevarse a cabo juntas. Más bien, en la misión integral nuestra proclamación tiene consecuencias sociales cuando llamamos a las personas al arrepentimiento y al amor por los demás en todas las áreas de la vida. Y nuestro compromiso social tiene consecuencias para la evangelización cuando damos testimonio de la gracia transformadora de Jesucristo. Si hacemos caso omiso del mundo, traicionamos la palabra de Dios, la cual nos demanda que sirvamos al mundo. Si hacemos caso omiso de la palabra de Dios, no tenemos nada que ofrecerle al mundo.[21]

Sin embargo, la integración requiere un *algo* dentro, o alrededor, del cual todo lo demás se integra. Todos los sistemas de mi cuerpo están integrados en la persona que soy. *¿Cuál es el centro integrador de la misión que enlaza la evangelización y la acción social?* Sin duda será el evangelio en sí mismo, entendiendo a este como la buena noticia bíblica de todo lo que Dios hizo en Cristo para salvar al mundo e inaugurar el reino de Dios bajo el señorío de Cristo. En otras palabras, el evangelio no es meramente el mecanismo por el que los individuos pueden ser salvos, sino la historia, los hechos, los actos salvadores de Dios, así como sus implicancias para nosotros cuando respondemos después de escuchar de ellos.

El Compromiso de Ciudad del Cabo integra la misión en torno a ese núcleo del evangelio.

> *La integridad de nuestra misión.* El *origen* de toda nuestra misión es lo que Dios ha hecho en Cristo para la redención de todo el mundo, según lo revela la Biblia. Nuestra tarea evangelística es hacer conocer esas buenas

---

21 Declaración Miqueas sobre Misión Integral, 27 de septiembre de 2001. Esta declaración está citada, junto con el Pacto de Lausana, en el Compromiso de Ciudad del Cabo, I.10.c.

noticias a todas las naciones. El *contexto* de nuestra misión es el mundo en que vivimos, el mundo de pecado, sufrimiento, injusticia y desorden creacional, al cual Dios nos envía para amar y servir por la causa de Cristo. Por lo tanto, toda nuestra misión debe reflejar la integración de la evangelización y la participación comprometida en el mundo, *ya que ambas son ordenadas e impulsadas por la revelación bíblica completa del evangelio de Dios.*[22]

Esa última frase en itálicas (añadidas) es crucial. Evoca la imagen de una rueda. El volante de un automóvil es un objeto integrado, mediante el cual el eje (conectado al motor, la fuente de poder) está integrado a las ruedas (que están en contacto con el camino). Cada punto de conexión con el camino (que es el contexto) debe ser energizado por el poder que trasmite el motor por medio del eje (el evangelio). El eje y la rueda deben estar integrados el uno al otro, y por medio de su integración ambos se conectan y son impulsados por el motor.[23]

Aplicando esta analogía al total de la tarea de la misión, encuentro que prefiero hablar de la *centralidad del evangelio*, más que de la *primacía del evangelio*. Si todavía queremos hablar de la centralidad del evangelio (el *corazón* de la misión, como algunos lo han expresado) no sería ante todo (aunque ciertamente lo es) por la razón de que atiende la mayor y extrema necesidad de los seres humanos (perdidos en el pecado y alienados de Dios), sino porque conecta todo *lo que Dios hizo en Cristo*. Estamos centrados en el evangelio debido a que estamos centrados en Dios, y no porque elijamos meramente otro modo de estar centrados en el ser humano.

---

22 Compromiso de Ciudad del Cabo, I.10.b.

23 Descubrí luego que esta simbología de la rueda como metáfora de la misión integral había sido usada por Martin Alphonse, pensando en una carreta con su eje integrado a la llanta por medio de los rayos. Para él, el «eje» era la persona y el señorío de Jesucristo, la declaración con que se inicia la gran comisión. Ver Martin Alphonse, «Mission on the Move: A Biblical Exposition of the Great Commission», en C. V. Mathew, ed., *Integral Mission: The Way Forward; Essays in Honour of Dr. Saphir P. Athyal* (Tiruvalla, India: css Press, 2006), 143-56. Ver también la interesante colección de ensayos en Tetsunao Yamamori y C. René Padilla, eds., *The Local Church, Agent of Transformation: An Ecclesiology of Integral Mission* (Buenos Aires: Ediciones Kairos, 2004); en español, *El proyecto de Dios y las necesidades humanas: más modelos de ministerio integral en América Latina* (Buenos Aires: Ediciones Kairos, 2000 y 2006).

Así, en su sección sobre evangelización, el documento de Ciudad del Cabo dice: «Mantengamos la evangelización en el centro del campo plenamente integrado de toda nuestra misión, dado que *el evangelio mismo es la fuente, el contenido y la autoridad de toda misión bíblicamente válida*. Todo lo que hacemos deberá ser tanto una encarnación como una declaración del amor y la gracia de Dios, y de su obra de salvación a través de Jesucristo».[24] Si bien, como comentamos más arriba, todavía hay quienes argumentan con fuerza a favor de una definición más acotada de la palabra *misión* (y en consecuencia, de la tarea misional de la iglesia) con una interpretación más restringida de la Gran Comisión, consistente solo en la tarea de predicar y enseñar para hacer discípulos (por ejemplo, en el libro de Kevin DeYoung y Greg Gilbert), la comprensión más integral parece haber convencido a muchos en la comunidad evangélica, quienes están igualmente comprometidos con la autoridad de la Biblia y con la verdad y centralidad del evangelio. Hemos observado que ese entendimiento más integrado e integral permea la teología (y la práctica) de la misión en el movimiento de Lausana.[25] También es el enfoque de la misión adoptado por la Alianza Evangélica Mundial, tanto en la Comisión de Misión como en la de Teología.[26] Ha sido central también para Infemit (International Fellowship for Mission as Transformation) desde sus comienzos en 1980 y en su inicio oficial en 1987.[27]

---

24 Compromiso de Ciudad del Cabo, IID.1.e (cursivas añadidas).

25 En preparación para el Congreso en Ciudad del Cabo en 2010, el Grupo de Trabajo de Teología de Lausana mantuvo en los años precedentes tres consultas en colaboración con la Comisión Teológica de la Alianza Evangélica Mundial, examinando cada frase del conocido lema; «Toda la iglesia llevando todo el evangelio a todo el mundo». Los informes y documentos están publicados en tres números especiales de la revista *Evangelical Review of Theology*, vol. 33, n.º 1 (2009); vol. 34, n.º 1 (2010); y vol. 34, n.º 3 (2010). La declaración completa de las tres consultas puede leerse en línea en www.lausanne.org/content/twg-three-wholes.

26 Ver, por ejemplo, «Holistic Ministry: Reflections from the Theological Commission of the World Evangelical Alliance», Octubre de 2008, www.worldevangelicals.org/tc/statements/holistic-ministry.htm.

27 Infemit (sigla que originalmente identificaba a la International Fellowship of Evangelical Mission Theologians) fue presentada oficialmente en Kenia en 1987; vinculaba movimientos misioneros de lo que entonces se conocía como el Mundo de los Dos Tercios. Ver el sitio en http://infemit.org/. Infemit supervisa el trabajo del Oxford Centre for Mission Studies (ocms) y publica por medio de

Entre quienes conciben la misión de la iglesia de este modo integral o integrado, hay personas que cuentan con extensas y notables trayectorias, no solo en la experiencia misionera práctica como, sino también en la reflexión y la docencia misionológica, tanto en Occidente como en el Mundo Mayoritario. Por mencionar solo a algunos, entre ellas se encuentran Dean Flemming, Michael Goheen, Scott Sunquist, Samuel Escobar, René Padilla, Rosemary Dowsett, John Dickson, Vinay Samuel y Chris Sugden.[28]

Un punto interesante que tocan tanto Goheen como Sunquist es que el esfuerzo dedicado a relacionar o integrar estos dos aspectos de la misión cristiana (evangelización y compromiso social) habría sido innecesario si antes no los hubiéramos separado. La dicotomía hostil que Stott lamenta en este libro, entre el énfasis ecuménico en el ámbito sociopolítico (al punto de descuidar la evangelización) y el énfasis evangélico en la evangelización (a expensas del compromiso social, por lo menos en la primera mitad del siglo veinte), debe su fuerza y su prolongada existencia al dominio del dualismo introducido por la Ilustración... en *ambos* ámbitos. Es decir, hemos introducido en nuestra manera de pensar distinciones y categorías que no reflejan de manera cabal la cosmovisión y la enseñanza bíblica. Insistimos en elaborar taxonomías cuando la Biblia nos convoca a la simple obediencia de todos sus mandamientos para el pueblo de Dios, o, en la expresión más sencilla que nos dejó

Regnum Books. Ver, por ejemplo, René Padilla, *¿Qué es la misión integral?* (Buenos Aires: Ediciones Kairos, 2006). La historia y la situación actual del movimiento de misión integral dentro de la comunidad evangélica global fue examinada en profundidad en Brian Woolnough y Wonsuk Ma, eds., *Holistic Mission: God's Plan for God's People* (Oxford: Regnum, 2010). Un simposio anterior había reunido a un buen número de eruditos procedentes en su mayoría de la India, con el objetivo de reflexionar sobre la naturaleza integral de la misión: ver Mathew, ed., *Integral Mission*, con prólogo de John Stott.

28 Ver Dean Flemming, *Recovering the Full Mission of God: A Biblical Perspective on Being, Doing and Telling* (Downers Grove, IL: InterVarsity Press, 2013); Goheen, *Introducing Christian Mission Today*; Sunquist, *Understanding Christian Mission*; Samuel Escobar, *The New Global Mission: The Gospel from Everywhere to Everyone* (Downers Grove, IL: InterVarsity Press, 2003); René Padilla, *Mission Between the Times: Essays on the Kingdom* (Grand Rapids: Eerdmans, 1985); Rosemary Dowsett, *The Great Commission* (Londres: Monarch, 2001); John Dickson, *The Best Kept Secret of Christian Mission: Promoting the Gospel with More Than Our Lips* (Grand Rapids: Zondervan, 2010); Vinay Samuel y Chris Sugden, eds., *Mission as Transformation: A Theology of the Whole Gospel* (Oxford: Regnum, 2000).

Jesús: «enseñándoles a obedecer *todo lo que les he mandado*».[29]
Goheen escribe:

> La primera escisión entre las tradiciones fundamen-
> talistas y liberales nació de un dualismo compartido.
> Cuando se reconoció la falta de equilibrio, las dos partes
> fueron unidas artificialmente. Dos dimensiones de la
> misión de la iglesia (palabras y obras) fueron extraídas
> del contexto original de la misión plena de la iglesia.
> Se le dio vida propia a cada una. Esto forzó la decisión
> sobre cuál de ellas era la prioritaria, y se optó por la
> palabra, porque (en conformidad con un dualismo más
> profundo) lo eterno tenía prioridad sobre lo temporal.[30]

Sunquist remite la integración a Cristo mismo, y deplora la clase de
enfoque que inserta una división entre las palabras y las obras de
Cristo, lo cual da base a la dicotomía planteada entre la evangelización
y la justicia social (cualquiera sea el modo en que prioricemos la
dicotomía así instalada). A mí me parece que Sunquist coincide con
la idea central de lo que dice John Stott (aunque rechaza su metáfora
de que son «socias»), pero nos urge a ir más atrás con el «problema de
la dicotomía», hacia una integración más fundamental.

> En la evangelización, comenzamos por una única
> cualidad de Dios en Jesucristo —el amor—, en lugar
> de comenzar por la dicotomía entre palabra y obras, o
> evangelización y justicia, o predicación y justicia social
> [el Pacto de Lausana asumió esta dicotomía, párrafo 5].
> Debemos mostrar cierta suspicacia cuando alguien
> habla de «los dos lados» de la vida de Jesús. Tiempo atrás
> era común usar esa expresión, hablar de la misión de
> Dios como una pareja de danza (la evangelización y la
> justicia social) o como las dos caras de una moneda.

---

29 Recuerdo mi perplejidad cuando me preguntaron, por correo electrónico, que
declarara si era *priorista* o *integralista*, y que especificara mi ubicación en cierto
espectro. Diplomáticamente, evité rotularme a mí mismo según las categorías de
otra persona.
30 Goheen, *Introducing Christian Mission Today*, 232, en su capítulo «Holistic
Mission: Witness in Life, Word and Deed».

Sin embargo, esas analogías no solo son inadecuadas, sino engañosas. Jesús era una persona plena, colmada hasta rebosar del amor *kenótico*, abnegado, de Dios.[31]

Antes de cerrar esta sección, debemos tomar nota de otra área de integración en la teología evangélica de la misión, que se desarrolló después de la publicación de este libro en 1975. Me refiero a asumir el *cuidado de la creación* como una dimensión de la responsabilidad cristiana, algo que legítimamente podría incluirse en la categoría general de la misión cristiana. Por supuesto, hay una amplia variedad de opiniones respecto a este asunto, que en la agenda de algunos sectores evangélicos alcanza al rechazo de toda la agenda ambiental. Pero los evangélicos se están dando cuenta cada vez más que la propia Biblia incluye a la creación (referida aquí, concretamente, al planeta en que vivimos) en las consecuencias del pecado, así como en los propósitos redentores de Dios y en el logro de la reconciliación establecida en la cruz.

La alusión más temprana que sobre la dimensión ecológica puedo encontrar en los documentos de Lausana está en el Manifiesto de Manila (1989), en el cuarto párrafo sobre «El evangelio y la responsabilidad social», donde leemos que «Entre los males que deploramos [...] [están] todas las formas de explotación de personas *y de la tierra*» (cursivas añadidas).[32] Con todo, los evangélicos ya estaban respondiendo a la creciente conciencia sobre la crisis ecológica por medio de organizaciones modestas, pero proféticamente importantes, como el Instituto Au Sable (fundado en 1979) y la organización A Rocha (La Roca), fundada en 1983.[33] La Red Ambiental Evangélica (EEN, por su sigla en inglés) fue fundada en 1993, y tiempo después publicó la Declaración Evangélica sobre el Cuidado de la Creación.[34] De hecho, desde Lausana 1974 hubo un constante y creciente flujo

---

31 Sunquist, *Understanding Christian Mission*, 320, en su capítulo «Witnessing Community: Evangelism and Christian Mission».

32 Manifiesto de Manila, párrafo 4, «El evangelio y la responsabilidad social».

33 Ver el sitio en línea del Au Sable Institute en http://ausable.org y el sitio de A. Rocha en arocha.org.

34 «On the Care of Creation», Evangelical Environmental Network, consultado el 24 de abril de 2015, https://creationcare.org/what-we-do/an-evangelical-declaration-on-the-care-of-creation.html.

de literatura evangélica y bíblica sobre esta cuestión, a la que tanto John Stott como yo hemos contribuido.[35] Más aún, en su último libro, *The Radical Disciple* (*El discípulo radical*), Stott incluyó un capítulo sobre el cuidado de la creación.[36] Sé que respaldaba el modo en que el Compromiso de Ciudad del Cabo fue más allá de la sola integración de las dos esferas de la evangelización y la responsabilidad social, para abarcar también a la creación. Observemos, en la siguiente cita, el modo en que, una vez más, la integración se construye claramente en torno a la centralidad del evangelio, enfocada en el señorío de Jesucristo, que es la primera y crucial declaración de la Gran Comisión.

> «De Jehová es la tierra y su plenitud». La tierra es
> propiedad del Dios que decimos amar y obedecer.
> Cuidamos de la tierra, sencillamente, porque
> pertenece a quien llamamos Señor [Salmo 24.1;
> Deuteronomio 10.14].
>
> Cristo creó, sostiene y redimió la tierra [Colosenses
> 1.15-20; Hebreos 1.2-3]. No podemos decir que amamos
> a Dios mientras abusamos de lo que pertenece a
> Cristo por derecho de creación, redención y herencia.
> Cuidamos de la tierra y usamos en forma responsable sus

---

35 Esta es una pequeña selección. Las obras más recientes incluyen amplias bibliografías para extender la investigación en este campo. Loren Wilkinson, ed., *Earthkeeping* in the Nineties: *Stewardship of Creation*, ed. rev. (Grand Rapids: Zondervan, 1991); Ron Elsdon, *Green House Theology: Biblical Perspectives on Caring for Creation* (Londres: Monarch, 1992); R. J. Berry, *The Care of Creation: Focusing Concern and Action* (Downers Grove, IL: InterVarsity Press, 2000); Edward R. Brown, *Our Father's World: Mobilizing the Church to Care for Creation* (Downers Grove, IL: InterVarsity Press, 2006); Ian Hore-Lacy, *Responsible Dominion; A Christian Approach to Sustainable Development* (Vancouver: Regent College Publishing, 2006); Dave Bookless, *Planetwise: Dare to Care for God's World* (Leicester, UK: Inter-Varsity Press, 2008); *Dave Bookless, God Doesn't Do Waste: Redeeming the Whole of Life* (Leicester, UK: Inter-Varsity Press, 2010); Noah J. Toly y Daniel I. Block, *Keeping God's Earth: The Global Environment in Biblical Perspective* (Downers Grove, IL: InterVarsity Press, 2010); Lowell Bliss, *Environmental Missions: Planting Churches and Trees* (Pasadena, CA: William Carey, 2013); John Stott, *Issues Facing Christians Today*, 4.ª ed., rev. y actualizado por Roy McCloughry (Grand Rapids: Zondervan, 2006), 135-60; Wright, *Mission of God*, 397-420 (en español, *Misión de Dios*, 529-557); *Mission of God's People*, 48-62, 267-70.

36 John Stott, *The Radical Disciple: Wholehearted Christian Living* (Leicester, UK: Inter-Varsity Press, 2010), 55-65. *El discípulo radical* (Buenos Aires: Certeza Unida, 2011), 51-62.

abundantes recursos, no según las razones del mundo secular, sino por causa del Señor. Si Jesús es Señor de toda la tierra, no podemos separar nuestra relación con Cristo de la manera en que actuamos con relación a la tierra. Porque proclamar el evangelio que dice «Jesús es Señor» es proclamar el evangelio que incluye a la tierra, dado que el señorío de Cristo es sobre toda la creación. El cuidado de la creación es, por lo tanto, un tema del evangelio dentro del señorío de Cristo [...]

La Biblia declara el propósito redentor de Dios para la *creación* misma. La misión integral significa discernir, proclamar y vivir la verdad bíblica de que el evangelio es buenas noticias de parte de Dios, a través de la cruz y la resurrección de Jesucristo, para cada persona individualmente, *y también* para la sociedad, *y también* para la creación. Los tres elementos están rotos y sufren por el pecado; los tres están incluidos en el amor y la misión redentores de Dios; los tres deben formar parte de la misión integral del pueblo de Dios.[37]

La misión y el ministerio son para todos los discípulos en todas las áreas de la vida

Mi tercera y última reflexión acerca del capítulo de Stott sobre la misión se relaciona con comentarios que hace en la primera parte de la sección sobre las implicancias prácticas. Allí sostiene que la misión y el ministerio son el privilegio y la responsabilidad de todos los creyentes, no solo de aquellos que son llamados al trabajo misionero transcultural o al ministerio pastoral ordenado. Argumenta que debemos alcanzar «una perspectiva más acertada en este asunto de las vocaciones» y del ministerio. Todos los cristianos están llamados al ministerio, y para algunos de ellos será el servicio misionero

---

37 Compromiso de Ciudad del Cabo, I.7.a. Las referencias bíblicas pertenecen al texto original. A partir del evento en Ciudad del Cabo en 2010, el Movimiento de Lausana también patrocina la red Creation Care Network, que produjo el documento «Jamaica Call to Action» después de la consulta internacional en 2012. Ver www.lausanne.org/content/statement/creation-care-call-to-action.

transcultural o la ordenación en el ministerio pastoral. Sin embargo, *ministerio* —servir a Dios y a los demás— se aplica a todos los modos de trabajo y de servicio en los que pueda estar involucrada una persona cristiana, sea en calidad de empleado o no. Aunque Stott tenía un compromiso personal muy responsable con la validez bíblica del ministerio ordenado pastoral y de enseñanza en la iglesia, creía apasionadamente que era dañino y antibíblico confinar el concepto de *ministerio* a los clérigos. Stott afirmaba que el ministerio y la misión eran el llamado de todos los discípulos de Cristo, en toda su variedad de vocaciones.

Estaba convocando, aunque en aquel momento sin decirlo de manera explícita a que erradiquemos aquella dicotomía tóxica entre lo sagrado y lo secular que ha infectado tan severamente el pensamiento cristiano, concretamente la perspectiva de que Dios está interesado en el ámbito de la vida religiosa (iglesia, adoración, oración, evangelización, etc.), en tanto el resto de la vida que se desenvuelve en el mundo *secular* del trabajo y la recreación son de poca o ninguna relevancia para Dios o para la misión de la iglesia. En su lugar, Stott quería recuperar la fuerte teología del trabajo y de la vocación que se encuentra entre los reformadores y los puritanos, según la cual todo tipo de trabajo honesto puede realizarse como servicio a los demás, para beneficio de la comunidad *y para la gloria de Dios* de una manera que «adorna al evangelio», lo cual es sin duda la clara enseñanza del apóstol Pablo (Efesios 6.5-8; Colosenses 3.22-24; Tito 2.9-10).

Stott desarrolló este tema en *El cristiano contemporáneo* (publicado en inglés en 1992, y en español en 1995). Vale la pena citar algunos párrafos de forma extensa para percibir la pasión de Stott y su convicción sobre este concepto. Cito el primer párrafo con cierta nostalgia, habiéndolo escuchado decir estas palabras en muchas ocasiones, de manera más o menos idéntica, en una de sus alocuciones favoritas.

> Le hacemos el peor servicio a la causa cristiana cada vez que nos referimos al pastorado como «el ministerio». Porque debido a nuestro uso del artículo definido damos la impresión de que el pastorado es el único ministerio que existe [...]. Me arrepentí de esta perspectiva, y por lo tanto de este lenguaje, hace

unos veinticinco años, y ahora invito a mis lectores, si fuera necesario, a que se unan a mí en actitud de penitencia. En el día de hoy, toda vez que alguien dice en mi presencia que «Fulano de tal va a ingresar en el ministerio», siempre pregunto inocentemente: «¿Ah, sí? ¿A cuál ministerio se refiere?» y cuando mi interlocutor, muy probablemente, responde: «Al ministerio pastoral», presento mi sutil reproche: «¡Y entonces, ¿por qué no lo dijo?!». El hecho es que el vocablo «ministerio» es un término genérico: le falta especificidad mientras no le agreguemos un adjetivo [...]

Hay una gran variedad de ministerios cristianos. Esto es así porque el vocablo «ministerio» significa «servicio» y existen muchos modos diferentes en los cuales podemos servir a Dios y a la gente. [Sigue allí un análisis de los sucesos en Hechos 6] [...]. Es esencial que notemos que tanto la distribución de alimentos como la enseñanza de la palabra reciben el nombre de ministerio (*diakonia*). De hecho, ambas actividades constituían ministerio cristiano, podían ser consideradas como ministerio cristiano de tiempo completo y requerían personas llenas del Espíritu para llevarlas a cabo. La única diferencia entre ellas era que una era un ministerio pastoral, y la otra social. No era que una de ellas se pudiese considerar un «ministerio» y la otra no; como tampoco que una fuese espiritual y la otra secular; ni tampoco que una fuera superior y la otra inferior. Se trataba simplemente de que Cristo había llamado a los Doce al ministerio de la palabra, y a los Siete al ministerio de las mesas [...]

Constituye un maravilloso privilegio ser misionero o pastor, *si Dios nos llama a serlo*. Pero es igualmente maravilloso ser abogado, industrial, político, gerente, trabajador social, escritor de guiones para televisión, periodista, o ama de casa cristiana, *si Dios nos llama a serlo*. Según Romanos 13.4 el funcionario estatal (sea legislador, magistrado, o policía) es tan «ministro de Dios» (*diakonos theou*) como el pastor. [...]

> Hay una clamorosa necesidad de hombres y mujeres cristianos que entiendan su actividad cotidiana como su principal ministerio cristiano y que estén resueltos a penetrar en el entorno secular en el cual se desenvuelven para dar a conocer a Cristo.[38]

Fue precisamente esta convicción sobre la importancia misional de los cristianos laicos en sus ámbitos cotidianos de trabajo lo que condujo a Stott a fundar en Londres, en 1982, el London Institute for Contemporary Christianity [LICC], «con la creencia esencial de que cada parte de nuestra vida está bajo el señorío de Cristo, y que toda la vida es un ámbito propicio para la adoración, la misión, el ministerio y el compromiso cristiano activo».[39] El director actual del instituto es Mark Greene, quien emula a John Stott en su pasión por capacitar a cristianos para que se comprometan y sean fructíferos en el ministerio y la misión que Dios les ha dado en el mundo del trabajo y en todo el ámbito de la cultura que los rodea. Además de sus libros, Greene formó parte del equipo que condujo talleres en Lausana, Ciudad del Cabo, en 2010, y contribuyó a la sección sobre «La verdad y el lugar de trabajo», en el Compromiso de Ciudad del Cabo.[40]

> La Biblia nos muestra la verdad de Dios acerca del trabajo humano como parte del buen propósito de Dios en la creación. La Biblia sitúa a la totalidad de nuestra vida de trabajo dentro de la esfera del ministerio, mientras servimos a Dios en diferentes llamados. En contraste, una falsa línea divisoria entre lo sagrado y lo secular

---

38 John Stott, *The Contemporary Christian* (Downers Grove, IL: InterVarsity Press, 1992), 140-42. *El cristiano contemporáneo* (Buenos Aires: Nueva Creación, 1995). 135-137. (Las cursivas pertenecen al texto original).

39 «About LICC», London Institute for Contemporary Christianity, consultado el 24 de abril de 2015, www.licc.org.uk/about-licc.

40 Mark Greene, *Thank God It's Monday: Ministry in the Workplace* (Bletchley, UK: Scripture Union, 2009); *The Great Divide* (Londres: LICC, 2010); *Fruitfulness on the Frontline: Making a Difference Where You Are* (Leicester, UK: Inter-Varsity Press, 2014). Por supuesto, muchos otros han escrito sobre la percepción bíblica y misional del «trabajo habitual». Se destacan entre ellos: Paul Stevens, *The Other Six Days: Vocation, Work and Ministry in Biblical Perspective* (Grand Rapids: Eerdmans, 2000); y Timothy Keller, *Every Good Endeavour: Connecting Your Work to God's Plan for the World* (Londres: Hodder & Stoughton, 2012).

ha permeado el pensamiento y la acción de la Iglesia.
Esta línea divisoria nos dice que la actividad religiosa
pertenece a Dios, mientras que otras actividades no.
La mayoría de los cristianos pasan la mayor parte de su
tiempo en trabajos que tal vez consideren de poco valor
espiritual (el llamado «trabajo secular»). Pero Dios es
Señor de *toda* la vida. «Todo lo que hagáis, hacedlo de
corazón, como para el Señor y no para los hombres»,
dijo Pablo a esclavos que trabajaban en un ambiente
pagano [Colosenses 3.23].[41]

No tengo la menor duda de que John Stott respaldaba la robusta
teología misional y la relevancia práctica de este párrafo, por lo que
la habría considerado totalmente en concordancia con las ideas y las
convocatorias que planteó en este libro en 1975, y como fruto de ellas.

---

41 Compromiso de Ciudad del Cabo, IIA.3.

3

La evangelización

John Stott

La palabra *misión,* como vengo sugiriendo, es, en rigor de verdad, una palabra amplia que abarca todo lo que Dios envía a su pueblo a hacer en el mundo. Por lo tanto, incluye la evangelización y la responsabilidad social, ya que ambas son expresiones auténticas del amor que anhela servir a otros en su necesidad.

La prioridad de la evangelización

Sin embargo, creo que debemos coincidir con la declaración del Pacto de Lausana cuando dice que en «la misión de servicio sacrificial de la iglesia, la evangelización es primordial».[1] Los cristianos deberían sentir compasión y un dolor agudo de conciencia cuando los seres humanos son de alguna manera oprimidos o abandonados, sea que se les nieguen libertades civiles, respeto racial, educación, salud, trabajo, alimentación adecuada, vestimenta o techo. Todo lo que socave la dignidad humana debe ofendernos. Pero ¿hay algo tan destructivo de la dignidad humana como estar alienado de Dios por causa de la ignorancia o del rechazo al evangelio? ¿Cómo podemos sostener seriamente que la liberación política y económica es tan importante como la salvación eterna? Sin duda, ambas son desafíos al amor cristiano. Prestemos atención a lo que el apóstol Pablo escribe con un énfasis solemne respecto a su preocupación por sus compatriotas judíos: «Digo la verdad en Cristo; no miento. Mi conciencia me lo confirma en el Espíritu Santo. Me invade una gran tristeza y me embarga un continuo dolor. Desearía yo mismo ser maldecido y separado de Cristo por el bien de mis hermanos,

---

1 Pacto de Lausana, párrafo 6.

los de mi propia raza» (Romanos 9.1-3). ¿Cuál era la causa de su angustia? ¿Que habían perdido su independencia como nación y estaban bajo el control colonial de Roma? ¿Que fueran con frecuencia despreciados y odiados por los gentiles, socialmente boicoteados y privados de la igualdad de oportunidades? No. «Hermanos, el deseo de mi corazón, y mi oración a Dios por los israelitas, es que lleguen a ser salvos» (Romanos 10.1), y el contexto deja en claro más allá de toda duda que la «salvación» que Pablo deseaba para ellos era su aceptación ante Dios (Romanos 10.2-4). Que pocos de nosotros, si es que alguno, sienta esta agonía, es una evidencia de nuestra inmadurez espiritual.

Además, en nuestra preocupación evangelizadora, la inquietud principal debería girar en torno a los millones de personas no alcanzadas en el mundo. En relación con ellas, el Pacto de Lausana subraya de la siguiente manera la urgencia de la evangelización:

> … más de las dos terceras partes de la humanidad no han sido evangelizadas todavía. Nos avergonzamos de que tantas personas hayan sido ignoradas; esto significa un reproche continuo a nosotros y a toda la iglesia [...]. Estamos convencidos de que este es el momento para que las iglesias y las entidades paraeclesiales oren fervientemente por la salvación de los no alcanzados y lancen nuevos esfuerzos para lograr la evangelización del mundo. Una reducción de misioneros y fondos extranjeros podría ser necesaria en ocasiones para facilitar una mayor autosuficiencia de la iglesia nacional y liberar recursos para regiones no evangelizadas. Los misioneros deberían fluir cada vez más libremente desde y hacia los seis continentes, en un espíritu de servicio humilde. La meta debe ser, por todos los medios disponibles y en el menor tiempo posible, que toda persona tenga la oportunidad de escuchar, entender y recibir la buena noticia.[2]

---

2 *Ibid.*, párrafo 9.

El significado de la evangelización

Una vez afirmada la prioridad de la evangelización, ¿cómo se la define? En pocas palabras, *euangelizomai* significa traer o anunciar el *euangelion*, las buenas noticias. Una o dos veces en el Nuevo Testamento el término se aplica a noticias corrientes, casi podríamos decir *seculares*, como cuando el ángel Gabriel le dio a Zacarías la buena noticia de que su esposa Elisabet iba a tener un hijo (Lucas 1.19), y cuando Timoteo le trajo a Pablo buenas noticias sobre la fe y el amor de los tesalonicenses (1 Tesalonicenses 3.6). Sin embargo, el uso habitual del verbo se relaciona con las buenas noticias *cristianas*. La evangelización consiste en la difusión del evangelio, dato que nos permite comenzar por establecer lo que la evangelización no es.

En primer lugar, la evangelización no debe definirse en términos de *resultados*, ya que no es esta la manera en que se usa en el Nuevo Testamento. Normalmente, el verbo está en la voz media en griego. Ocasionalmente se usa de manera absoluta; por ejemplo, «allí evangelizaron», en el sentido de que «se les predicó el evangelio» (Hechos 14.7; ver Romanos 15.20). Sin embargo, por lo general se agrega algo. A veces es el mensaje que predicaron; por ejemplo, «evangelizaban la palabra por dondequiera que iban» (Hechos 8.4, mi traducción), y cuando Felipe, en Samaria, «evangelizaba acerca del reino de Dios en el nombre de Jesucristo» (Hechos 8.12, mi traducción). A veces, no obstante, lo que se añade es a quiénes o en qué lugares se predicaba el evangelio. Por ejemplo, los apóstoles «evangelizaron muchas aldeas de los samaritanos» y Felipe «evangelizó todos los pueblos» a lo largo de la costa de Palestina (Hechos 8.25, 40, mi traducción). En estos versículos no se menciona si la palabra «evangelizada» fue aceptada, o si los habitantes de aquellos pueblos y aldeas «evangelizadas» se convirtieron. En el Nuevo Testamento, el uso de la palabra «evangelizar» no significa ganar conversos, sentido en el que generalmente nosotros usamos esa palabra. La evangelización es el anuncio de las buenas noticias sin tener en cuenta los resultados.

Por lo tanto, aunque en la oratoria y en los escritos misioneros populares, con frecuencia el término se define como llevar a las personas a la conversión, ese resultado no está incluido en el significado del término en el Nuevo Testamento. Evangelizar no es convertir a las personas, ni ganarlas, ni traerlas a Cristo, aunque sea esta la primera *meta* de la evangelización. Evangelizar es predicar el evangelio.

El doctor J. I. Packer criticó acertadamente la famosa definición de evangelización que se formuló por primera vez en Inglaterra, en 1919, en la Comisión Arzobispal para la Investigación de la Tarea Evangelizadora de la Iglesia. Comienza así: «Evangelizar es presentar de tal modo a Jesucristo, en el poder del Espíritu Santo, que los hombres decidan poner su confianza en Dios por medio de él». El doctor Packer llama a que pongamos atención a la estructura de esta oración: «… presentar *de tal modo* a Jesucristo […] que los hombres *decidan* […]». Esto es definir la evangelización en función de su éxito. Sin embargo, evangelizar no es predicar *de tal modo* que algo ocurra. «El modo de saber si uno está realmente evangelizando no es saber si hubo conversiones como resultado del testimonio. Más bien, hay que preguntarse sobre la fidelidad con la que se esté dando a conocer el mensaje del evangelio».[3] Agrega que «los resultados de la predicación no dependen de los deseos ni de las intenciones del hombre, sino de la voluntad del Dios Todopoderoso». Por supuesto, nuestro objetivo es que algo suceda, es decir, que las personas respondan y crean. Por eso les rogamos que «se reconcilien con Dios» (2 Corintios 5.20). A la vez, no debemos confundir un objetivo (lo que queremos que suceda) con una consecuencia (lo que en realidad sucede). Si queremos ser bíblicamente precisos, debemos insistir en que la esencia de la evangelización reside en la proclamación fiel del evangelio. Sin duda se hace con la intención de persuadir. No nos resultan indiferentes los resultados, anhelamos que las personas se conviertan, pero la evangelización sigue siendo evangelización ya sea que logremos o no logremos persuadir a las personas a aceptar el evangelio. Más adelante volveré sobre el elemento de la persuasión.

En segundo lugar, la evangelización no debe definirse en función de los *métodos*. Evangelizar es anunciar las buenas noticias, independientemente de cómo se las anuncie. Consiste en dar a conocer las buenas noticias, cualquiera que sea el medio con que se lo haga. Podemos evangelizar mediante la palabra escrita o la oral (a individuos, grupos o multitudes), por medio de ilustraciones o filmes, con

---

3 J. I. Packer, *Evangelism and the Sovereignty of God* (Downers Grove, IL: InterVarsity Press, 2008), 45.

dramatizaciones (ya sea que lo dramatizado sea real o de ficción), por medio de buenas obras de amor (Mateo 5.16), con un hogar centrado en Cristo, mediante una vida transformada y hasta con el entusiasmo casi sin palabras por Jesús. Aun así, debido a que la evangelización es fundamentalmente un anuncio, será necesaria alguna verbalización a fin de que el contenido de las buenas noticias se comunique con cierta precisión.

Habiendo planteado lo que no es, podemos volver a la afirmación positiva de que la evangelización puede y deber ser definida solamente en términos del *mensaje*. En consecuencia, la evangelización bíblica hace indispensable el evangelio bíblico. Nada entorpece tanto hoy a la evangelización como la extensa pérdida de confianza en la veracidad, la relevancia y el poder del evangelio. Pablo dijo que tenía un «gran anhelo» de predicar el evangelio en Roma. Estaba convencido de que era el poder de Dios para la salvación (Romanos 1.14-16).

¿Hay un evangelio propio del Nuevo Testamento?

¿En qué consiste, entonces, el evangelio del Nuevo Testamento? Antes de que podamos responder esta pregunta, nos encontramos con dos problemas preliminares.

En primer lugar, ¿hay, de hecho, un solo evangelio en el Nuevo Testamento? Es cierto que no encontramos en este Testamento ningún estereotipo rígido ni acartonado, sino, más bien, diferencias evidentes de énfasis debido al trasfondo o el temperamento de cada escritor y a la revelación del Espíritu Santo. Esto ocurre a tal punto que el apóstol Pablo se atreve a decir «mi evangelio», cuando se refiere al particular «misterio» que le fue revelado.

También hay un desarrollo histórico, incluso en un mismo escritor, de modo que lo que Pablo escribe en sus últimas cartas es notablemente diferente de lo que había escrito antes. Además, situaciones distintas requerían un tratamiento diferente, pues el enfoque apostólico era *situacional*, es decir, una respuesta sensible a cada desafío particular. Por ejemplo, el sermón de Pablo en la sinagoga en Antioquía muestra una notoria diferencia con su discurso en el areópago de Atenas; y lo mismo podemos decir entre su carta a los romanos y aquella a los corintios. Aun así, una vez que reconocemos estas variaciones, y pese a la rica diversidad de formulaciones teológicas en el Nuevo

Testamento, reconocemos una única tradición apostólica básica del evangelio. Pablo insiste a los gálatas en que los apóstoles en Jerusalén le dieron «la mano [...] en señal de compañerismo», demostrando así que reconocían su misión y su mensaje (Gálatas 1-2, especialmente 2.9). En los mismos capítulos, afirma con vehemencia que no hay otro evangelio, e invoca la maldición de Dios sobre cualquiera, sea ángel, apóstol o aun él mismo, que pretenda predicar otro evangelio. Más tarde, en 1 Corintios, después de resumir el evangelio y de enumerar las apariciones de Jesús posteriores a la resurrección, concluye así: «... ya sea que se trate de mí o de ellos, esto es lo que predicamos, y esto es lo que ustedes han creído» (1 Corintios 15.11). Este conjunto de pronombres personales —*yo, ellos, [nosotros], ustedes*— es impresionante. Es la afirmación de que los apóstoles de Jerusalén y él mismo estaban de acuerdo acerca del evangelio, y que en conjunto todos lo proclamaban, y que la iglesia cristiana en su totalidad lo recibió y lo creyó. Hay un solo evangelio.

La segunda cuestión preliminar es si ese único evangelio neotestamentario tiene carácter transitorio porque está culturalmente condicionado, o si en realidad es invariable. No podemos negar el hecho de que, en el propósito de Dios, su revelación alcanzó la culminación en el primer siglo d. C., en Cristo y en el testimonio apostólico sobre él, en lo que para nosotros constituye una cultura mixta con ingredientes hebreos, griegos y romanos. También es indudable que, para comprender esa revelación, debemos ubicarnos en aquella cultura. Pero el hecho de que Dios se diera a conocer en términos de una cultura particular no justifica en absoluto que rechacemos su revelación, sino que hemos de aplicar los principios correctos para interpretarla. Además, tenemos la responsabilidad solemne de reinterpretar esa revelación en términos que tengan sentido en nuestra propia cultura. Así y todo, hay un solo evangelio, y su esencia nunca cambia.

Permítanme decir algo más acerca de la revelación y la cultura. Estoy desarrollando el argumento de que la evangelización debe definirse en términos del mensaje que compartimos con otros. Tenemos buenas noticias para comunicar. En consecuencia, a fin de que haya evangelización, debe haber comunicación: una comunicación verdadera entre esa antigua revelación y la cultura moderna. Esto significa que nuestro mensaje tiene que ser a la vez fiel y contemporáneo. Primero, debe ser fiel, es decir, fiel a las Escrituras. Ante todo, no encontramos nuestro mensaje en una situación existencial, sino en la Biblia. Como lo expresó el doctor Visser 't Hooft: «Considero que no puede describirse de forma adecuada la evangelización como la respuesta a las preguntas que los seres humanos hacen, no importa lo profundas que sean esas preguntas. La evangelización es, en primer lugar, la trasmisión de la pregunta que Dios le hace al hombre. Esa pregunta es, invariablemente, si estamos dispuestos a aceptar que Jesucristo es el único Señor de la Vida». Agrega que debemos «tratar de relacionar esa pregunta de Dios con la situación existencial de los seres humanos y mostrarles que al responder al planteo de Dios encontrarán también la respuesta a sus más profundas inquietudes».[4]

Ahora bien, es relativamente fácil ser fieles en tanto no nos preocupemos por ser, al mismo tiempo, contemporáneos, y también es fácil ser contemporáneos si no nos interesa ser fieles. Lo exigente es la búsqueda de la combinación entre la verdad y la relevancia. No hay otra opción que nos proteja, por un lado, de una insensible lealtad a las fórmulas y los dogmas, y por otro, de una traidora deslealtad a la revelación de Dios. Necesitamos ser a la vez fieles a la Biblia y oportunos en nuestra cultura.

Volvemos ahora a nuestra pregunta anterior: ¿Cuál es el evangelio único e invariable del Nuevo Testamento? Luego, una vez enunciada la respuesta, ¿podremos decir cuál es su vigor contemporáneo? La primera y mejor respuesta sería afirmar que la Biblia en su totalidad es la buena noticia de Dios en toda su asombrosa revelación. *Biblia* y *evangelio* son términos casi intercambiables, porque la principal función de la Biblia en toda su extensión y amplitud es la de dar testimonio de Cristo. Aun así, la revelación de Dios registrada en las Escrituras fue destilada para nosotros en las buenas noticias proclamadas por los apóstoles. ¿En qué consiste?

C. H. Dodd realizó un conocido análisis de los sermones de los apóstoles.[5] En él hizo la distinción entre *kerygma* y *didachē*, es

---

4 W. A. Visser 't Hooft, «Evangelism in the Neo-pagan Situation», *International Review of Mission*, vol. 63, n.º 249 (1974): 84.
5 C. H. Dodd, *The Apostolic Preaching and Its Developments* (Londres: Hodder & Stoughton, 1936).

decir, entre la proclamación del evangelio y la instrucción ética de los conversos. A continuación, presentaré una reconstrucción sistemática del *kerygma* tal como fue predicado por Pablo y como lo hizo Pedro en las prédicas atribuidas a él en el libro de Hechos, con lo que muestro la notable similitud que exhiben en estructura y contenido. Los conceptos que desarrollo a continuación se sustentan en el valioso análisis de Dodd.

En una sola palabra, la buena noticia de Dios es Jesús. En el día de Pentecostés, después de citar a Joel, Pedro comenzó su sermón del siguiente modo: «Pueblo de Israel, escuchen esto: Jesús […]» (Hechos 2.22). Su primera palabra fue Jesús, y debe ser nuestra primera palabra también. Jesucristo es la esencia y el corazón del evangelio. Cuando Felipe se sentó junto al etíope, literalmente «le evangelizó a Jesús», es decir, compartió con él la buena noticia de Jesús (Hechos 8.35, mi traducción). De manera similar, Pablo comenzó su gran manifiesto en Romanos presentándose a sí mismo como «apartado para anunciar el evangelio de Dios… de su Hijo… Jesucristo nuestro Señor» (Romanos 1.1-4). Todos nosotros debemos estar profundamente agradecidos de que la personalidad de Jesús mantenga su poderosa influencia sobre la mente de los seres humanos. Cuando las personas se interesan seriamente por Jesús, sea que vengan de otros trasfondos religiosos, del mundo no religioso o de la contracultura juvenil, con frecuencia se sienten fascinados por él.

Con todo, ¿cómo presentaron los apóstoles a Jesús? Sus buenas noticias contenían al menos cinco elementos.

Los eventos del evangelio

En primer lugar, por supuesto, encontramos *los eventos del evangelio*. Ciertos «hechos» habían «acontecido» en Jerusalén (Lucas 1.1; 24.14, 18), hechos que nadie podía negar. En particular, Jesús de Nazaret había sido crucificado y después resucitado. Pablo resume así la tradición del evangelio: «Porque ante todo les transmití a ustedes lo que yo mismo recibí: que Cristo murió por nuestros pecados […], que fue sepultado, que resucitó al tercer día […], y que se apareció […]» (1 Corintios 15.3-5). Menciona concretamente cuatro sucesos: la muerte, la sepultura, la resurrección y la aparición de Jesús. Queda claro que pone énfasis en dos de ellos: que Cristo murió (lo cual se demuestra en que fue sepultado) y que resucitó (que se comprueba en que fue visto). Su aparición confirma la realidad de su resurrección, del mismo modo que la sepultura corrobora la realidad de su muerte.

El mismo énfasis en la resurrección queda claro en los discursos en el libro de Hechos. En ocasiones, Pedro comenzaba con referencias a la vida y al ministerio del hombre Jesús (Hechos 2.22; 3.22; 10.36-39; ver Hechos 13.23-25), y a veces continuaba refiriéndose a su exaltación, su reinado y su regreso. Sin embargo, el mensaje de Pedro, como el de Pablo, enfatizaba la muerte y la resurrección de Jesús. Ambos eventos eran reales, objetivos e históricos. Por supuesto, la reacción correcta ante la modalidad existencial de nuestro tiempo no será la de crear un existencialismo cristiano que desdeñe la historia a favor de la experiencia y desmitifique la resurrección convirtiéndola en un encuentro subjetivo con la realidad, sino más bien será ofrecer a la mente moderna (que se atasca en la arena movediza de la subjetividad) el fundamento objetivo de Jesucristo, cuya muerte y resurrección constituyen sucesos históricos firmes.

Sin embargo, los apóstoles no presentaron la muerte y la resurrección de su Señor meramente como sucesos históricos, sino como acontecimientos trascendentes, eventos salvíficos. Pablo dijo claramente que «Cristo murió por nuestros pecados» (1 Corintios 15.3; ver Gálatas 1.4) y que «resucitó para nuestra justificación» (Romanos 4.25).

Se afirma a veces que, por contraste, el apóstol Pedro, en los primeros discursos de Hechos, aún no tenía una doctrina de la cruz, sino que proclamaba a esta como si fuera simple historia sin significación teológica. Esta es la posición de C. H. Dodd, por ejemplo.[6] Pero uno se pregunta si este autor deja lugar para lo que puede deducirse de lo que Pedro decía. Primero atribuyó la cruz tanto al «determinado propósito y previo conocimiento de Dios» como a «gente malvada» (Hechos 2.23), y si la cruz formaba parte de los propósitos divinos, sin duda debía tener algún significado. En segundo lugar, Pedro se refirió a Jesús como el «siervo» de Dios, lo cual tiene que ser una alusión al Siervo Sufriente que llevó los pecados de muchos (Hechos 3.13; 4.27; ver Hechos 8.32-33). En tercer lugar, aparece la sorprendente descripción de la crucifixión

---

6 *Ibid.*, 31.

como el acto de «colgar» a Jesús de un «madero» (Hechos 5.30; 10.39; ver Hechos 13.29). Este ejemplo de abreviación apostólica remitía a Deuteronomio 21.23, donde se decía que un hombre condenado a ser colgado estaba bajo la maldición de Dios, y de ese modo anticipaba la doctrina sobre Cristo, quien cargó nuestro pecado y aun la maldición de la ley, que luego encontramos en las cartas tanto de Pedro como de Pablo (Gálatas 3.10, 13 y 1 Pedro 2.24).

Desde luego, también la resurrección fue más que un acontecimiento histórico. Fue la justificación divina de Jesús. «Ustedes lo mataron», repitió varias veces Pedro (Hechos 2.23; 3.15; 5.30-31), pero «Dios lo resucitó», revocando de ese modo el veredicto de los hombres, arrebatándolo del lugar de la maldición para exaltarlo y colocarlo a su diestra, como Señor, Cristo y Salvador (Hechos 2.24; 3.13-15; 5.30-31).

Los testigos del evangelio

El segundo elemento en el mensaje de los apóstoles son *los testigos del evangelio*, con lo cual me refiero a la evidencia a la que apelan para su autenticación. Se trataba de un testimonio doble, ya que la veracidad del testimonio se establecía mediante dos testigos.

El primero de estos era el Antiguo Testamento. Pablo enfatizó este testimonio mediante la repetición de su declaración concisa del evangelio: «Que Cristo murió por nuestros pecados según las Escrituras, que fue sepultado» y «que resucitó al tercer día según las Escrituras» (1 Corintios 15.3-4). Por su parte, Pedro siempre citó las Escrituras en los discursos que se registran en el libro de Hechos para demostrar que Jesús era el Mesías, el Cristo de las expectativas del Antiguo Testamento. Podemos decir con toda confianza que los apóstoles aprendieron de boca de Jesús la verdad del cumplimiento de las Escrituras en su muerte y resurrección. Lo aprendieron en parte durante el ministerio público de Jesús, pero especialmente después de que resucitó, como lo registra Lucas. Nunca olvidarían sus palabras: «… que tenía que cumplirse todo lo que está escrito acerca de mí en la ley de Moisés, en los profetas y en los salmos. Entonces les abrió el entendimiento para que comprendieran las Escrituras. Esto es lo que está escrito —les explicó—: que el Cristo padecerá y resucitará al tercer día […]» (Lucas 24.44-46). Por eso, los apóstoles insistían en que ellos no estaban innovando o inventando el mensaje. Como lo diría más tarde Pablo, de pie ante el tribunal de Agripa: «Pero Dios me ha ayudado hasta hoy, y así me mantengo firme, testificando a grandes y pequeños. No he dicho sino lo que los profetas y Moisés ya dijeron que sucedería: que el Cristo padecería y que, siendo el primero en resucitar, proclamaría la luz a su propio pueblo y a los gentiles» (Hechos 26.22-23).

El énfasis en las Escrituras también era significativo en otro sentido. Dado que la muerte de Jesús, su resurrección y el posterior derramamiento del Espíritu eran, todos, cumplimiento de las profecías mesiánicas, se mostraba de modo evidente que la nueva era había llegado, y que fue Cristo quien la inició. Como lo expresa C. H. Dodd, «El *kerygma* paulino [...] es una proclamación de los hechos de la muerte y resurrección de Cristo en un contexto escatológico que le da sentido a los hechos», sin duda un «sentido salvífico».[7]

El segundo testigo era el grupo de los propios apóstoles, que lo habían visto. Jesús mismo había vinculado el futuro testimonio apostólico con el testimonio profético del Antiguo Testamento, cuando a su referencia a las Escrituras agregó: «... ustedes son testigos de estas cosas» (Lucas 24.48). Lo dijo nuevamente antes de su ascensión: Ustedes «serán mis testigos» (Hechos 1.8). Sabían que estaban especialmente calificados para ser testigos de Cristo, no solo porque habían «estado [con él] desde el principio» (ver Marcos 3.14; Juan 15.27; Hechos 1.21-22), sino especialmente porque habían visto con sus propios ojos la cruz y el Cristo resucitado. En consecuencia, Pedro habitualmente incluía en sus discursos una referencia al testimonio apostólico:

A este Jesús, Dios lo resucitó, y de ello todos nosotros somos testigos (Hechos 2.32).

Mataron al autor de la vida, pero Dios lo levantó de entre los muertos, y de eso nosotros somos testigos (Hechos 3.15).

Nosotros somos testigos de estos acontecimientos (Hechos 5.32).

7 *Ibid.*, 16, 30.

Pedro fue incluso más explícito al hablarle a Cornelio:

> Nosotros somos testigos de todo lo que hizo en
> la tierra de los judíos y en Jerusalén. Lo mataron,
> colgándolo de un madero, pero Dios lo resucitó al
> tercer día y dispuso que se apareciera, no a todo
> el pueblo, sino a nosotros, testigos previamente
> escogidos por Dios, que comimos y bebimos con él
> después de su resurrección. Él nos mandó a predicar
> al pueblo y a dar solemne testimonio [...].
> (Hechos 10.39-42)

Así fue como los apóstoles unieron el testimonio de los profetas del Antiguo Testamento con su propio testimonio, que más tarde quedó registrado en el Nuevo Testamento.

Esta doble autenticación también es importante en nuestro tiempo. Ya hemos mencionado la fascinación que ejerce la persona de Jesús sobre nuestros contemporáneos, y que esto nos ofrece con frecuencia un punto de encuentro con ellos. Pero ¿de cuál Jesús estamos hablando? Hasta Pablo reconocía la posibilidad de que hubiera en su época maestros proclamando a «otro Jesús», diferente del Jesús de quién él predicaba (2 Corintios 11.4). Hay muchos «Jesús» hoy. Está el Jesús al que algunos eruditos consideran un mito. Está el Jesús trágico, el revolucionario fracasado. Está el Jesús al que retratan las películas y los musicales. En contraste con estas reinterpretaciones humanas, con urgencia, debemos recuperar y reinstaurar al auténtico Jesús, al Jesús de la historia, que es el Jesús de las Escrituras.

Esto significa, además, que no tenemos libertad para predicar a Jesucristo según nuestra fantasía, ni siquiera conforme a nuestra experiencia personal. Nuestro testimonio personal corrobora el testimonio de los autores bíblicos, especialmente el de los apóstoles. El de ellos es el testimonio primario, ya que estuvieron «con Jesús» y lo conocieron, y dieron testimonio de lo que habían oído y visto. Nuestro testimonio es siempre secundario y subordinado al de ellos. De modo que no hay cómo escapar de la continua labor de los estudiosos conservadores, quienes procuran sostener la fiabilidad del retrato de Jesús en los Evangelios, y restablecer la confianza en el testimonio de los apóstoles. Nuestra responsabilidad en la evangelización no es diseñar un Cristo según nuestra preferencia, ajeno a las Escrituras, ni adornar o manipular al Cristo de ellas, sino dar testimonio fiel del único Cristo que hay, el que Dios presentó al mundo mediante el testimonio notablemente unificado del Antiguo y el Nuevo Testamento.

Las declaraciones del evangelio

El tercer elemento lo conforman *las declaraciones del evangelio*, que, como hemos visto, están centradas en Jesucristo; pero no atañen solo a lo que *hizo* hace más de diecinueve siglos, sino a quién *es* hoy. En consecuencia, el Cristo histórico es el Cristo contemporáneo. En términos del Nuevo Testamento, la declaración fundamental es que «Jesús es Señor». Si confesamos esto con nuestra boca, como escribió Pablo, y creemos en nuestro corazón que Dios lo levantó de los muertos, seremos salvos (Romanos 10.9). Por cierto, la finalidad por la que Cristo murió y resucitó fue «para ser Señor tanto de los que han muerto como de los que aún viven» (Romanos 14.9), porque Dios exaltó hasta lo sumo a Jesús y le dio un nombre que es sobre todo nombre, para que toda rodilla se incline ante él, y toda lengua confiese que «Jesucristo es Señor» (Filipenses 2.9-11). Esta es una afirmación cristiana esencial, una que nadie puede formular si no es por inspiración del Espíritu Santo (1 Corintios 12.3).

En lo que Pablo insiste en estos textos es que el señorío o la soberanía de Jesús es la consecuencia directa de su muerte y resurrección. Pedro enseñó lo mismo en sus discursos en Hechos. Es el Jesús que murió y a quien Dios resucitó el que ahora está «exaltado a la diestra de Dios» (Hechos 2.32-33, LBLA; ver Hechos 3.13; 4.11). Este era el cumplimiento de la gran promesa mesiánica: «Siéntate a mi derecha hasta que ponga a tus enemigos por estrado de tus pies» (Salmo 110.1), que no solo mira hacia atrás, al trabajo que el Salvador había completado y del cual ahora descansaba, como muestra el escritor de Hebreos (Hebreos 10.12), sino también hacia el triunfo final que ahora aguarda. De esto podemos estar seguros. Con esa expectación, Pedro pudo decirle a Cornelio que, aunque en un paréntesis, Jesús «es Señor de todo» (Hechos 10.36).

La «diestra de Dios» donde Cristo está «sentado», es símbolo de su autoridad universal, por lo cual tiene facultad para otorgar bendición y exigir sumisión. Primero, la bendición. Una vez exaltado a la diestra de Dios, «habiendo recibido del Padre el Espíritu Santo prometido», derramó sobre su iglesia esta distintiva bendición de la nueva era (Hechos 2.33). Según la profecía de Joel, sobre la cual Pedro dijo que se acababa de cumplir, fue Dios mismo quien había prometido esto: «... derramaré mi Espíritu sobre todo el género humano» (Hechos 2.17). Sin embargo, sabiendo eso, Pedro no titubeó en atribuir el derramamiento a Jesús, quien ahora ocupaba la más elevada posición de honor y autoridad a la diestra del Padre.

Si desde el trono Jesús bendice a su pueblo, también espera que se sometan a él, que doblen sus rodillas ante él. «Por tanto, sépalo bien todo Israel que a este Jesús, a quien ustedes crucificaron, Dios lo ha hecho Señor y Mesías» (Hechos 2.36). Estas palabras marcaron el clímax del sermón de Pedro. Atravesaron el corazón de sus oyentes y estos prorrumpieron en llanto, preguntando qué debían hacer. Pedro les dijo que debían arrepentirse. Dios había revertido el veredicto que habían impuesto a Jesús, porque ellos lo crucificaron, pero Dios lo había resucitado. Ahora ellos debían revertir su veredicto. Debían someter la totalidad de su vida, individual y social, bajo el señorío soberano de Jesús. Estar en su reino y bajo su gobierno trae tanto bendición total como exigencia total.

De este modo, la declaración simbólica de que Jesús está «a la diestra de Dios» abarca las dos grandes declaraciones del evangelio, de que Jesús es Salvador (con autoridad para otorgar salvación) y que es Señor (con autoridad para exigir sumisión). Ambas están reunidas en el segundo discurso de Pedro ante el Sanedrín: «Por su poder, Dios lo exaltó como Príncipe y Salvador, para que diera a Israel arrepentimiento y perdón de pecados» (Hechos 5.31).

Además, ambas declaraciones forman parte del carácter único y absoluto de Jesucristo. Si en el ambiente cada vez más sincretista de nuestra época se nos preguntara en qué radica la singularidad de Jesús, pienso que deberíamos responder: «Jesús es Señor» y «Jesús es Salvador». Teológicamente hablando, estas declaraciones expresan las extraordinarias doctrinas de la encarnación y la expiación, y no encontramos nada comparable a esto en otras religiones. Los supuestos *avatares* (descensos o encarnaciones) del hinduismo no solo carecen de fundamento histórico, sino que su carácter fortuito y su pluralidad los ubican completamente por fuera de la declaración cristiana de que una sola vez, y en el marco de la historia verificable,

Dios se hizo hombre en Jesús. Las reiteradas promesas del Corán sobre el perdón de parte del compasivo y misericordioso Alá, por su parte, solo alcanzan a quienes tienen mérito, pesado en la balanza de Alá; el evangelio, en cambio, es la buena noticia de misericordia para quienes no la merecen. El símbolo de la religión de Jesús es la cruz, no la balanza. El mundo todavía espera escuchar estas declaraciones del evangelio, y que, en términos actuales, hoy se le comunique que «Jesús es Señor» y «Jesús es Salvador».

Las promesas del evangelio

En cuarto lugar, es lógico que pasemos de las declaraciones del evangelio a *las promesas del evangelio*, a lo que Cristo ofrece ahora y lo que promete a quienes se acercan a él. La buena noticia no trata solo de lo que Jesús *hizo* una vez (murió y resucitó); tampoco únicamente de lo que *ahora es* (exaltado a la diestra de Dios como Señor y Salvador). Trata también de lo que ahora *ofrece* como resultado de aquello. ¿Y en qué consiste? Al final de su sermón en Pentecostés, con mucha convicción, Pedro prometió a la multitud que, si se arrepentían y eran bautizados, recibirían dos regalos gratuitos de parte de Dios; concretamente, el «perdón de sus pecados» y el «don del Espíritu Santo».

El perdón es un ingrediente esencial de la salvación que ofrece el evangelio. El Señor resucitado había ordenado que se proclamara en su nombre el «perdón de pecados» en todas las naciones (Lucas 24.47). Asimismo, el modo en que los reformadores entendieron esta declaración: «A quienes les perdonen sus pecados, les serán perdonados» (Juan 20.23) siempre fue que se les estaba diciendo que predicaran los términos del perdón divino con seguridad y autoridad. Por cierto, esto es lo que hacían los apóstoles: «Arrepiéntanse», decían (Hechos 3.19). A Cornelio se le aseguró que todo el que creyera en él recibiría, «por medio de su nombre, el perdón de los pecados» (Hechos 10.43). De manera semejante, Pablo declaró en la sinagoga de Antioquía que «por medio de Jesús» se les anunciaría «el perdón de los pecados» (Hechos 13.38). Más allá de lo impopular que pueda ser hoy este mensaje, el perdón sigue siendo la necesidad primordial de la humanidad, así como parte indispensable del anuncio de las buenas noticias.

LA MISIÓN CRISTIANA EN EL MUNDO MODERNO

Sin embargo, Cristo ofrece más que el perdón de nuestro pasado. Nos brinda también una nueva vida en el presente, por medio de la regeneración y la presencia del Espíritu Santo, quien es, además, la garantía de nuestra futura herencia en el cielo. No debemos separar las dos promesas del evangelio que Dios mismo ha unido: el perdón y el Espíritu. Ambos pertenecen a la «salvación», sobre la cual Pedro insistió en que solo se obtiene en Jesucristo (Hechos 4.12), y ambos son parte de la «liberación», que tantas personas buscan. La verdadera libertad es más que ser liberado de la culpa; también es liberación del ego, de lo que alguna vez Malcolm Muggeridge llamó «el pequeño y oscuro calabozo de mi propio ego». Una vez rescatados de la culpa y del egocentrismo, podemos entregarnos en servicio a Dios y a los otros. Solo cuando nos sujetamos a ese tipo de servidumbre encontramos la verdadera libertad.

Las exigencias del evangelio

En quinto lugar, llegamos a *las exigencias del evangelio*. Pasamos de lo que Jesús hizo, lo que él es y lo que promete, a lo que nos pide de nosotros hoy. Ya hemos visto que la primera palabra de Pedro en respuesta a la pregunta de la multitud, acongojada en su conciencia, sobre qué debían hacer, fue que se arrepintieran. También fue la palabra con la que concluyó su segundo sermón: «Arrepiéntanse» (Hechos 3.19). Pablo también terminó su sermón a los atenienses con la declaración de que Dios «ahora manda a todos, en todas partes, que se arrepientan» (Hechos 17.30).

Arrepentirse significaba dar la espalda a su pecado, en particular al grave pecado de rechazar a Jesús. Su *metanoia* o «cambio en la manera de pensar» consistía en revertir su opinión sobre Jesús y su actitud hacia él. Lo habían repudiado y habían expresado ese rechazo mediante la crucifixión; ahora debían creer en él como Señor, Cristo y Salvador, así como expresar su aceptación mediante el bautismo, porque, si bien era indudable que este significaba más que ello, no podía significar menos. Debían ser bautizados «en el nombre de Jesucristo»; es decir, someterse humildemente al bautismo en el nombre de la persona a la que antes habían procurado destruir. Nada podía indicar más claramente su fe penitente y pública en Jesús. Más aún, su arrepentimiento y bautismo marcaban su ingreso a la nueva comunidad de Jesús. No hay conversión sin membresía en la iglesia, como me ocuparé de desarrollar en detalle más adelante.

En el Congreso de Lausana en 1974, el orador que puso mayor énfasis en el requisito indispensable del arrepentimiento fue el doctor René Padilla, de Argentina, quien también insistió en la dimensión social del arrepentimiento. En la sección de su trabajo presentado con anterioridad al Congreso, titulada «La evangelización y la ética del arrepentimiento», escribió: «Esa nueva realidad [esto es, la venida del Reino] coloca a los seres humanos en una situación de crisis: no pueden seguir viviendo como si nada hubiese acontecido; el Reino de Dios les exige una nueva mentalidad, una reorientación de todos sus valores, arrepentimiento». Además, «el cambio que se impone involucra un nuevo estilo de vida. [...] Sin ética no hay verdadero arrepentimiento. [...]. Y sin arrepentimiento no hay salvación». Y también: «El arrepentimiento es mucho más que un asunto privado entre el individuo y Dios. Es la reorientación total de la vida en el mundo —en medio de los seres humanos—, en respuesta a la acción de Dios en Cristo Jesús».[8]

Así, la responsabilidad social se vuelve un aspecto no solo de la misión cristiana, sino también de la conversión cristiana. Es imposible realmente haberse convertido a Dios (como veremos en el último capítulo) sin, como consecuencia, convertirnos a nuestro prójimo.

La conversión incluye tanto la fe como el arrepentimiento. Es verdad que la instrucción de Pedro a la multitud fue más la de «arrepentirse» que la de «creer». Sin embargo, a aquellos que aceptaron la palabra del apóstol y se arrepintieron y fueron bautizados, pocos versículos después se los menciona como «creyentes» (Hechos 2.44). Pedro le dijo a Cornelio «que todo el que cree en él recibe, por medio de su nombre, el perdón de los pecados» (Hechos 10.43). «Cree en el Señor Jesús, y serás salvo», le dijo Pablo al carcelero en Filipos (Hechos 16.31).

Las exigencias del evangelio, entonces, son el arrepentimiento y la fe, así como (en público) el bautismo. Esto me lleva a mencionar una controversia que hay en ciertos círculos evangélicos. Algunos se

---

8 René Padilla, en J. D. Douglas, ed., *Let the Earth Hear His Voice* (Minneapolis: Worldwide Publications, 1975), 128-29; C. René Padilla, *El Evangelio hoy* (Ediciones Certeza, 1975), 117-120.

han mostrado tan decididos a mantener la doctrina de la justificación solo por fe que no han podido acomodarse a la necesidad paralela del arrepentimiento. Hacen una distinción marcada entre aceptar a Jesús como Salvador y rendirnos a él como Señor, y hasta promulgan la grotesca noción de que insistir en la rendición, además de la aceptación, implica distorsionar el evangelio. Pues bien, honro su sincero deseo de proteger al evangelio de toda distorsión. Sin duda, la justificación en Cristo es por la gracia sola, en Cristo solo, mediante la fe sola. Además, debemos ser muy cuidadosos para no definir la fe de tal modo que pudiera adscribírsele cualquier mérito. Todo el valor de la fe reside en su objeto (Jesucristo), no en sí misma. Sin embargo, la fe que nos salva no consiste en «aceptar a Jesucristo como Salvador» en el marco de una especie de vacío místico, sin conciencia alguna ni del Cristo que «aceptamos» ni de las implicancias concretas de esa aceptación. La fe que salva radica en un compromiso total, penitente y sumiso a Cristo. Por ello, a los apóstoles les hubiera sido inconcebible que alguien pudiera creer en Jesús como Salvador sin a la vez someterse a él como Señor. Ya hemos visto que a quien se ha exaltado a la diestra de Dios es a Jesús el Señor y Salvador. En consecuencia, no podemos dividir a este Jesús en partes y responder solo a una de ellas. El objeto de la fe salvadora es la persona indivisa y completa de nuestro Señor y Salvador Jesucristo.

Me referiré a algo más antes de dejar el tema de las exigencias del evangelio. No debemos pasar por alto el matiz de urgencia, además de la autoridad con la cual los apóstoles hicieron público el llamado al arrepentimiento y a la fe. No solo eran conscientes de que ese llamado venía del trono desde donde reinaba Jesús, sino que, además, este mismo Jesús regresaría como Juez. Ese Dios que «ahora manda a todos, en todas partes, que se arrepientan» ya había establecido un día de juicio y había designado al Juez. Es Jesús, el mismo que murió y resucitó (Hechos 17.30-31; ver Hechos 3.20-21; 10.42; 13.40-41).

El contexto de la evangelización

Evangelizar, entonces, es compartir con otros las buenas noticias. La buena noticia es Jesús. Y la buena noticia que anunciamos sobre Jesús es que él murió por nuestros pecados y fue levantado de la muerte, a consecuencia de lo cual reina como Señor y Salvador a la diestra de Dios, con autoridad tanto para llamar al arrepentimiento y a la fe como para otorgar perdón por los pecados y dar el don del Espíritu a todos aquellos que se arrepientan, crean y sean bautizados. Todo esto tiene respaldo tanto del Antiguo como del Nuevo Testamento. Más aún, ello es precisamente lo que quiere decir la expresión «proclamar el reino de Dios». En cumplimiento de las Escrituras, el reino de Dios ha irrumpido en la vida de la humanidad por medio de la muerte y la resurrección de Jesús. Este reino o gobierno de Dios es ejercido desde su trono por Cristo, quien ofrece salvación y exige obediencia. En esto radica la bendición y la exigencia del reino. Como lo expresó el propio Jesús al comienzo mismo de su ministerio público: «Se ha cumplido el tiempo [...]. El reino de Dios está cerca. ¡Arrepiéntanse y crean las buenas nuevas!» (Marcos 1.15).

Por último, habiendo procurado definir la evangelización en términos del evangelio, creo que debo decir algo sobre su contexto, ya que la proclamación del evangelio puede ser vista como una actividad aislada. Hay algo que la precede y algo que viene después. Lo que precede puede ser designado con justicia como *presencia*, y lo que le sigue como *persuasión*.

La primera palabra es *presencia*. No siempre se elogia la noción de la *presencia cristiana*, porque sus promotores a veces han hablado de una *presencia silenciosa* o de un *silencio auténtico*. No cabe duda de que hay ocasiones en que es más cristiano mantener silencio que hablar. Sin embargo, la presencia cristiana en el mundo conlleva el propósito de Dios de conducir hacia la proclamación cristiana. Por otro lado, podemos aceptar que quienes defienden cierto grado de *presencia silenciosa* probablemente estén reaccionando con razón contra algunas formas torpes y agresivas de evangelización. Sin embargo, si hablando en sentido general no debería haber presencia sin proclamación, del mismo modo debemos afirmar que no debería haber proclamación sin presencia. La primera palabra en la comisión del Señor resucitado no fue *prediquen*, sino *vayan*. Ir al mundo significa estar presente en él.

Más aún, debe ser la presencia visible de una iglesia que se presente atractiva. Como dijo Samuel Escobar en el documento que preparó para el Congreso de Lausana en 1974: «La iglesia primitiva no era perfecta, pero evidentemente era una comunidad que llamaba la atención de las personas, debido a la diferencia cualitativa de su forma

87

de vida. El mensaje no solo era escuchado de boca de los creyentes, sino que era visto en la forma en que vivían».[9] No puede haber evangelización sin iglesia. El mensaje proviene de una comunidad que la encarna y que da la bienvenida en su seno fraternal a quienes la reciben.

La segunda palabra es *persuasión*. Ya mencioné antes la crítica que hizo J. I. Packer a la definición de evangelización ofrecida por los arzobispos. Y he dicho que no debemos definirla de un modo que incluya el elemento de la persuasión dentro de la definición misma de la actividad. Evangelizar es compartir las buenas noticias de lo que Dios hizo por medio de Cristo para salvar al mundo. Por supuesto, hemos de aceptar que Pablo describió su predicación evangelizadora con la afirmación «tratamos de persuadir a todos» (2 Corintios 5.11) y que, en el libro de Hechos, en muchas ocasiones, Lucas lo describe haciendo exactamente eso, agregando que muchos fueron «persuadidos». No cuestionamos esto; no obstante, hacer de la persuasión de nuestros oyentes un elemento inherente a la definición de la evangelización es confundir la actividad con sus metas. Por cierto, nuestra meta es persuadir a las personas a arrepentirse y a confiar en Cristo. Tenemos libertad para establecer nuestro *propósito*, pero no nos corresponde determinar los *resultados*. Algunos hablan de *persuasión* como si el resultado pudiese asegurarse mediante el esfuerzo humano, casi como sinónimo de *coerción*. No. Nuestra responsabilidad es la de ser fieles; los resultados quedan en manos del Dios Todopoderoso.

Creo que la manera más apropiada de concluir es mediante la cita del párrafo 4 del Pacto de Lausana, que se titula «La naturaleza de la evangelización»:

> Evangelizar es difundir la buena noticia de que Jesucristo murió por nuestros pecados y fue resucitado según las Escrituras, y que ahora, como el Señor que reina, ofrece el perdón de los pecados y los dones liberadores del Espíritu Santo a todos los que se arrepienten y creen. Nuestra presencia cristiana en el mundo es indispensable

---

[9] Samuel Escobar, en Douglas, ed., *Let the Earth Hear His Voice*, 308; en español, *Pensamiento Cristiano*, año 21, n.º 83, diciembre de 1974, 259-277.

para la evangelización, al igual que esa clase de diálogo cuyo propósito es escuchar con sensibilidad a fin de comprender. Pero la evangelización en sí misma es la proclamación del Cristo histórico y bíblico como Salvador y Señor, con el fin de persuadir a las personas a acudir a él personalmente y así ser reconciliadas con Dios. Al hacer la invitación del evangelio, no tenemos ninguna libertad para ocultar el costo del discipulado. Jesús todavía llama a todos los que desean seguirlo a negarse a sí mismos, a tomar su cruz y a identificarse con su nueva comunidad. Los resultados de la evangelización incluyen la obediencia a Cristo, la incorporación a su iglesia y el servicio responsable en el mundo.[10]

---

10 Pacto de Lausana, párrafo 4.

4

Reflexiones sobre la evangelización

Chris Wright

John Stott fue, sobre todo, un evangelista; desde los primeros días que siguieron a su nacimiento espiritual como cristiano hasta los últimos momentos de su vida en la tierra. Cuando era un estudiante de 17 años fue conducido a la fe en Cristo por el destacado evangelista E. J. Nash (afectuosamente conocido como Bash), y muy pronto se convirtió en líder en los campamentos evangelísticos para varones, en Iwerne Minster.[1] Llegó a ser un renombrado evangelista en el contexto universitario, primero en su *alma mater*, la Universidad de Cambridge, y más tarde en otras universidades de Estados Unidos de América y Canadá, así como globalmente. Dirigió a su congregación, All Souls Church, Langham Place, en Londres, para que fuera un modelo de parroquia evangelizadora, movilizando un ejército de laicos con las habilidades del testimonio personal y del discipulado sistemático de nuevos creyentes. En una ocasión en que lo visité en el hogar para mayores donde pasó sus últimos cuatro años afectado por una creciente discapacidad, se le iluminaba el rostro al relatarme cómo había compartido el camino de la salvación con un empleado, en respuesta a una pregunta que le hizo mientras lo trasladaba en la silla de ruedas del comedor a su pequeño departamento privado.

---

[1] Puede leerse el relato personal de Stott sobre su conversión en *Why I Am a Christian: This Is My Story* (Downers Grove, IL: InterVarsity Press, 2003), 14, 29-32. Una exposición más detallada se encuentra en Timothy Dudley-Smith, *John Stott: The Making of a Leader* (Downers Grove, IL: InterVarsity Press, 1999), 85-102.

Por ello, no causa sorpresa alguna que comience su capítulo sobre la evangelización repitiendo la declaración del párrafo 6 del Pacto de Lausana (cuyo borrador él mismo había redactado): «En la misión de servicio sacrificial de la iglesia, la evangelización es primordial». Pero con esto no quiere decir que la evangelización sea *la única* tarea de la iglesia, pues lo deja en claro al empezar cuando dice que la «palabra *misión* [...] es, en rigor de verdad, una palabra amplia, que abarca todo lo que Dios envía a su pueblo a hacer en el mundo [y que, por lo tanto], incluye la evangelización y la responsabilidad social». Sin embargo, en el marco de esta innegociable amplitud e integralidad de la tarea misional de la iglesia (que Stott sostuvo incondicionalmente durante toda su vida), la evangelización tiene prioridad. En las siguientes décadas, tanto en sus escritos como en sus consultas, le dedicó mucha atención al modo en que ese doble compromiso —con la naturaleza intrínsicamente integral de la misión y con la prioridad de la evangelización dentro de esta— debía plasmarse en la teoría y la práctica.

Como he explicado más arriba, al buscar definir qué significa que la *misión* es *integral* e *integrada*, yo preferiría hablar de la centralidad del evangelio, antes que de la prioridad de la evangelización. Y lo hago con un sutil cambio de énfasis con respecto a cómo Stott (y muchos otros) justifica la afirmación de la prioridad de la evangelización a partir de la necesidad más grande de la humanidad. Por cierto, de ninguna manera cuestiono el radical diagnóstico bíblico de la condición humana como fundamentalmente alienada de Dios, perdida en la rebeldía y el pecado, y bajo el juicio del Señor Las personas necesitan escuchar la buena noticia que responde a esa realidad. Pero hablar de la centralidad del evangelio no nos orienta en primer lugar hacia los seres humanos y su necesidad, sino hacia Dios en su gracia y a la narración bíblica de lo que hizo en Cristo para salvar al mundo. Así, al guiarnos a ver la extraordinaria narrativa bíblica como la esencia del evangelio, necesariamente integra en esa buena noticia todas las dimensiones bíblicamente reveladas sobre los buenos propósitos de Dios para la vida humana, reconociendo en ella las dimensiones de lo espiritual y lo material, lo eterno y lo terrenal, y demás, pero sin provocar una dicotomía entre ellas.

Creo que hay muy poca diferencia práctica entre este modo de expresar el concepto y la manera en que Stott alcanza el equilibrio de *integralidad con prioridad*. En este capítulo, después de su breve análisis sobre cómo debe definirse la evangelización, de inmediato pasa a su magistral exposición sobre el evangelio, que abarca la mayor parte del capítulo (los hechos del evangelio, los testimonios, las declaraciones, las promesas y las exigencias). Se podría decir que, para Stott, la centralidad del evangelio generó la primacía de la evangelización, en tanto que, para mí, lo que le da su *primacía* y carácter indispensable es su centralidad, en el marco de un entendimiento integral e integrado de la misión.[2] Este tipo de centralidad no es el que vuelve periférico, marginal y de poca importancia a todo lo demás, sino más bien una en torno a la cual se integra todo lo demás y se sostiene, además de recibir sentido y rumbo.

Me parece que dos de los conceptos presentados por Stott en este capítulo merecen mayor reflexión y un desarrollo más extenso, y de una manera que creo que él hubiera aprobado. En cada caso comenzaré con una cita de su capítulo.

«Toda la Biblia es la buena noticia de Dios»

En unas pocas y potentes oraciones, Stott articula un panorama del evangelio que prefigura de manera extraordinaria los esfuerzos hechos recientemente para que los evangélicos dejen de usar la palabra *evangelio* como si solamente significara un «plan de salvación» o unas pocas leyes espirituales que proveen un mecanismo con el que los individuos pueden asegurarse un lugar en el cielo una vez que mueren. En realidad, debemos hablar del evangelio del modo en que se lo hace en el Nuevo Testamento, fundamentalmente como las buenas noticias contenidas en la historia de toda la Biblia, acerca de todo lo que Dios prometió y logró, y llevará a su final pleno por medio de Jesús de Nazaret, el Mesías prometido, el Salvador redentor y el Rey que regresará.[3]

---

2 Apliqué por primera vez a la evangelización el término *primacía* en *The Mission of God* (Downers Grove, IL: InterVarsity Press, 2006), cap. 13; *La misión de Dios* (Buenos Aires: Certeza Unida, 2009), cap. 13. En una sección que se refiere a la necesidad de una respuesta integral al terrible flagelo del VIH/SIDA, hablo de «la primacía de la evangelización y la no primacía de la muerte».

[N. del E.] en la versión en español de *La Misión de Dios*, ver también la sección «La práctica y las prioridades» en el cap. 9, «El modelo divino de restauración».

3 Scot McKnight aboga con firmeza por la necesidad de recuperar el carácter narrativo del evangelio, incluyendo sus raíces en las promesas de Dios en el Antiguo

¿Qué es el evangelio? Stott escribe: «La primera y mejor respuesta sería afirmar que la Biblia en su totalidad es la buena noticia de Dios en toda su asombrosa revelación. Biblia y evangelio son términos casi intercambiables, porque la principal función de la Biblia en toda su extensión y amplitud es dar testimonio de Cristo. [...] En una sola palabra, la buena noticia de Dios es Jesús».

Si desentrañamos la concisa lógica de Stott, su punto es el siguiente:

- El evangelio está centrado en Jesucristo. Jesús es la buena noticia que Dios nos declara.
- Es la Biblia la que nos «da» a Jesús, ya que, de un modo u otro, toda la Biblia da testimonio de él.
- Por lo tanto, *la Biblia como un todo* constituye el «evangelio», porque es lo que Dios nos dio para que podamos conocer y comprender la persona y la obra de Jesús como «la buena noticia de Dios».

Ahora bien, todo esto es incuestionablemente cierto y, así como se expresa, contrarresta la tendencia a reducir el evangelio a unos pocos versículos bíblicos aislados, acomodados en una secuencia que primero se enfoca en el problema de mi pecado personal, luego en la muerte de Jesús por mí, cargando sobre sí mi pecado, y por último en la promesa del perdón y la vida eterna... para mí. Ni por un instante negaría la gloriosa verdad de esos versículos ni las consecuencias eternas que generan para aquellos que son guiados a responder poniendo su fe en Cristo, incluyéndome a mí mismo. Pero este plan de salvación personalizado, aunque logrado y garantizado en el evangelio, no es la historia completa. O, para ser más precisos, no es la historia completa de lo que el evangelio, en su esencia, es y dice.

Cuando Stott fundamenta su afirmación de que el evangelio atañe a toda la Biblia, lo hace de dos maneras. Primero (en la sección «Los eventos del evangelio»), brinda el registro bíblico de los acontecimientos históricos —los hechos que ocurrieron en Jerusalén: la crucifixión y la resurrección de Jesús de Nazaret. Pero

---

Testamento y la historia y la esperanza de Israel, en lugar de reducir el evangelio a un plan de salvación individual. Ver McKnight, *The King Jesus Gospel* (Grand Rapids: Zondervan, 2011) y *Kingdom Conspiracy: Returning to the Radical Mission of the Local Church* (Grand Rapids: Brazos, 2014). Ver también Tom Wright, *How God Became King: Getting to the Heart of the Gospels* (N. York: HarperOne, 2012).

estos hechos, dice, adquieren sentido salvífico en virtud del plan y propósito de Dios revelado en las Escrituras, y de la interpretación ya provista en el Antiguo Testamento de la muerte del Mesías. Segundo (en «Los testigos del evangelio»), enfatiza el cumplimiento de las profecías del Antiguo Testamento, que Jesús mismo destacó cuando dijo a sus discípulos: «Esto es lo que está escrito [...]: que el Cristo padecerá y resucitará al tercer día, y en su nombre se predicarán el arrepentimiento y el perdón de pecados a todas las naciones» (Lucas 24.46-47).

Por supuesto, ambos conceptos son ciertos, pero no avanzan lo suficiente en el sentido de clarificar la relación del Antiguo Testamento con el evangelio, porque no es un libro que solo contiene profecías sobre Cristo. Más bien, relata la primera parte de la *totalidad de la historia bíblica*, que establece el marco dentro del cual la identidad y la obra de Jesucristo cobran sentido y constituyen buenas noticias para todas las naciones. Este evangelio es buena noticia *en tanto* entendemos el mundo y la humanidad y el futuro de ambos tal como se nos lo comunica en el relato bíblico completo. Sin una cosmovisión bíblica, conformada a partir de la historia bíblica, nuestra comprensión y presentación del evangelio serán deficientes.

Cuando Jesús mencionó a sus discípulos lo que estaba escrito sobre él «en la ley de Moisés, en los profetas y en los salmos» (Lucas 24.44), no solo estaba aludiendo a las profecías predictivas, sino a la totalidad del canon que hoy llamamos Antiguo Testamento, en el alcance, rumbo y flujo completo de su grandiosa narrativa. La Torá incluye la historia de la creación, la caída, la promesa del pacto a Abraham dentro de una perspectiva universal, el éxodo y la redención de Israel, el pacto en el Sinaí, y la anticipación de un futuro en el que llegaría el triunfo definitivo de la fidelidad y la gracia de Dios por sobre la rebelión y el juicio a su pueblo. «Los profetas», en el canon hebreo, incluye a los profetas anteriores (la así llamada historia deuteronómica, desde Josué a 2 Reyes), que relatan la concesión de la tierra, el surgimiento de la monarquía y el pacto con David, su prolongado deterioro hasta el fatídico exilio, y la «resurrección» con el retorno del exilio. En el curso de esta gran historia, en pasajes de las tres secciones (la Ley, los Profetas y los Salmos [los «Escritos»]), nos encontramos una y otra vez con la mención del propósito universal de Dios para todas las naciones. Se nos recuerda con frecuencia que esta historia es, en última instancia, una que abarcará a todas las naciones y aun a la creación en la bendición del pacto redentor de Dios.[4] El Antiguo Testamento es, de hecho, la narración de una buena noticia, aun si esta no ha llegado todavía.

Lamentablemente, a menudo se presenta al Antiguo Testamento como una especie de telón de fondo negativo que contrasta con el evangelio, algo *de lo cual* este nos rescata. Con cierta facilidad tratamos la *distorsión* que hacen del Antiguo Testamento los opositores del apóstol Pablo como si fuera eso lo que enseñara el Antiguo Testamento. Por supuesto, como Pablo lo reconocía absolutamente (junto con Jesús, Moisés y todos los profetas), *el pueblo de Israel* fracasó miserablemente, demostrando que estaban tan cargados de pecado y tan rebeldes y caídos como el resto de la humanidad. Sin embargo, los *propósitos de Dios* no quedaron anulados por el fracaso de Israel. Por el contrario, *las buenas noticias* del Antiguo Testamento contienen, precisamente, la promesa y la esperanza imperecedera de que el Señor el Dios de Israel, triunfaría sobre el mal, reinaría como soberano y llevaría su salvación hasta los confines de la tierra. Ese «evangelio» fue anunciado primero a Abraham, dice Pablo, citando Génesis 12.3 (en Gálatas 3.8).[5] Incluso las palabras clave para el evangelio en el Nuevo Testamento, *euangelion* y *euangelizomai*, vienen de la traducción griega de la expresión «buenas noticias» en los textos veterotestamentarios sobre el reinado de Dios entre las naciones; por ejemplo, Salmo 96.1-3 e Isaías 52.7-10.

De modo que cuando Jesús anunciaba que el reino de Dios había irrumpido en la historia con su persona, la gente no necesitaba ir a un diccionario para averiguar lo que quería decir con la expresión «crean en el *evangelio*» (Marcos 1.15), pues conocían la historia en la que participaban. Conocían a su Dios (el Señor, el Santo de Israel) y sus promesas. Quizás tenían ideas muy confusas acerca de cómo serían las cosas cuando su Dios estableciera plenamente su reinado (Jesús

---

4 El haber reconocido este eje misional y universal a lo largo de todo el canon del Antiguo Testamento es el argumento, y explica el subtítulo, de mi libro *The Mission of God: Unlocking the Bible's Grand Narrative*; en español, *La Misión de Dios: Descubriendo el Gran Mensaje de la Biblia*.

5 Por cierto, a menudo se alude a la promesa de Dios a Eva —de que su descendencia aplastaría la cabeza de la serpiente (Génesis 3.15)— como el *protoevangelio*, el «primer anuncio del evangelio».

dedicó mucho tiempo a corregir esas ideas equivocadas), pero sabían que solo cuando se dijera «¡Señor es rey!» habría celebración y buenas noticias para «las ruinas de Jerusalén», para todas las naciones y los confines de la tierra, y en efecto, para toda la creación (Isaías 52.9-10; Salmo 96.10-13). La buena noticia era que Dios había mantenido su promesa a Abraham, si bien lo había hecho por el paradójico camino de la encarnación, la vida, el rechazo, el sufrimiento, la muerte y la resurrección de Jesús de Nazaret. Para quienes se unían a Cristo en arrepentimiento, fe y discipulado obediente, llegan todavía más buenas noticias: la certeza de su participación futura en el «buen final» de la historia, con la resurrección de los muertos y la vida eterna en la nueva creación.

En otras palabras, aunque debemos coincidir con Stott e insistir con él en que el evangelio está, sin duda, conformado por Jesucristo mismo, y se centra en su muerte expiatoria y su victoriosa resurrección, también debemos ver la «historia de Cristo» en el marco del relato de toda la Biblia, de creación a nueva creación —que es lo que probablemente Pablo quería decir al referirse a «todo el consejo/plan/voluntad de Dios» (Hechos 20.27; ver Efesios 1.9-10; Colosenses 1.15-23).

Ben Witherington III ha explorado con gran profundidad el modo en que la enseñanza, la predicación y todo el pensamiento de Pablo estaba modelado por la historia bíblica, incluyendo la manera en que entendía y predicaba el evangelio.

> El pensamiento de Pablo, tanto su teología como su ética, está arraigado en la gran narrativa [bíblica] y en una historia que ha continuado desarrollándose a partir de esa narrativa.
>
> Esta Narración es un relato tan extenso como el universo y a la vez tan pequeño como un ser humano individual. Sin embargo, no es una historia acerca de todo, ni siquiera acerca de toda la historia humana. Es una Narración que enfoca en la relación de Dios con la humanidad, desde el comienzo de la raza humana en Adán hasta su culminación en el Adán escatológico, y más allá. Es una Narración acerca de la creación y la criatura, y de su redención por, en y a través de Jesucristo.

> Es una Narración acerca de una comunidad de fe creada en medio de la humanidad caída. Abarca tragedia y triunfo, perdidos y salvos, lo primero y lo último.
> Su foco se reitera en las acciones divinas y humanas en el escenario de la historia humana. Es desde esa Narración, que Pablo entiende, involucra a la historia y a la Historia (es decir, la de Cristo), que argumenta, urge, alienta, debate, promete y amenaza.[6]

Esta grandiosa historia como un todo —revelada en la Biblia, dirigida por Dios, cristocéntrica y colmada de esperanza— constituye la buena noticia a la que somos invitados, en primer lugar, a ser partícipes con fe y vida, y entonces a tomar parte en la tarea «evangelizadora» del evangelio.[7]

En determinado momento, Stott lamenta la pérdida de urgencia en la tarea de evangelización, que atribuye a nuestra pérdida de confianza en el evangelio. «Nada entorpece tanto hoy a la evangelización como la extensa pérdida de confianza en la veracidad, la relevancia y el poder del evangelio». Coincido con él. Agregaría que una de las razones de esa pérdida de confianza en el evangelio es que hay muchísimos cristianos, aun entre los evangélicos, que sencillamente han olvidado la historia en la que participamos (o nunca la han aprendido), la historia en cuyo marco se constituye el evangelio. Han aceptado el evangelio como la garantía individual de un futuro «en el cielo» por medio de la fe en la obra expiatoria de la cruz, pero después siguen viviendo en este mundo según la historia del mundo, cualquiera sea la historia de su particular entorno cultural. No han permitido que el evangelio transforme su cosmovisión en el nivel más profundo, como la verdadera historia del universo y la perspectiva desde la

---

6 Ben Witherington III, *Paul's Narrative Thought World: The Tapestry of Tragedy and Triumph* (Louisville, KY: Westminster John Knox, 1994), 2.

7 Como en muchos otros asuntos, Lesslie Newbigin ya había expresado la crucial importancia de recuperar la confianza cristiana en la Biblia como una historia universal que reclama ser escuchada como una verdad pública, no meramente como un libro entre muchos otros libros religiosos en el mundo. Ver especialmente «The Bible as Universal History», en *The Gospel in a Pluralist Society* (Londres: SPCK, 1989), 89-102. Se puede observar la fuerte influencia de Newbigin en Michael W. Goheen, *A Light to the Nations: The Missional Church and the Biblical Story* (Grand Rapids: Baker, 2011).

cual interpretar la historia, el presente y el futuro. Básicamente, han «añadido a Jesús» para proveer un final feliz a una historia personal y cultural que no han alterado en absoluto.

¿De qué otro modo podríamos explicar, por ejemplo, el colosal sincretismo del cristianismo occidental, en el que parece haber tan poca diferencia entre los cristianos (aun los evangélicos) y el consumismo idolátrico que nos rodea, con sus mitos subyacentes de progreso y crecimiento? Incluso aquellos que declaran *creer en el evangelio* muestran pocas señales de conocer, creer y vivir según la única historia, la historia bíblica, que hace del evangelio la buena noticia en todos los niveles, desde lo personal a lo cósmico.[8] Por esa razón, debemos dar la bienvenida a todo esfuerzo y a toda publicación o curso que ayude a los cristianos a conocer la historia en la que participan, es decir, a alcanzar un entendimiento integral de la Biblia como una historia completa (que no es lo mismo que un conocimiento exhaustivo de los detalles de la Biblia, como si nuestra salvación o nuestra santificación dependieran de contestar preguntas en una competencia de conocimiento bíblico).[9]

En 2004 me invitó la Junta de Directores del Movimiento de Lausana a presidir el Grupo de Tarea de Teología de Lausana (cargo que John Stott había ocupado en los años de controversia teológica que siguieron al Primer Congreso de Lausana en 1974). En los años inmediatamente anteriores al Tercer Congreso en Ciudad del Cabo, en 2010, nos embarcamos en una serie de consultas sobre el lema de Lausana: «Toda la iglesia llevando todo el evangelio a todo el mundo». ¿Qué significa, exactamente, esta frase en una perspectiva bíblica y misionológica?

---

8 En *Telling the Story: Gospel, Mission and Culture* (Londres: SPCK, 1996), Andrew Walker explora lo que significa el evangelio como relato, y lo grave que es haber perdido esa narrativa en las culturas occidentales.

9 Para mencionar apenas algunos: Vaughan Roberts, *God's Big Picture: Tracing the Storyline of the Bible* (Downers Grove, IL: InterVarsity Press, 2002); Philip Greenslade, *A Passion for God's Story: Discovering Your Place in God's Strategic Plan* (Carlisle, UK: Authentic, 2002); Michael W. Goheen y Craig G. Bartholomew, *Living at the Crossroads: An Introduction to Christian Worldview* (Grand Rapids: Baker, 2008); Craig G. Bartholomew y Michael W. Goheen, *The Drama of Scripture: Finding Our Place in the Biblical Story* (Grand Rapids: Baker, 2004; 2.ª ed., 2014).

La primera consulta, en Chiang Mai, en 2008, trató sobre «El evangelio total». La declaración producida en aquel evento identificó varias maneras en las que el apóstol Pablo usa las palabras relativas a *euangel-*, como sustantivo o como verbo.[10] El primer punto de la declaración expresa el carácter narrativo del evangelio:

A. *El evangelio relata la historia de Jesús a la luz de toda la Biblia.*

1. Para Pablo, el evangelio consiste, sobre todo, en la facticidad histórica de Jesús de Nazaret, por medio de quien Dios ha logrado la salvación. El evangelio es un relato de los sucesos de la muerte y resurrección de Jesús, entendidos a la luz de las Escrituras del Antiguo Testamento. [...] «Conforme a las Escrituras» significa «en conformidad con el Antiguo Testamento», es decir, con la narrativa de todo lo que Dios había hecho y prometido al Israel del Antiguo Testamento, y que ahora se ha cumplido en el Mesías Jesús (Hechos 13.32-39). [...]

2. La definición que Pablo nos da del evangelio, entonces, incluye tanto los hechos históricos (Cristo murió por nuestros pecados, fue sepultado y resucitó al tercer día), *como también* su contexto escritural, el marco que les da significado. [...]

3. Obtener nuestra comprensión del evangelio total a partir de toda la Biblia nos protege de un reduccionismo que encoge el evangelio a unas pocas fórmulas que hacen más fácil la comunicación y el «mercadeo».[11]

---

10 Es posible descargar la declaración completa, además de otros documentos del Grupo de Trabajo de Teología de Lausana, en el sitio web www.lausanne.org/content/twg-three-wholes. Los otros ensayos presentados en la consulta de Chiang Mai en 2008, incluyendo mi trabajo «'According to the Scriptures': The Whole Gospel in Biblical Revelation», están publicados en *Evangelical Review of Theology*, vol. 33, n.° 1 (2009) y también se puede acceder a ellos en el sitio www.lausanne.org/wp-content/uploads/2007/06/LOP63-2008ChiangMai-Thailand.pdf.

11 Los textos donde esta naturaleza narrativa del evangelio de Pablo salta a un primer plano incluyen Romanos 1.1-4; 1 Corintios 15.1-8; Gálatas 1.11-12; 3.6-8; 2 Tesalonicenses 2.13-15 (que presentan la historia del evangelio en el mismo orden que la historia del Israel del Antiguo Testamento: amado, elegido, salvado, santificado, en gloria); 2 Timoteo 1.10; 2.8.

La declaración de Chiang Mai resume el uso que Pablo hace de la palabra *evangelio* en los siguientes términos (en cada caso, cito un breve extracto tomado de dicha declaración):[12]

B. *El evangelio crea una nueva y reconciliada humanidad en el seno de la única familia de Dios.*

   1. Pablo, como «apóstol a los gentiles», entendía claramente que las buenas noticias sobre Jesús eran un mensaje universal para todas las naciones. Y eso también tenía raíces profundas en el Antiguo Testamento. El plan de Dios, anunciado a Abraham, había sido desde siempre traer bendición, por medio de Israel, a todas las naciones. Sin embargo, esas naciones estaban totalmente al margen, alienadas del pacto de gracia de Dios y de la membresía en la familia de Dios (Efesios 2.11-12). El evangelio transforma esta situación. [...]

   2. Es importante reconocer que esta obra de «traer paz» realizada en la cruz —que reconcilia a judíos y gentiles, y crea una nueva humanidad— no es tan solo *un subproducto* del evangelio, sino que pertenece a *la esencia del evangelio* (Efesios 3.6). Pablo la incluye en la obra de la cruz. [...]

---

12 Las diversas afirmaciones sobre el evangelio que aparecen en la declaración de Chiang Mai se basan, en parte, en un ejercicio que hice en la preparación de mi propio ensayo para la consulta. Leí cuidadosamente todas las cartas de Pablo e identifiqué todas las instancias en donde usa la palabra *evangelio*. Luego las clasifiqué según los variados matices de su uso. Mi párrafo de conclusión fue el siguiente:
Si pudiéramos preguntarle a Pablo qué contenido podría darle a la frase de Lausana, «el evangelio total» [...] creo que por lo menos nos hubiera alentado a comprender que el evangelio es:

- una historia centrada en Cristo para ser contada
- un mensaje lleno de esperanza para ser proclamado
- una verdad revelada para ser defendida
- un nuevo estatus para ser recibido
- una vida transformada para ser vivida
- un poder divino para ser celebrado

Creo que, alentándonos a entender estas dimensiones, Pablo nos habría guiado una y otra vez a volver a lo que él conocía sencillamente como «las Escrituras», nuestro Antiguo Testamento, ya que «conforme a las Escrituras» Cristo murió y resucitó para darnos la salvación. Nuestro evangelio total, entonces, debe ser extraído del profundo pozo de toda la Biblia.

C. *El evangelio proclama el mensaje salvífico de la cruz.*

1. La propia naturaleza del «evangelio» es que consiste en buenas noticias que deben ser anunciadas (como lo demuestran las raíces bíblicas de la palabra, Isaías 52.7). Para Pablo, el evangelio debe ser escuchado como «el mensaje de la verdad» (Efesios 1.13; Colosenses 1.5, 23), y una vez escuchado, ha de ser recibido y creído por lo que es (1 Tesalonicenses 2.13). Este mensaje debe ser predicado a todas las naciones, en cumplimiento de la promesa que Dios le dio a Abraham. [...]

D. *El evangelio produce transformación ética.*

1. «¡Arrepiéntanse y crean las buenas nuevas!», dijo Jesús (Marcos 1.15). La fe puesta en las buenas noticias se acompaña de un radical cambio de vida. No pueden separarse estos dos. Para Pablo, el evangelio implicaba quitarse la sucia vestimenta de la vieja humanidad, y vestirse con las que llevan el aroma de la semejanza con Cristo [...] No se trata de que uno sea «evangelio» y lo otro sea «ética». Esta manera habitual de resumir las dos «mitades» de Efesios es susceptible a ser malentendida, como si se pudiera separar la creencia doctrinal del comportamiento ético. La creencia de la fe y la vida de fe no pueden separarse. Ambas son intrínsecas al evangelio.

«Por tanto, aunque no podemos ser salvos por obras, tampoco seremos salvos sin ellas. Las buenas obras no son el camino de salvación, pero sí una evidencia lógica y necesaria de la misma. Una fe que no se expresa en obras está muerta», dice Stott.[13]

E. *El evangelio declara la verdad y expone el mal ante el juicio de Dios.*

1. Según Pablo, el evangelio es también una verdad que debe ser defendida ante la negación y la distorsión. Es decir, el evangelio tiene una dimensión polémica. [...]

---

13 John Stott, *Christ the Controversialist* (Londres: Tyndale, 1970), 127; *Christ in Conflict*, ed. rev. (Downers Grove, IL: InterVarsity Press, 2013), 129-136; *Las controversias de Jesús* (Buenos Aires: Ediciones Certeza, 1975), 136

F. *El evangelio tiene poder cósmico mediante la poderosa obra del Espíritu Santo.*

1. El evangelio es el poder de Dios que actúa en la historia y en la creación. Para Pablo, esto era algo por lo cual maravillarse y celebrar. El evangelio parecía tener vida propia, al punto que Pablo podía personificarlo como si estuviera activo, obrando, dispersándose y dando fruto por todo el mundo (Colosenses 1.6). [...]

2. En su más elocuente síntesis del evangelio, Pablo proclama que todas las cosas en el universo fueron creadas por Cristo, son sostenidas por él, y serán reconciliadas con Dios por Cristo, mediante la sangre de su cruz. Este es el impresionante alcance universal del evangelio (Colosenses 1.15-23). Solo después de contemplar esta importancia cósmica de Cristo, de su iglesia y de su cruz, continúa Pablo a ocuparse de la reconciliación personal de los creyentes.

«La bendición y las exigencias del reino»

La breve sección de Stott, «Las exigencias del evangelio», sigue en gran medida el punto D citado más arriba: *El evangelio produce transformación ética.* O, para ser más exactos, lo hace a partir de la respuesta de arrepentimiento y fe.

Al comienzo del capítulo, Stott subraya que, en su definición, la evangelización es sencillamente la presentación fiel del evangelio. Aunque la evangelización establece como *meta* el deseo de que las personas sean persuadidas por la verdad del evangelio y respondan con una fe que produce salvación, dichos *resultados* no son inherentes a la definición de la evangelización. Sin embargo, habiendo hecho esta aclaración sobre la naturaleza de la evangelización (como algo que hacen los seres humanos), Stott analiza y explica *el evangelio* (como buena noticia de lo que Dios ha hecho) para mostrar que nos llega no solo como afirmación, sino también como promesa y exigencia. Precisamente porque el evangelio relata la historia de lo que *Dios ha hecho*, no nos confronta meramente con un registro de datos objetivos, aun si estos son intrínsecos al mensaje. El evangelio es, a la vez, indicativo, promisorio e imperativo. Afirma, promete y ordena. Esa es su verdadera naturaleza, porque nos llega como la voz de nuestro Creador.

Por eso Stott puede correctamente decir que predicar el evangelio es *proclamar el reino de Dios*, ya que ambos se equivalen en boca de Jesús, según vemos en los Evangelios. Una vez más, Stott logra condensar en unas pocas y selectas oraciones una idea que llegó a ser prominente décadas más tarde —el reconocimiento de la importancia del reino de Dios como *evangelio*, y la medida en que ese vínculo ha sido pasado por alto, particularmente entre los evangélicos, y extrañamente está ausente en buena parte de la labor evangelística.[14]

> Evangelizar, entonces, es compartir con otros las buenas noticias. La buena noticia es Jesús. Y la buena noticia que anunciamos sobre Jesús es que él murió por nuestros pecados y fue levantado de la muerte, a consecuencia de lo cual reina como Señor y Salvador a la diestra de Dios, con autoridad tanto para llamar al arrepentimiento y a la fe, como para otorgar perdón de pecados y el don del Espíritu a todos aquellos que se arrepienten, creen y son bautizados. Todo esto tiene respaldo tanto del Antiguo Testamento como del Nuevo. Y todavía más.
> *Es precisamente lo que quiere decir la expresión «proclamar el reino de Dios»*. En cumplimiento de las Escrituras, el reino de Dios irrumpió en la vida de la humanidad por medio de la muerte y resurrección de Jesús. Este reino o gobierno de Dios es ejercido desde su trono por Jesús, quien ofrece salvación y requiere obediencia.
> En esto radica la bendición y la exigencia del reino.
> Como lo expresó el propio Jesús al comienzo mismo de su ministerio público: «Se ha cumplido el tiempo —decía. El reino de Dios está cerca. ¡Arrepiéntanse y crean las buenas nuevas!». (Marcos 1.15). (Cursivas añadidas)

Recientemente, en un congreso teológico, escuché a un renombrado líder evangélico decir lo siguiente: «El reino de Dios *no* es el evangelio». Mi primer impulso fue replicar que Jesús no hubiera estado de acuerdo con eso (ver «este evangelio del reino se predicará

---

14 Ver Wright, *How God Became King*.

en todo el mundo», Mateo 24.14). Pero yo sabía lo que ese líder quería decir. La mera declaración de que Dios es rey no es una buena noticia *para los individuos*, a menos y hasta tanto ellos respondan con arrepentimiento y fe, como lo exigía Jesús. Sin embargo, *sí* es una buena noticia que Dios reina y que su reinado finalmente se extenderá sobre toda la creación y todas las naciones. *Es* una buena noticia que el mal no tendrá la última palabra en el cosmos. *Es* una buena noticia que el reinado de Dios dará comienzo a una nueva creación de justicia y paz en donde el mal, el sufrimiento, la muerte y la maldición serán expulsados para siempre. En estos sentidos, es incuestionable que la proclamación del reino de Dios *es* evangelio.

Sin embargo, cuando el mensaje del reino de Dios confronta a las personas (como comunidad o como individuos), necesariamente exige una respuesta. Eso es inevitable, porque la Biblia muestra ya desde el jardín del Edén que los seres humanos no pueden encontrarse con el Señor sin responderle. Incluso Caín, cuando negó que tuviera alguna responsabilidad por su hermano, aun así, *tuvo que expresarlo en respuesta* a Dios. Debido a que muchas personas podrán responder con una continua rebelión y oposición, *para ellos* el reino de Dios es una muy mala noticia. El Dios que reina es el Dios que juzga, como toda la Biblia afirma y anticipa. No solo eso, sino que afirma que la realidad del futuro juicio de Dios es, de hecho, parte del evangelio. La maldad y los malvados que se rehúsan a arrepentirse no van a florecer ni a largo plazo ni eternamente. Por eso Pablo puede hablar de «el día en que, por medio de Jesucristo, Dios juzgará los secretos de toda persona, *como lo declara mi evangelio*» (Romanos 2.16, cursivas añadidas). Para Pablo, lo mismo que para Jesús, predicar el evangelio incluía explicar y proclamar el reino de Dios, tanto en el sentido de juicio como de salvación. Terminó su vida haciendo exactamente eso (Hechos 28.23, 31).

La respuesta al evangelio del reino de Dios que Cristo exigía, igual que los apóstoles y todos los evangelistas fieles desde entonces, es la doble respuesta de arrepentimiento y fe. Estas son las exigencias que nos llegan junto con la promesa, y tanto la exigencia como la promesa son intrínsecas a la naturaleza del reino de Dios. Si Dios es rey, entonces promete salvación. No obstante, si Dios es rey, el cambio es una exigencia. O como lo expresa Stott de forma sucinta: «Este reino o gobierno de Dios es ejercido desde su trono por Jesús, *quien ofrece salvación y requiere obediencia.* En esto radica la bendición y la exigencia del reino» (cursivas añadidas).

Sin embargo, el arrepentimiento es mucho más que el «cambio en la manera de pensar» que la predicación popular a menudo explica como el significado de *metanoia*. Con sus profundas raíces en el Antiguo Testamento, *metanoia* involucra dejar atrás la idolatría y la mala manera de vivir en rebeldía contra Dios, y volverse a él con una vida y un comportamiento radicalmente transformados (ver, por ejemplo, en Jeremías 7.3-7, la potente definición de lo que significa el arrepentimiento). En su llamado al arrepentimiento, Jesús no pudo haber significado menos que lo que Juan el Bautista ya había bosquejado al explicar a qué podían parecerse los «frutos que demuestren arrepentimiento» (Lucas 3.8).

Acertadamente, entonces, y con toda legitimidad bíblica, Stott cita con aprobación a René Padilla, al decir que «sin ética no hay verdadero arrepentimiento». Y dado que la ética bíblica no solo incluye nuestra piedad personal, sino también nuestro compromiso social en el mundo en el que vivimos, Stott hace esta notable, potente y desafiante afirmación: «Así, *la responsabilidad social se vuelve un aspecto no solo de la misión cristiana, sino también de la conversión cristiana.* Es imposible estar realmente convertido a Dios sin estar en consecuencia realmente convertidos a nuestro prójimo». Pablo hubiera estado de acuerdo, y habría agregado que es imposible estar genuinamente reconciliados con Dios sin habernos reconciliado con nuestro enemigo (Efesios 2.14-18). Juan también habría estado de acuerdo y agregado que es imposible declarar que amamos a Dios sin amar a nuestro hermano y a nuestra hermana (1 Juan 4.20-21).

El evangelio del reino de Dios, entonces, *es* buena noticia para el mundo, y también lo *será* para las personas cuando respondan con fe *y* arrepentimiento demostrado con obediencia, esto es, con un cambio ético y práctico de vida.

Stott reprocha con razón a quienes abren cualquier tipo de brecha entre aceptar a Jesús por fe como Salvador, y someterse en obediencia a él como Señor. Reconoce que algunas personas lo hacen con la legítima motivación de proteger la doctrina de la justificación por gracia sola y mediante la fe, pero a la vez insiste en que esa separación entre fe y obediencia (como si se pudiera tener una sin la otra) es antibíblica. Coincido con él. La expresión literal de Pablo, «la obediencia de la fe», que expresa su meta misionera al comienzo y al final de Romanos (Romanos 1.5; 16.26), capta precisamente la integración de ambas, lo cual muestra que hubiera concordado plenamente con Santiago en que la fe que justifica es la fe que se demuestra en obediencia (Santiago 2.14-26). La misma controversia continúa en nuestros días en las argumentaciones de quienes insisten en hacer una nítida demarcación entre justificación y santificación. Una vez más, podemos entender la motivación: que no debemos introducir las buenas obras en los fundamentos de nuestra salvación. Nada podría ser más claro que las palabras de Pablo en Tito 3.5: «... él los salvó, no por nuestras propias obras de justicia, sino por su misericordia». Pero del mismo modo, nada podría ser más claro que la insistencia de Pablo (reiterada varias veces en Tito): «[...] que los que han creído en Dios se empeñen en hacer buenas obras» (Tito 3.8; ver Tito 1.8; 2.7, 14; 3.1, 14). La fe y las buenas obras no son lo mismo, pero pertenecen ambas integralmente a lo que significa ser un verdadero discípulo de Jesús. Esa distinción, y a la vez integración, está captada en la expresión clásica de Efesios 2.9-10: «... no por obras. [...] creados en Cristo Jesús para buenas obras», y encomiada en la vida de los nuevos creyentes cuando Pablo se refiere con gratitud a sus «obras de fe» (1 Tesalonicenses 1.3).

Stott concluye el capítulo con una cita del Pacto de Lausana (el párrafo 4, sobre «La naturaleza de la evangelización»). Quizás sea apropiado, siguiendo esa tradición, concluir estas reflexiones con una cita tomada del Compromiso de Ciudad del Cabo. Las referencias bíblicas entre paréntesis forman parte del documento original.

Amamos el evangelio de Dios

Como discípulos de Jesús, somos personas del evangelio. El núcleo de nuestra identidad es nuestra pasión por las buenas noticias bíblicas de la obra de salvación de Dios a través de Jesucristo. Estamos unidos por nuestra experiencia de la gracia de Dios en el evangelio y por nuestra motivación de hacer conocer ese evangelio de la gracia hasta los confines de la tierra por todos los medios posibles [...].[15]

---

15 Compromiso de Ciudad del Cabo, sección I.8, sobre la naturaleza del evangelio.

La sección continúa con tres párrafos encabezados de la siguiente manera: «a) Amamos las buenas noticias en un mundo de malas noticias. b) Amamos la historia que el evangelio cuenta. c) Amamos la seguridad que el evangelio brinda».

Después sigue:

> d) *Amamos la transformación que el evangelio produce.*
> El evangelio es el poder de Dios que transforma las vidas, que está obrando en el mundo. «Es poder de Dios para salvación a todo aquel que cree» (Romanos 1.16).
> La fe sola es el medio a través del cual se reciben las bendiciones y la seguridad del evangelio. Sin embargo, la fe salvadora nunca permanece sola, sino que se demuestra necesariamente en la obediencia. La obediencia cristiana es «la fe que obra por el amor» (Gálatas 5.6).
> No somos salvados *por* buenas obras, sino, habiendo sido salvados sólo por gracia, somos «creados en Cristo Jesús *para* buenas obras» (Efesios 2.10). «La fe, si no tiene obras, es muerta en sí misma» (Santiago 2.17). Pablo veía la transformación ética que produce el evangelio como obra de la gracia de Dios, la gracia que logró nuestra salvación en la primera venida de Cristo, y la gracia que nos enseña a vivir éticamente a la luz de su segunda venida (Tito 2.11-14). Para Pablo, «obedecer al evangelio» significaba tanto confiar en la gracia como, luego, ser enseñado por la gracia (Romanos 15.18-19; 16.19; 2 Corintios 9.13).[16]

---

16 *Ibid.*

5

El diálogo
John Stott

Mi argumento hasta aquí ha sido que la misión describe la entrega al servicio que Dios envía a los suyos a realizar en el mundo, servicio que incluye tanto la evangelización como la acción socio-política. Asimismo, he sostenido que en el marco de esta misión ampliamente concebida hay cierta urgencia asignada a la evange-lización, la cual debe recibir prioridad. Además, he afirmado que evangelizar significa anunciar o proclamar la buena noticia de Jesús. Esto nos trae a la tercera palabra, *diálogo*, y a la siguiente pregunta: ¿hay espacio para el diálogo en la proclamación de las buenas noticias? Es sabido que, en el transcurso de las últimas dos décadas, el *diálogo con personas de otras creencias religiosas* se ha convertido en una moda ecuménica, y que los evangélicos han tendido a reaccionar de manera algo severa en contra de esa práctica. ¿Es justificada nuestra reacción negativa? Y, en cualquier caso, ¿cuáles son las cuestiones que están en juego?

Perspectivas extremas

Se han adoptado posiciones extremas en ambos lados de este debate. Los cristianos evangélicos siempre han enfatizado —y a mi juicio con razón— la indispensable necesidad de predicar el evangelio, porque Dios ha designado a su iglesia como heraldo de las buenas noticias. El doctor Martyn Lloyd-Jones, en su libro *Preaching and Preachers*, lanzó una elocuente convocatoria a la proclamación del evangelio.[1]

---

1 Martyn Lloyd-Jones, *Preaching and Preachers* (Londres: Hodder & Stoughton, 1971).

Su primer capítulo se titula «La primacía de la predicación», del cual en la primera página escribe:

A mi juicio, la tarea de predicar es el más elevado y grandioso llamado al que cualquier persona pueda ser convocada. Si quisieran que agregue algo más, diría sin titubear que la necesidad más urgente en la iglesia cristiana de nuestros días es la de la verdadera predicación, y al ser la más extraordinaria y urgente necesidad en la iglesia, es obvio que también es la mayor necesidad para el mundo.

En efecto, como el problema esencial de la raza humana es nuestra rebelión contra Dios y nuestra necesidad de salvación, entonces, «la predicación es la tarea primaria de la iglesia».[2]

A su apasionada defensa de la predicación, el doctor Lloyd-Jones a veces agregaba su desaprobación del concepto de diálogo: «Dios no ha de ser discutido o debatido. [...] Por lo que creemos acerca de Dios, no podemos en ninguna circunstancia permitir que se convierta en objeto de discusión, debate o investigación [...] como si no fuera más que una proposición filosófica».[3] Lo mismo vale para el evangelio: se presta para la proclamación, no para una discusión cordial.

Ahora bien, si por *discusión* tenemos en mente el trabajo de diplomáticos sagaces en torno a una mesa de conferencia, cuyos objetivos son satisfacer (y hasta calmar) a todos los presentes, y cuya metodología es alcanzar el consenso por medio de concesiones, me veo en plena coincidencia con el doctor Lloyd-Jones. El evangelio es una revelación no negociable de parte de Dios. Podemos discutir su significado e interpretación, siempre y cuando nuestra meta sea comprenderlo más firmemente y recomendarlo a otros de un modo más aceptable; pero no tenemos libertad para erigirnos en sus jueces ni para alterar su contenido. Se trata del evangelio de Dios, no del nuestro, y su verdad debe ser recibida —no criticada, sino declarada—, y no discutida. Sin embargo, habiendo dicho esto, es necesario agregar que, correctamente entendidos, *diálogo* y *discusión* son diferentes. El rechazo del doctor Lloyd-Jones hacia ambos puede ser considerado un tanto extremo.

---

2 *Ibid.*, 9, 25.
3 *Ibid.*, 46, 47.

En el otro extremo hay una creciente aversión hacia la predicación, o por lo menos en contra de aquella de tipo autoritario o dogmático. Se dice que la proclamación es arrogante; que la forma humilde de comunicar es mediante el diálogo. Sería difícil encontrar un exponente más claro de esta perspectiva que el profesor J. G. Davies. En su opinión, el «monólogo carece enteramente de humildad: asume que lo sabemos todo y que simplemente tenemos que declararlo, comunicárselo al ignorante, cuando en realidad necesitamos buscar juntos la verdad, y permitir que nuestra verdad pueda ser corregida y profundizada al encontrarse con las verdades de aquellos con quienes dialogamos».[4] Además, «el monólogo [...] es deficiente en cuanto a la actitud de apertura», en tanto «el diálogo implica apertura total».[5] El profesor Davies continúa:

> Entrar en diálogo de esta manera es no solo difícil, sino peligroso. La apertura total significa que, cada vez que entramos en diálogo, ponemos en juego nuestra fe. Si entablo diálogo con un budista, y lo hago con apertura, debo reconocer que el resultado no será determinado por él ni por mí. El budista quizás llegue a aceptar a Jesús como Señor, pero quizás yo acepte la autoridad de Buda, o tal vez ambos terminemos como agnósticos. A menos que estas sean posibilidades reales, ninguno de nosotros se está mostrando plenamente abierto ante el otro... Vivir con actitud de diálogo es vivir peligrosamente.[6]

Por mi parte, considero que esta es una exageración desatinada. Es verdad que la buena predicación cristiana siempre recurre al diálogo, en el sentido de que capta la atención, compromete la mente de los oyentes y les habla con relevancia. Pero no es verdad que el monólogo por sí mismo sea soberbio. El evangelista que proclama el evangelio no pretende que *lo sabe todo*, sino que le ha sido confiado el evangelio. También debemos, como estoy convencido y pronto expondré, estar dispuestos a entrar en diálogo. Al hacerlo, aprenderemos de la otra parte acerca de sus creencias y también (al escuchar

---

4 J. G. Davies, *Dialogue with the World* (Londres: SCM Press, 1967), 31.
5 *Ibid.*, 31, 55.
6 *Ibid.*, 55.

su reacción crítica hacia el cristianismo) sobre ciertos aspectos de las nuestras. Sin embargo, no debemos cultivar una *apertura* total en la que hasta suspendamos nuestras convicciones respecto a la verdad del evangelio y nuestro compromiso personal con Jesucristo. Hacer eso sería destruir nuestra integridad como cristianos.

El diálogo en la Biblia

En este diálogo sobre el diálogo, quizás el punto de partida sea la definición. No he encontrado una más sencilla y directa que la redactada por el Congreso Nacional Anglicano Evangélico, en Keele, 1967: «El diálogo es una conversación en la que cada parte es seria en su acercamiento, tanto al tema como hacia la otra persona, y desea escuchar y aprender tanto como desea hablar e instruir».[7]

Una vez presentada esta definición, es importante tomar en cuenta que el Dios viviente de la revelación bíblica entra él mismo en diálogo con los seres humanos. No solo habla; también escucha. Hace preguntas y espera las respuestas. Desde aquel tiempo cuando su pregunta —«¿Dónde estás?»— retumbó entre los árboles del jardín de Edén, Dios ha estado buscando a su criatura caída y haciéndole preguntas. Por supuesto, el acercamiento del Infinito al finito, del Creador a la criatura, del Santo al pecador ha sido siempre un acto de gracia y de autorrevelación. Sin embargo, con frecuencia su revelación ha tomado la forma del diálogo. «Prepárate a hacerme frente —le dijo a Job. Yo te cuestionaré, y tú me responderás» (Job 38.3; 40.7). Su manera de dirigirse a Israel por medio de sus profetas estaba llena de preguntas.

> Vengan, pongamos las cosas en claro
> —dice el SEÑOR— (Isaías 1.18)

> ¿Qué injusticia vieron en mí sus antepasados,
>   que se alejaron tanto de mí? (Jeremías 2.5)

> ¿Por qué litigan conmigo? (Jeremías 2.29)

> ¿Acaso no lo sabían ustedes?
>   ¿No se habían enterado?

---

7 Congreso Evangélico Anglicano Nacional en Keele, párrafo 83.

¿No se les dijo desde el principio?
¿No lo entendieron desde la fundación
del mundo? (Isaías 40.21)

¿Cómo podría yo entregarte, Efraín?
¿Cómo podría abandonarte, Israel? (Oseas 11.8)

También el propio Jesús, a quien cuando niño lo encontraron en el templo «sentado entre los maestros, escuchándolos y haciéndoles preguntas» (Lucas 2.46), durante su ministerio público entraba en diálogo profundo con individuos como Nicodemo y la mujer samaritana, así como con las multitudes. Rara vez, si es que hubo alguna, hablaba de forma declamatoria, al estilo *tómelo-o-déjelo*. En lugar de ello, de manera explícita o implícita, constantemente apelaba mediante preguntas a la mente y la conciencia de sus oyentes. Por ejemplo: «... cuando vuelva el dueño, ¿qué hará con esos labradores?» (Mateo 21.40). Y en otra ocasión: «¿Cuál de estos tres piensas que demostró ser el prójimo del que cayó en manos de los ladrones?» (Lucas 10.36). Aun después de su ascensión, cuando se reveló a Saulo de Tarso en el camino a Damasco y el fariseo quedó enceguecido y postrado, abatido por la visión, le dirigió una pregunta racional: «¿Por qué me persigues?», provocando así las contrapreguntas: «¿Quién eres, Señor?» y «¿Qué debo hacer, Señor?» (Hechos 9.4-5; 22.10).

Cuando más tarde Saulo comenzó sus grandes viajes misioneros como el apóstol Pablo, resulta instructivo observar que alguna modalidad de diálogo formaba parte integral de su metodología. Lucas usa con frecuencia el verbo *dialegomai* para describir un aspecto de la evangelización de Pablo, especialmente durante su segundo y tercer viaje. Es verdad que hay alguna incertidumbre acerca del significado preciso del verbo. En el griego clásico significaba 'conversar' o 'discutir', y estaba particularmente asociado con la así llamada dialéctica como medio de instrucción o persuasión, desarrollado de diferentes maneras por Sócrates, Platón y Aristóteles. En los Evangelios se lo usa una vez en relación con la disputa entre los apóstoles acerca de quién era el más importante (Marcos 9.34). En referencia al ministerio de Pablo, en el *Theological Dictionary of the New Testament* de Kittel, Gottlob Schrenk dice que el término alude a «pronunciar conferencias o sermones religiosos», sin referencia alguna a «disputar».[8] Por otro lado, el léxico de Arndt-Gingrich, si bien concede que a veces significa «simplemente hablar o predicar» (por ejemplo, Hebreos 12.5), sostiene que se usa respecto a «conferencias que probablemente terminaban en disputas».[9] Sin duda, el contexto también sugiere esto mismo.

Por ello, en la sinagoga de Tesalónica, «Pablo […] tres sábados seguidos discutió con ellos. Basándose en las Escrituras, les explicaba y demostraba que era necesario que el Mesías padeciera y resucitara. Les decía: "Este Jesús que les anuncio es el Mesías"». Y Lucas agrega, «Algunos de los judíos se convencieron [fueron persuadidos]» (Hechos 17.1-4). Aquí aparecen juntas cinco palabras —discutir, explicar, demostrar, decir [proclamar] y persuadir— que sugieren que Pablo estaba en realidad discutiendo con los judíos, escuchando y respondiendo a las objeciones que planteaban a su mensaje. En Atenas, se nos dice que Pablo «discutía en la sinagoga con los judíos y con los griegos que adoraban a Dios, y a diario hablaba en la plaza con los que se encontraban por allí» (Hechos 17.17). Esa última cláusula es un agregado importante, porque muestra que Pablo empleaba este enfoque tanto al hablar con los gentiles que pasaban por la plaza como con los judíos en la sinagoga. En Corinto, todos «los sábados discutía en la sinagoga, tratando de persuadir a judíos y a griegos» (Hechos 18.4), en tanto que en Éfeso «Pablo entró en la sinagoga y habló allí con toda valentía durante tres meses. Discutía acerca del reino de Dios, tratando de convencerlos», y luego, durante dos años, «a diario debatía en la escuela de Tirano», posiblemente entre cuatro y cinco horas diarias (Hechos 19.8-10; ver Hechos 18.19).

Pablo usó el mismo método en la predicación cristiana, porque durante el famoso «partimiento del pan» en Troas, cuando el joven Eutico se durmió y el incidente casi terminó en tragedia, se emplea dialegomai para describir el discurso de Pablo (Hechos 20.7, 9).

---

8 Gottlob Schrenk, «διαλέγομαι, διαλογίζομαι, διαλογισμός», en Gerhard Kittel y Gerhard Friedrich, eds., *Theological Dictionary of the New Testament*, trad. al inglés por Geoffrey W. Bromiley (Grand Rapids: Eerdmans, 1971), 2:93-97.
9 William Arndt *et al.*, *A Greek-English Lexicon of the New Testament and Other Early Christian Literature; A Translation and Adaptation of Walter Bauer's Griechisch-Deutsches Wörterbuch Zu Den Schriften Des Neuen Testaments Und Der Übringen Urchristlichen Literatur*, 4.ª ed. rev. y ampl., 1952 (Chicago: University of Chicago Press, 1957).

Nuestro último ejemplo también es interesante porque encontramos al apóstol en diálogo con el procurador Festo, y discutiendo con él en privado «sobre la justicia, el dominio propio y el juicio venidero», hasta que Félix se alarmó y puso fin a la conversación (Hechos 24.25). En resumen, entonces, podemos decir que Pablo incluyó alguna medida de diálogo en la mayor parte —si no en toda— de su predicación a cristianos y no cristianos, a judíos y gentiles, ante multitudes y con individuos, en ocasiones formales e informales. Por cierto, para añadir un último versículo, Pablo parece haber esperado que todos los discípulos de Jesús se comprometieran en un diálogo constante con el mundo, porque les dijo a los colosenses que «su conversación sea siempre amena y de buen gusto. Así sabrán cómo responder a cada uno» (Colosenses 4.6). Se ve aquí a los cristianos en un contacto tan estrecho con los «de afuera» (Colosenses 4.5, literal), que pueden tanto hablarles (en forma amena y de buen gusto) como responder a sus preguntas.

La clase de *diálogo* que formaba parte del ministerio de Pablo era, sin embargo, muy diferente de lo que hoy se entiende con ese término. El diálogo de Pablo era, claramente, parte de su proclamación y se subordinaba a esta. Además, el contenido de su diálogo con el mundo era siempre uno que él mismo elegía, es decir, Jesús, siempre con el propósito de lograr la conversión a Cristo. Si este fuera hoy el enfoque, pocos de los que dudan acerca del diálogo estarían en desacuerdo con él. Pero con frecuencia el diálogo contemporáneo de los cristianos con los no cristianos parece condimentarse más con la incredulidad que con la fe, con la concesión más que con la proclamación. Es hora de que investiguemos este argumento contra el diálogo. Más adelante procuraré reunir argumentos a favor del verdadero diálogo. Por último, concluiré con algunos ejemplos actuales.

El argumento contra el diálogo

El argumento de los cristianos conservadores contra el diálogo, en el sentido de considerarlo casi una traición a Jesucristo, se entiende mejor históricamente. El Congreso Misionero Mundial que tuvo lugar en Edimburgo en 1910, se desarrolló en una atmósfera de mucho optimismo y confianza. No lo considero *autoconfianza*, porque no me cabe duda de que su confianza estaba puesta en Dios.

Sin embargo, predecían confiadamente el inminente colapso de las religiones no cristianas. W. H. Temple Gairdner, en su informe oficial sobre la conferencia, escribió: «Es un espectáculo de particular interés y grandeza ver el avance de la iglesia cristiana, en muchas líneas de acción, hacia la conquista de las cinco grandes religiones del mundo moderno».[10] Esta actitud se vio bruscamente sacudida cuatro años más tarde, con el estallido de la Primera Guerra Mundial. En el segundo congreso misionero, realizado en 1928 en Jerusalén, la atmósfera ya era diferente. Los delegados eran conscientes del secularismo creciente, y hasta sugirieron que ya era necesario un frente religioso común contra este enemigo universal.

Diez años después, en 1938, el Tercer Congreso Ecuménico Misionero se llevó a cabo en Tambaram, cerca de Madrás. La figura clave fue el holandés Hendrik Kraemer, cuyo libro *The Christian Message in a Non-Christian World* se había escrito y publicado poco antes del inicio del congreso.[11] En parte bajo la influencia de la dialéctica de Karl Barth, en la que este oponía la religión a la revelación (entendida aquella como la religiosidad humana y esta como la Palabra de Dios), Kraemer subrayó que había una fundamental «discontinuidad» entre las religiones de la humanidad y la revelación de Dios. Rechazaba tanto las misiones cristianas agresivas como la noción de que Cristo era el cumplimiento de las religiones no cristianas, y en su lugar urgía a que se anunciara el evangelio sin concesiones, aunque debía realizarse «de manera persuasiva y atractiva».[12] Convocaba a la iglesia a recuperar la confianza, a volver a tomar posesión de su fe «con toda su singularidad, adecuación y poder», y agregó: «Somos lo suficientemente valientes como para llamar a los hombres a salir de estas (otras religiones) y llevarlos a los pies de Cristo. Lo hacemos porque creemos que solo en él está la salvación plena que el hombre necesita».

Al terminar el encuentro en Tambaram, ya oscurecían el horizonte las negras y tormentosas nubes de la Segunda Guerra

---

10 W. H. Temple Gairdner, *Edinburgh 1910: An Account and Interpretation of the World Missionary Conference*, ed. Kindle (HardPress, 2010), 135.

11 Hendrik Kraemer, *The Christian Message in a Non-Christian World* (Londres: Edinburgh House, 1946).

12 *Ibid.*, 302. La noción de que Cristo era el cumplimiento de las religiones no cristianas fue popularizada por R. N. Farquhar, *The Crown of Hinduism* (Oxford: Oxford University Press, 1913).

Mundial y del nuevo paganismo que esta amenazaba desatar. Cuando terminó la guerra y recomenzó la actividad ecuménica, «el diálogo entre Oriente y Occidente» pronosticado por Kraemer ya lo estaban promocionando otras voces. Teólogos tanto protestantes como católicos comenzaron a formular la relación entre el cristianismo y otras religiones de un modo muy diferente al de Kraemer. En 1963, H. R. Schlette escribió que «cualquiera que decida su modo de vida individual ético y concreto sobre la base de un deseo auténtico de vivir conforme a un orden basado en la verdad, adquiere la salvación».[13] De manera similar, Karl Rahner comenzó a popularizar la idea de que los no cristianos sinceros más bien debían ser considerados «cristianos anónimos»: «El cristianismo no solo confronta al miembro de una religión no cristiana como alguien simplemente no cristiano. sino como alguien que ya puede y debe ser considerado en esto o en aquello como un cristiano anónimo».[14] En consecuencia, «la proclamación del evangelio no se limita a transformar en cristiano a alguien totalmente abandonado por Dios y por Cristo, sino que transforma a un cristiano anónimo en alguien que también tiene conocimiento de su creencia cristiana en la profundidad de su ser dotado-de-gracia por la reflexión objetiva y la profesión de fe». Raimundo Pannikar expresa un pensamiento parecido en *The Unknown of Hinduism*.[15]

Una de las convicciones básicas de los eruditos que piensan y escriben hoy de este modo es que Cristo ya está presente en todas partes, incluso en las otras religiones. Siendo esto así, desde su punto de vista es presuntuoso que un misionero cristiano hable de «llevar» a Cristo a cierta situación; por ello, lo que debe hacer en primer lugar es «encontrar» a Cristo donde ya está, y entonces quizás pueda «develarlo». Algunos van más lejos. No solamente niegan que los misioneros lleven a Cristo consigo o que puedan ser el medio para que se muestre a los no cristianos, sino que llegan a sugerir que el no cristiano es el portador del mensaje de Cristo para el cristiano.

---

13 Citado por Carl F. Hallencreutz en *New Approaches to Men of Other Faiths* (Génova: WCC, 1969), 78.

14 Karl Rahner, *Theological Investigations*, vol. V (Londres: Darton, Longman & Todd, 1966), 131.

15 Raimundo Pannikar, *The Unknown Christ of Hinduism*, ed. rev. (Londres: Darton, Longman & Todd, 1981).

Sin embargo, ¿se halla presente Cristo en el mundo no cristiano? En nuestra sociedad cada vez más pluralista y sincretista, esta es la pregunta teológica esencial que no podemos evadir. Sería fácil pero insustancial responder con un escueto sí o no. Lo que necesitamos es preguntarnos qué enseñaron los apóstoles de Cristo sobre este asunto crucial. Por este motivo, nos ocuparemos sucesivamente de las declaraciones de Pedro, Pablo y Juan.

Pedro comenzó su sermón a Cornelio diciendo: «Ahora comprendo que en realidad para Dios no hay favoritismos, sino que en toda nación él ve con agrado a los que le temen y actúan con justicia» (Hechos 10.34-35). A partir de esta afirmación, algunos han argumentado que las personas sinceras se salvan, especialmente porque el relato comienza con la declaración de un ángel a Cornelio que «Dios ha recibido tus oraciones y tus obras de beneficencia como una ofrenda» (Hechos 10.4). Pero semejante deducción es inadmisible. Decir que una persona que teme a Dios y practica la justicia es *aceptable* a Dios no puede significar que sea *aceptado* en el sentido de estar *justificado*. El resto de la historia lo aclara. Este hombre justo, sincero, temeroso de Dios todavía necesitaba escuchar el evangelio. De hecho, cuando Pedro luego relató a la iglesia en Jerusalén lo que había ocurrido, registró específicamente la promesa divina que se le dio a Cornelio acerca de Pedro, de que «Él te traerá un mensaje mediante el cual serán salvos tú y toda tu familia» (Hechos 11.14). Y la iglesia en Jerusalén reaccionó al relato de Pedro diciendo: «¡Así que también a los gentiles les ha concedido Dios el arrepentimiento para vida!» (Hechos 11.18). Queda claro, entonces, que, aunque en algún sentido Cornelio era *aceptable* a Dios, antes de su conversión carecía tanto de *salvación* como de *vida*.

En sus dos sermones a las audiencias paganas en Listra y en Atenas, el apóstol Pablo habló de la actividad providencial de Dios en el mundo pagano. Aunque en «épocas pasadas él permitió que todas las naciones siguieran su propio camino», dijo que incluso entonces no dejó «de dar testimonio de sí mismo haciendo el bien» a todas las personas, especialmente al darles lluvia, estaciones fértiles, alimento y felicidad (Hechos 14.16-17).

Ante los filósofos atenienses, Pablo agregó que el Dios Creador era el sustentador de nuestra vida («Él es quien da a todos la vida, el aliento y todas las cosas») y el Señor de la historia («determinó los periodos de su historia y las fronteras de sus territorios») «para que todos lo busquen y, aunque sea a tientas, lo encuentren». Porque «él no está lejos de ninguno de nosotros», como habían expresado los poetas paganos, ya que «en él vivimos, nos movemos y existimos» y «de él somos descendientes». Estas verdades, y el conocimiento que los atenienses tenían de ellas, no los había capacitado para encontrar a Dios, sino más bien para hacer inexcusable su idolatría, porque, habiéndolo pasado por alto en el pasado, Dios «ahora manda a todos, en todas partes, que se arrepientan» (Hechos 17.22-31).

Este es el bosquejo que Pablo luego desarrolló en los primeros capítulos de Romanos. Allí reconoce claramente el conocimiento universal de Dios y del bien en el mundo pagano. Por un lado, «las cualidades invisibles de Dios, es decir, su eterno poder y su naturaleza divina, se perciben claramente a través de lo que él creó», ya que Dios «mismo se lo ha revelado» (Romanos 1.19-20). Por otro lado, entiende que las personas saben algo sobre la ley moral de Dios, porque no solamente la escribió en tablas de piedra en el Sinaí; también la escribió en el corazón humano, en el sentido moral que les dio a los seres humanos al crearlos (Romanos 2.14-15). De modo que, en alguna medida, dice Pablo, todos los seres humanos conocen a Dios (Romanos 1.21), conocen la ley de Dios y «el justo decreto de Dios» que establece que «quienes practican tales cosas merecen la muerte» (Romanos 1.32). Esta revelación de Dios para toda la humanidad, a veces llamada «revelación general» (porque fue dada para todas las personas) o «revelación natural» (porque se transmitió en la naturaleza y en la naturaleza humana), no es suficiente para salvarlos. Solo sirve para condenar a los seres humanos, porque «nadie tiene excusa» (Romanos 1.20; ver Romanos 2.1; 3.19). Toda la fuerza de los primeros capítulos de Romanos apunta a que, aunque conocen a Dios, las personas no lo honran como Dios, sino que, a causa de su maldad, suprimen la verdad que conocen (Romanos 1.18, 21, 25, 28).

Ahora pasamos a Juan, y especialmente al prólogo del cuarto evangelio. Allí describe a Jesús como «el Verbo» y dice que «el Verbo era Dios» y era «la luz de la humanidad» (Juan 1.1-4). También declara que la luz alumbra continuamente en la oscuridad, y que la oscuridad no la ha podido vencer (Juan 1.5). Entonces aplica estos grandes axiomas al proceso histórico de la revelación. Dice, respecto al Verbo (Logos), al que luego identifica como Jesucristo: «Esa luz verdadera,

119

la que alumbra a todo ser humano, venía a este mundo». De hecho, «ya estaba en el mundo» desde siempre (Juan 1.9, 10). Mucho antes de que «viniera» al mundo en persona (Juan 1.11), ya «estaba» en él y continuamente «venía» a él. Además, su presencia en el mundo era (y sigue siendo) una presencia esclarecedora. Él es la verdadera luz, de la cual todas las demás luces son apenas tipos y sombras; y siendo él la luz, «alumbra a todo ser humano». Por eso las Escrituras nos respaldan para afirmar que «todo ser humano» tiene algún grado de luz merced a su razón y a su conciencia. No tenemos por qué titubear en declarar que todo lo bueno, lo hermoso y verdadero, en toda la historia y en todo el planeta, viene de Jesucristo, aun cuando las personas ignoren este origen. A la vez, debemos agregar que esta luz universal no es una luz que salva. Por un lado, es apenas una tenue luz en comparación con la luz plena que reciben quienes siguen a Jesús como «la luz del mundo», y a quienes es dada «la luz de la vida» (Juan 8.12). Por otro lado, «la humanidad prefirió las tinieblas a la luz, porque sus hechos eran perversos». Y es por nuestro intencional rechazo a la luz que estamos bajo condenación (Juan 3.18-21).

Los testimonios de Pedro, Pablo y Juan son consistentes. Los tres afirman la continua actividad de Dios en el mundo no cristiano. Él no se ha dejado a sí mismo sin testigos. Se revela en la naturaleza. No está lejos de ninguna persona. Da luz a todo ser humano. Sin embargo, en conjunto, como raza humana rechazamos el conocimiento que tenemos, preferimos la oscuridad a la luz, y no reconocemos al Dios a quien conocemos. Por sí mismo, ese conocimiento no nos salva; nos condena por nuestra desobediencia. Aun nuestra religiosidad es una sutil manera de escapar del Dios ante quien sentimos vergüenza y con quien tememos encontrarnos.

Por lo tanto, no negamos que hay elementos de verdad en los sistemas no cristianos, vestigios de la revelación general de Dios en la naturaleza. Lo que sí negamos con vehemencia es que esos elementos sean suficientes para la salvación y (con más vehemencia aun) negamos que la fe cristiana y las creencias no cristianas sean caminos alternativos e igualmente válidos para llegar a Dios. Aunque hay un espacio importante para el *diálogo* con personas de otras creencias (como argumentaré un poco más adelante), también es necesario un *encuentro* con ellas, a veces incluso en el sentido de una *confrontación*, con lo cual buscamos sacar a la luz las insuficiencias y las falsedades de las religiones no cristianas, y a la vez demostrar la verdad, la suficiencia y el carácter absoluto y definitivo del Señor Jesucristo.

Sin embargo, tales encuentros con personas de otras creencias religiosas no deberían ser hostiles o agresivos. Aun si nos corresponde exponer la falsedad de otras religiones en comparación con la revelación bíblica, no lo hacemos con el objetivo de ridiculizarlas, ni a estas ni a sus adherentes. Ridiculizar y burlarse nunca son consistentes con el amor al prójimo, ni siquiera a nuestro enemigo que practica otra fe. En primer lugar y sobre todo, debemos ver a la persona de otra fe como un ser humano creado a la imagen de Dios, a quien hemos de amar por Cristo, y con quien podemos establecer una genuina amistad personal. Hemos de recordar que en cualquier encuentro (aun cuando tengamos la oportunidad de presentar la fe bíblica y explicar cómo y en qué difiere de la idolatría y cualquier otra forma de religión humana, o incluso por qué las condena), en última instancia es el Espíritu Santo, no nosotros, quien convence a las personas de la verdad de Dios, el pecado, y el Señor Jesucristo.

De modo que, cuando pasamos a considerar la auténtica naturaleza del diálogo y lo que pueda decirse a favor de él, debemos partir del supuesto de que no necesita ni debe requerir de nosotros que comprometamos nuestras convicciones fundamentales acerca de Cristo y de la verdad de la revelación de Dios en las Escrituras. Solo cuando estamos seguros de que el verdadero diálogo cristiano con alguien de otra fe no es una señal de sincretismo, sino que se muestra plenamente consistente con nuestra creencia en el carácter definitivo de Jesucristo, estaremos en condiciones de considerar los argumentos por los cuales se lo pueda recomendar. Son cuatro.

El argumento a favor del diálogo

En primer lugar, el verdadero diálogo es una señal de *autenticidad*. Citaré la declaración de la asamblea del Consejo Mundial de Iglesias realizado en Upsala, estableciendo un concepto con el que estoy de acuerdo:

> El diálogo del cristiano con otra persona no implica negar la singularidad de Cristo ni dejar de lado el

compromiso personal con Cristo, sino más bien que el genuino acercamiento cristiano a otros ha de ser humano, personal, relevante y humilde. En el diálogo compartimos nuestra común humanidad, dignidad y condición caída, y expresamos una común preocupación por esa humanidad.[16]

Si lo único que hacemos es proclamar el evangelio a las personas desde la distancia, nuestra autenticidad personal podría quedar bajo sospecha. ¿Quiénes somos? Aquellos que nos escuchan no lo saben. Nos encontramos representando un papel (de predicadores) y, a su entender, podríamos estar usando una máscara. Además, estamos tan lejos de ellos que ni siquiera pueden vernos con nitidez. Pero, cuando nos sentamos a su lado, como hizo Felipe en el carro del etíope, o nos encontramos con ellos cara a cara, se establece una relación personal. Se derrumban nuestras defensas. Comenzamos a ser vistos y conocidos por lo que somos. Reconocen que también somos seres humanos, igualmente pecadores, necesitados y dependientes de la gracia de la cual hablamos. Y a medida que se desarrolla la conversación, no solo nos damos a conocer a la otra persona, sino que llegamos también nosotros a conocer a esa otra persona. Esa persona también es un ser humano y tiene pecados, sufrimientos, frustraciones y convicciones. Llegamos a respetar sus convicciones, sentimos con ella sus pesares. Todavía queremos compartir las buenas noticias, porque para nosotros son de enorme valor, aunque ahora también nos importa la persona con quien queremos compartirla. El diálogo pone a la evangelización en un contexto auténticamente humano.

En segundo lugar, el verdadero diálogo es una señal de *humildad*. No quiero decir con esto que la proclamación sea siempre arrogante, porque la verdadera proclamación es una presentación de Jesucristo como Salvador y Señor, y en ningún sentido cabe el alarde personal. Lo que quiero decir es que a medida que escuchamos a la otra persona, crece nuestro respeto hacia ella como otro ser humano hecho a la imagen de Dios. La distancia entre nosotros disminuye en la medida

16 Asamblea del Consejo Mundial de Iglesias en Uppsala, informe 2, párrafo 6.

en que tenemos presente que, así como se trata de una persona caída y pecadora, también nosotros lo somos. Más aún, reconocemos que no podemos sencillamente barrer con todas sus apreciadas convicciones, descartándolas de manera torpe e insensible. Tenemos que reconocer con humildad que algunos de sus errores pueden ser por nuestra culpa, o que su continuo rechazo de Cristo quizás sea en realidad un rechazo a la caricatura de Cristo que han visto en nosotros o en otros cristianos. Al escuchar a esa otra persona, quizás tengamos que aprender muchas lecciones incómodas. Nuestra actitud cambia. Después de todo, pudo haber en nosotros algún persistente sentido de superioridad del que no éramos conscientes. Ya no tenemos deseo de sacar ventaja o alcanzar una victoria. Amamos demasiado a la otra persona como para inflar nuestro ego a expensas suya. La humildad es una hermosa gracia en la evangelización.

En tercer lugar, el diálogo genuino es una señal de *integridad*. En la conversación, escuchamos los verdaderos problemas y creencias de nuestro amigo o amiga, y despojamos nuestra mente de las imágenes falsas que pudimos haber albergado. También estamos decididos a ser auténticos nosotros mismos. Ambos debemos estar comprometidos con una sola cosa: que surja la verdad. Como cristiano, yo sé que Cristo es la verdad, y por eso anhelo que sea él quien «emerja». Sin embargo, debido a que Cristo plantea requerimientos a todos por igual, es posible que descubra que mi propio entendimiento y compromiso son inadecuados. Entonces el diálogo será desafiante tanto para mí como para la otra persona. Es un asunto de integridad personal de mi parte respetar la libertad y la dignidad de mi socio en el diálogo, sin esperar de él o de ella nada que no esté dispuesto a pedirme o anhelar para mí mismo. Esa integridad es parte esencial del verdadero diálogo.

En cuarto lugar, el diálogo genuino es una señal de *sensibilidad*. La evangelización cristiana cae en descrédito cuando degenera en estereotipos. Es imposible evangelizar mediante fórmulas inflexibles. Forzar una conversación por determinadas vías a fin de llegar a una meta predeterminada es mostrarnos gravemente carentes de sensibilidad, tanto hacia las necesidades reales de nuestro amigo o amiga como hacia la guía del Espíritu Santo. Esa insensibilidad es un fracaso tanto en la fe como en el amor. El diálogo es, en esencia, una escucha mutua a fin de comprendernos el uno al otro. El Pacto de Lausana contiene dos referencias al diálogo. Por un lado, dice con firmeza que «Rechazamos también como peyorativo para Cristo y el evangelio todo tipo de sincretismo y diálogo que sugiera que Cristo habla por igual a través de todas las religiones e ideologías».[17] Y, por otro lado, declara con la misma firmeza que «esa clase de diálogo cuyo propósito es escuchar con sensibilidad a fin de comprender» es, de hecho, «indispensable para la evangelización».[18] Este principio es el que se estableció siglos atrás en el libro de Proverbios: «Es necio y vergonzoso responder antes de escuchar» (Proverbios 18.13).

En conclusión, habiendo considerado algunos de los argumentos en contra y a favor del diálogo en la evangelización, me gustaría ofrecer ejemplos en tres contextos diferentes: primero entre los hindúes en la India; segundo, entre los musulmanes en el mundo árabe; y tercero en las zonas industriales de Gran Bretaña.

El diálogo con los hindúes

Mi primer ejemplo es E. Stanley Jones, un misionero metodista estadounidense en la India, que floreció entre las dos guerras mundiales. Fue un prolífico escritor. Probablemente sus dos libros más conocidos, en los que describió los principios que regían su labor, sean *The Christ of the Indian Road* y *Christ at the Round Table*.[19]

Fue durante una de sus campañas misioneras cuando un hindú lo invitó a una reunión de té en su hogar para que pudiera conocer a algunos de los hindúes líderes en la comunidad local. Se sentaron en círculo en el piso y conversaron. Jones les preguntó cuál sería su reacción si Cristo viniera directamente a la India, disociado de todo lo occidental. El alcalde de la ciudad lo interrumpió: «Escucho que usted habla de encontrar a Cristo. ¿Qué quiere decir con eso?». En respuesta, Jones le relató su propia conversión. «Ahora dígame cómo puedo *yo* encontrarlo», dijo el alcalde.[20] De esa conversación

---

17 Pacto de Lausana, párrafo 3.
18 *Ibid.*, párrafo 4.
19 E. Stanley Jones, *The Christ of the Indian Road* (N. York: Abingdon, 1925); *Christ at the Round Table* (Londres: Hodder & Stoughton, 1928).
20 Jones, *Christ at the Round Table*, 19, 20.

nacieron los famosos «Encuentros de la Mesa Redonda». Jones invitaba a unos quince adherentes a otras creencias, en su mayoría personas con formación profesional, como jueces, funcionarios de gobierno, médicos, abogados y líderes religiosos, además de cinco o seis cristianos, en su mayoría indios.

En el diálogo que surgía, el énfasis no era la rivalidad entre las civilizaciones de Oriente y Occidente, ni entre las Escrituras hindúes y cristianas, ni siquiera entre las personalidades de Krishna y Cristo, sino en lo que la religión de cada persona significaba para sí misma según su experiencia. Este enfoque recibió críticas, por ejemplo, de Hendrik Kraemer, y no podemos sino coincidir en que el testimonio humano parece haber eclipsado el testimonio objetivo de Cristo en las Escrituras. Sin embargo, Dios lo honró. En una ocasión, un hindú que había escrito un ataque feroz contra el cristianismo, usando la más reciente munición provista por la Asociación Racionalista de Bretaña, de la que él era miembro, fue desafiado a hablar en un nivel personal más profundo, y de inmediato quedó desconcertado y sin palabras. Entonces, un joven cristiano, descalzo y vestido con sencilla ropa artesanal, habló con naturalidad sobre lo que el Señor Jesús significaba para él. «Había milenios de cultura social y espiritual entre el resto del grupo y este joven», escribió Jones, pero nadie podía negar la autenticidad y el realismo con el que hablaba.[21]

Me impresionan dos aspectos específicos del método de la Mesa Redonda, de Stanley Jones. El primero es su insistencia en ser justos y evidenciar el respeto mutuo. Buena parte de la literatura occidental sobre el hinduismo ha sido muy polémica, injustamente concentrada en el sistema de castas o en la idolatría, las niñas viudas y los abusos del hinduismo en el templo, más que en el pensamiento filosófico de los Upanishads y el Bhagavad Gita. «Sentí que sería injusto de mi parte —escribió Jones— si no dejaba que estos representantes se expresaran e interpretaran su propia fe. [...] Cada uno de ellos tuvo la oportunidad de comunicar lo mejor que podía sobre su propia fe».[22] Al comienzo de cada encuentro, Jones decía: «Que todos se sientan completamente libres, porque estamos en un círculo familiar; queremos que todos se sientan cómodos, y escucharemos con

---

21 *Ibid.*, 52.
22 *Ibid.*, 8, 9.

reverencia y respeto lo que cada uno tenga para compartir». Como resultado, la vieja «batalla de ingenio» dio lugar a una atmósfera de «profunda seriedad».[23] Jones escribe:

> Hemos procurado entender amablemente el punto de vista de la otra persona [...]
> Las cosas más profundas de la religión requieren de una atmósfera de comprensión. En un clima de debate y controversia, las cosas más profundas, y con ellas lo más verdadero de la religión, se marchitan y mueren [...]
> Los cruzados invadieron Jerusalén y finalmente descubrieron que Cristo no estaba allí. Lo habían perdido precisamente por la actitud y por los métodos con los que pretendían servirle. Muchos más cruzados modernos y más refinados terminan en esa misma victoria estéril.[24]

Aun así, esto no significa que Jones fuera indiferente a los resultados de sus Encuentros de la Mesa Redonda, porque era un evangelista. El segundo aspecto que me impresiona de estos encuentros es que en todos ellos era evidente la supremacía de Jesucristo.

> No hubo ni una sola situación que pueda recordar en la que al concluir el Encuentro de la Mesa Redonda Cristo no tuviera el control moral y espiritual de la situación.
> Al final, todo lo demás había sido empujado a las márgenes como irrelevante, y Cristo controlaba la situación [...]
> Nadie podía participar en esos encuentros sin dejar de sentir que Cristo era el Amo de cada situación, no por las proclamas a viva voz ni por la argumentación de astutos defensores, sino por quién es y lo que hace.[25]

Al terminar uno de los encuentros, un hindú dijo: «Hoy, ocho de nosotros hemos hablado, pero ninguno de nosotros ha encontrado; hablaron cinco de ustedes, cristianos, y todos parecen haber encontrado. Esto es realmente extraordinario». En otro de los encuentros,

---

23 *Ibid.*, 22, 23.
24 *Ibid.*, 48, 15, 11.
25 *Ibid.*, 50, 56.

un abogado hindú se levantó, tomó flores de la mesa, cruzó la sala, las depositó a los pies de un cristiano, tocó sus pies y dijo: «Tú has encontrado a Dios. Eres mi gurú».[26]

El diálogo con los musulmanes

Mi segundo ejemplo no se refiere al mundo hindú, sino al musulmán. Podemos mencionar una honrosa sucesión de cristianos consagrados y bien preparados que han sido misioneros entre los musulmanes. Basta mencionar a Henry Martyn, Samuel Zwemer y W. H. Temple Gairdner para reconocer que hubo grandes hombres de Dios que dedicaron su reflexión y su vida a la tarea de comunicar a Cristo entre los seguidores de Mahoma. En mi propia generación, uno de los más conocidos en este campo es el obispo Kenneth Cragg, cuya exposición completa aparece en su libro *The Call of the Minaret*.[27] Ahí interpreta el llamado del almuédano no solo como una explícita convocatoria a la oración dirigida a los musulmanes, sino también de manera implícita como un llamado a los cristianos a responder al desafío del mundo musulmán. En consecuencia, su libro está dividido en dos partes principales, la primera titulada «El minarete y el musulmán», en la que expone lo esencial de la creencia islámica, y la segunda llamada «El minarete y el cristiano», donde nos presenta su quíntuple llamado: una invitación a entender, a servir, a reparar (un intento de enmendar la situación de profunda sospecha de los musulmanes hacia los cristianos), a la interpretación y a la paciencia.

Al leer el libro, me impactaron dos énfasis en particular. El primero es el que Cragg pone en lo que llama «la avidez de entender».[28] Afirma que si queremos ser entendidos, primero debemos esforzarnos por entender. Pero, la clase de comprensión que tiene en mente no es el mero conocimiento académico que podemos obtener estudiando el islam, sino la conciencia mucho más íntima que proviene del encuentro pleno con los musulmanes. Es por las personas, no solo por los libros, como podemos llegar a entender. El cristiano debe

---

26 *Ibid.*, 55, 56.
27 Kenneth Cragg, *The Call of the Minaret* (Cambridge: Lutterworth, 1956).
28 *Ibid.*, viii.

«esforzarse por entrar en la existencia cotidiana de los musulmanes como creyentes, adherentes y seres humanos».[29]

Para comenzar, un cristiano debe entender lo que el islam significa para los musulmanes. Debe «tratar de conocerlo, lo más posible, desde adentro. Anhelamos escuchar en el minarete qué es para millones de nuestros contemporáneos aquello que saluda cada día al sol naciente y al sol poniente y, de ese modo, entrar con ellos cruzando el umbral de la mezquita hacia su mundo de significado».[30] Lo próximo que el cristiano tiene que entender es cómo perciben los musulmanes a los cristianos. Debe sentir vergüenza por las Cruzadas y por la amarga polémica medieval contra el islam, así como captar el aborrecimiento de los musulmanes hacia el imperialismo y el secularismo occidental, al igual que la absoluta incomprensión que tienen del injusto apoyo a Israel a expensas de los árabes. Un cristiano también debe esforzarse por entender lo que Cragg llama «los enormes malentendidos» sobre la teología cristiana: las doctrinas cristianas de Dios y la Trinidad, de Cristo y la cruz, y de la salvación.[31]

El llamado del minarete a los cristianos no es solamente a entender. Es, en segundo lugar, un llamado a la acción, y esto en sentido negativo y positivo. Cragg usa la palabra *reparar* para aludir a la tarea de restitución que los cristianos debemos llevar a cabo. «Entre los factores que contribuyen al crecimiento del islamismo —escribe— está el fracaso de la iglesia cristiana. Se trata de un fracaso en lo que atañe al amor, a la pureza y el fervor, un fracaso del espíritu. [...] El islamismo se desarrolló en el ambiente de un cristianismo imperfecto», hasta podría decirse en el de un «cristianismo delincuente, ofensivo».[32] Por lo tanto, el cristiano:

> ... anhela deshacer esta alienación y enmendar el pasado mediante la restitución más plena que pueda lograr del Cristo para el cual el islam es un extraño. El objetivo no es, como creían los cruzados, recuperar lo que perdió la cristiandad, sino restaurar para los musulmanes el Cristo que les ha faltado. [...]

---

29 *Ibid.*, 189.
30 *Ibid.*, 34.
31 *Ibid.*, 319.
32 *Ibid.*, 245, 262.

> Que quede claro que no se trata de una recuperación
> territorial. […] Es una recuperación espiritual. No tiene
> como meta lograr un mapa más cristiano sino un Cristo
> más ampliamente conocido. […] La recuperación no
> significa transformar mezquitas en catedrales, sino
> devolver a Cristo. […] Restaurar a Cristo trasciende todo
> lo demás.[33]

Aquí el concepto de «reparación» de Cragg se ha vuelto positivo y conduce naturalmente a su siguiente llamado, que es a la interpretación.

> Si Cristo es lo que Cristo es, debe ser presentado. Si el
> islam es lo que el islam es, ese «debe» resulta irresistible.
> Dondequiera que haya una idea equivocada, debe entrar
> el testimonio: todo aquello que oscurezca la belleza de la
> cruz debe ser descubierto: dondequiera que los hombres
> no hayan podido ver a Dios en Cristo, se les debe acercar
> nuevamente. […]
> Presentamos a Cristo por la sola y suficiente razón de
> que merece ser presentado.[34]

Entonces Cragg se ocupa él mismo de la tarea de interpretación, y al hacerlo recorre cinco importantes áreas teológicas: las Escrituras, la persona de Jesús, la cruz, la doctrina de Dios, y la iglesia. De principio a fin suplica paciencia, «paciencia con los monumentales malentendidos que de alguna forma deben ser desbaratados», sin duda «esa aflicción en paciencia que es la misión cristiana».[35]

El obispo Stephen Neill se expresa en palabras igualmente conmovedoras:

> Los cristianos deben persistir en su sincera invitación al
> diálogo genuino; deben practicar una paciencia infinita
> y no desanimarse. El peso de toda su invitación debe
> ser «Consideren a Jesús». […] No tenemos ningún otro
> mensaje. […] No es que los musulmanes vieron a Jesús

---

33 *Ibid.*, 245-46, 256-57.
34 *Ibid.*, 334-35.
35 *Ibid.*, 355, 347.

de Nazaret y lo rechazaron; nunca lo han visto, y el velo de este malentendido y del prejuicio todavía cubren su rostro.[36]

El diálogo con el Reino Unido industrial

Mi tercer ejemplo de diálogo cristiano nos trae al Reino Unido poscristiano y a la preocupación del obispo David Sheppard por las masas industriales no alcanzadas en nuestro país. Después de su curato en Islington, sirvió durante once años como director del Centro Familiar Mayflower, en Canning Town, una de las zonas más pobres del este de Londres; en 1969 fue nombrado obispo de Woolwich, y después de Liverpool. Cito de su libro *Built as a City*.[37] Su mayor preocupación es que:

> ... la vida de la iglesia en las grandes ciudades ha estado marcada por su incapacidad de establecer una presencia cristiana fuerte y local entre los grupos a los que la sociedad deja sin voz ni poder. [...]
>
> Las iglesias en áreas urbanas e industriales han hecho grandes esfuerzos a lo largo de los años. [...] No obstante, a pesar de ello, raras veces se ven iglesias locales con un fuerte liderazgo local.[38]

Por consiguiente, la misión urbana «no es un asunto marginal para los cristianos»; por el contrario, es «una de las prioridades actuales de la obra de Dios». «La brecha entre la iglesia y el mundo, especialmente el mundo de la industria y del trabajo manual, es históricamente enorme y en la actualidad es gigantesca».[39] ¿Hay algo que pueda hacerse?

Siendo un hombre modesto, David Sheppard no presentó un relato de éxitos dramáticos. Pero sí dejó asentados algunos principios

---

36 Stephen Neill, *Christian Faith and Other Faiths* (Oxford: Oxford University Press, 1961), 65, 66, 69.

37 David Sheppard, *Built as a City* (Londres: Hodder & Stoughton, 1974).

38 *Ibid.*, 11, 36.

39 *Ibid.*, 16, 245.

autóctonos básicos: «La iglesia que pretenda hacer de Jesucristo y de sus declaraciones una propuesta adulta seria debe tener por lo menos cuatro características: [...] 1) ser una iglesia de y para la zona; 2) ser una iglesia que crea y adore; 3) tener una vida en común que ofrezca una comunión que estimule la reflexión y evite el juicio; y 4) contar con personas locales para el liderazgo y la toma de decisiones».[40] Después de expresar estos principios, Sheppard ofrece algunas ilustraciones sobre cómo puede surgir una iglesia autóctona entre la clase trabajadora. Escribe primero sobre la necesidad de «construir puentes». Los cristianos tienen que interesarse lo suficiente como para darle prioridad en su agenda al «encuentro con otras personas en la comunidad», y en conjunto identificar y abordar algunos de los asuntos sociales importantes de su propia localidad.[41]

De la construcción de puentes, pasa a la amistad. Nos dice que en 1960 él y su esposa Grace tomaron una decisión: «Reservamos todos los jueves por la noche para encontrarnos como matrimonio con otras parejas que no concurrían a la iglesia, pero con quienes teníamos buen vínculo». Un jueves de por medio visitaban a otro matrimonio en su hogar, y al siguiente jueves lo recibían en su propia casa.

> Al invitarles les decíamos que habría una discusión al final de la velada. En nuestro departamento siempre había música de fondo, ya que la visita a la casa de un vicario es una aventura intimidante para gente que no asiste a la iglesia, y se debe evitar la situación de estar sentados en silencio e incómodos. Una taza de té, charla, a veces un juego ruidoso llamado Pit, otra taza de té y algunos emparedados, y media hora de discusión. En noches como estas, ya fuera en nuestra casa o en las visitas a otras, una elevada proporción de las mejores conversaciones comenzaba recién después de las diez de la noche.[42]

De la construcción de puentes y de la amistad expresada en veladas informales y discusiones relajadas, pasaron a un *grupo de búsqueda*

---

40 *Ibid.*, 256.
41 *Ibid.*, 258.
42 *Ibid.*, 259.

más formal. «Vinieron cinco parejas. Ya tenían confianza de que no serían considerados unos tontos, cualquiera fuesen las ideas que expresaran. Aprendí lo poderosa que es la herramienta de aprendizaje cuando surge un "grupo de conversación" cuyos miembros perciben que los demás sienten lo mismo sobre la vida».[43] Después de dos años y medio, David Sheppard podía escribir que «varios matrimonios del lugar eran ya cristianos convencidos». El canónigo David Edwards, en su reseña del libro, comentó: «Su libro es, de manera eminente, un llamado a la paciencia en la vida real y en el amor genuino. Nos convoca a seguir y seguir».[44]

Es mi anhelo que estos tres ejemplos, aunque de contextos muy diferentes (hindú, musulmán y el occidente poscristiano), ilustren las mismas marcas del verdadero diálogo cristiano: autenticidad, humildad, integridad y sensibilidad. El diálogo es una señal del amor cristiano genuino, porque demuestra nuestra decisión rotunda de liberar nuestra mente de los prejuicios y las caricaturas que pudiéramos tener sobre otras personas, y esforzarnos por escuchar con sus oídos y mirar con sus ojos, a fin de descubrir qué les impide escuchar el evangelio y ver a Cristo; mostrar empatía con ellos en todas sus dudas, sus temores, sus preocupaciones. Ello implica una escucha atenta, y escuchar lleva al diálogo. Una vez más, es el desafío de la encarnación, la renuncia a una evangelización hecha con eslóganes rígidos, y en su lugar comprometernos sensiblemente en los dilemas reales que la gente enfrenta.

---

43 *Ibid.*, 260.
44 David Edwards, crítica literaria de *Built as a City*, en *Church Times* (25 de enero de 1974).

132

6

Reflexiones sobre el diálogo

Chris Wright

El compromiso que John Stott mantuvo toda su vida con el carácter «singular y definitivo» del Señor Jesucristo como Salvador, Señor y Dios, además de su sumisión total a la verdad y autoridad de la Biblia, lo impulsaban a enfrentar cualquier teología o ideología que pareciera amenazar a alguno de estos rasgos. El pluralismo religioso entraba claramente en esa categoría. Sin embargo, Stott era muy cuidadoso en distinguir entre los hechos sociales de *pluralidad* religiosa y la ideología relativista del *pluralismo* religioso.[1] Por un lado, es obvio que en el mundo conviven personas de muchas expresiones diferentes de fe, convivencia que en muchos contextos es muy cercana. Dada esa realidad, Stott afirmaba que las personas necesitan, como mínimo, hablar entre sí y tratar de entenderse, sencillamente como un acto de respeto y dignidad humana. En este sentido, no veía problema alguno en el diálogo interreligioso, y de hecho lo apoyaba y lo alentaba (como explica este capítulo). Por otro lado, la teología o la ideología del *pluralismo* religioso sostiene que todas las religiones tienen su propia validez como «caminos de salvación» (como sea que esto se defina), pero que *ninguna* religión tiene una comprensión absoluta de la verdad última, ni provee el único y exclusivo camino a «Dios» (una vez más, como sea que esto se defina). En ese marco de presupuestos, el diálogo se convierte en un intento

---

1 Hay un tercer sentido de la palabra *pluralismo*: el político. Puede usarse no para afirmar que todas las religiones son igualmente veraces en algún sentido (o igualmente erradas en otro), sino para asegurar a todas las religiones la misma libertad de ejercicio bajo la ley y la protección de un estado democrático. Este sentido político del pluralismo no hace juicio moral o teológico acerca de las verdades afirmadas por las diferentes religiones, sino que busca proteger los derechos y la libertad de las personas para practicar su religión. Por ejemplo, este es, al menos en teoría, el sentido de *secular* en la constitución de la India.

sincretista por encontrar el terreno común más amplio que todos podamos afirmar (abandonando las características conflictivas), o bien en una actitud abierta a aceptar correcciones a nuestro entendimiento religioso, persuadidos por las convicciones de la otra parte. Stott condenaba ese diálogo relativista, al que consideraba fundado en supuestos que la fidelidad bíblica a la singularidad de Cristo no podía aceptar.

Mi propia, muy modesta y limitada participación en este asunto es otra área en la que se cruzaron nuestros caminos. Me encontré personalmente con John Stott por primera vez en 1978, en los años que siguieron a Lausana, siendo yo uno de los muchos evangélicos más jóvenes a los que se mostró interesado en servir de mentor. Me dio apoyo y aliento cuando viajé con mi familia a la India en 1982, para enseñar Antiguo Testamento en el Seminario Bíblico Unión, en Pune. Mientras estuve allí, recibí la invitación de David Wenham, entonces editor de *Themelios*, una publicación periódica dirigida a estudiantes de Teología, para que escribiera un artículo sobre el enfoque cristiano hacia otras religiones. Aunque me encontraba viviendo en la plurirreligiosa tierra de la India, no estaba involucrado en la evangelización de personas de otras religiones en ese país ni en diálogo con ellas (aunque estaba enseñando e interactuando a diario con estudiantes cuyo ministerio sin duda se daba en ese contexto), de modo que me enfoqué solo en lo que conocía: las Escrituras. El artículo fue publicado con el título «El cristiano y otras religiones: la evidencia bíblica».[2] Stott lo leyó y después me invitó, durante nuestra estadía sabática en el Reino Unido, a dar una conferencia en abril de 1986 en su recientemente fundado London Institute for Contemporary Christianity sobre «La singularidad de Cristo en el contexto del pluralismo religioso». El artículo y la conferencia fueron después combinados y ampliados, y el All Nations Christian College publicó en 1990 el libro de bolsillo *What's So Unique About Jesus?*[3] Finalmente, esta publicación también fue revisada y ampliada, publicada en 1997 con el título *The Uniqueness of Jesus*.[4] John Stott

---

2 Christopher J. H. Wright, «The Christian and Other Religions: The Biblical Evidence», *Themelios*, vol. 9, n.º 2 (1984): 4-15.

3 Chris Wright, *What's So Unique About Jesus?* (Eastbourne, UK: Monarch, 1990).

4 Chris Wright, *The Uniquness of Jesus* (Londres: Monarch, 1997).

tuvo la gentileza de escribir un prólogo, en cuyas palabras iniciales mostró su propia evaluación del problema: «El mayor desafío que enfrenta hoy el cristianismo es, sin lugar a dudas, el pluralismo religioso con su negación del carácter singular y definitivo de Jesucristo».

No sé si en los años siguientes Stott hubiera continuado considerándolo el «mayor desafío». Sin duda abordó toda una gama de otras cuestiones que desafían a la fe cristiana en *Issues Facing Christians Today* (*La fe cristiana frente a los desafíos contemporaneos*). Años más tarde se mostraba convencido de que el cambio climático era una seria amenaza para el planeta, por lo que, en consecuencia, los cristianos debían tomarlo mucho más en serio. Sin embargo, más allá de cuál hubiera sido su taxonomía personal de «desafíos», es interesante que no escribió ningún libro exclusivamente sobre la problemática del pluralismo religioso. Sin embargo, sí abordó el tema de modo tangencial en por lo menos dos capítulos de otras obras de temática variada: en cuatro ediciones sucesivas de *Issues Facing Christians Today* (publicadas en inglés entre 1984 y 2006) y en *The Contemporary Christian* (*El cristiano contemporáneo*, publicado en inglés en 1992).[5]

Clarificar el inclusivismo

Cuando Stott presentó este libro en 1975, todavía no se había forjado la conocida clasificación (por lo menos en los círculos académicos) de los enfoques cristianos sobre otras religiones como *exclusivistas*, *inclusivistas* y *pluralistas*. Parece haberse originado con Alan Race en

5 John Stott, «Our Plural World: Is Christian Witness Influential», en *Issues Facing Christians Today*, 4.ª ed. (Grand Rapids: Zondervan, 2006), 71-94. «Pluralismo: ¿debemos imponer nuestro punto de vista?», en *La fe cristiana frente a los desafíos contemporáneos* (Buenos Aires: Nueva Creación, 1991, reimpreso por Libros Desafío, 1999), 71-85. Este libro, con sus cuatro ediciones en inglés (1984, 1990, 1999 y 2006), es un notable compendio de la extensa investigación y reflexión de Stott sobre una amplia gama de asuntos sociales, políticos, económicos, ecológicos, médicos y sexuales, todos abordados con su característica «doble escucha» hacia el mundo y hacia la Palabra, y su incondicional compromiso con la misión cristiana integral que tiene a la evangelización como su núcleo. Ver también «The Uniqueness of Jesus Christ», en *The Contemporary Christian* (Downers Grove, IL: InterVarsity Press, 1992), 296-320; «La singularidad de Jesucristo», en *El cristiano contemporáneo* (Buenos Aires: Nueva Creación, 1995), 285-300.

1984, y en su libro *El cristianismo contemporáneo*, Stott se refiere a esa fuente en un muy breve resumen de las tres posiciones.[6] Sin embargo, aun sin nombrarlo así, en este capítulo Stott no solo confronta el pluralismo relativista, sino también otras perspectivas que luego llegaron a ser rotuladas como *inclusivistas*.

Ese término, sin embargo, se ha vuelto un tanto escurridizo, y de hecho muchos teólogos cristianos comprometidos con la reflexión, el diálogo y la misión entre personas de otras creencias religiosas hoy dirían que «en la práctica» las cosas son, por lejos, demasiado complejas para ser capturadas en esa simple triple clasificación. De todos modos, a fin de clarificar y comentar aquí la argumentación de Stott, puede ser útil ofrecer una definición concisa de cada posición, tal como la ofrece Harold Netland.

> El *exclusivismo* sostiene que las declaraciones centrales del cristianismo son verdaderas y que, donde esas declaraciones entran en conflicto con las de otras religiones, estas últimas deben ser rechazadas como falsas. Los cristianos exclusivistas también sostienen, típicamente, que Dios se ha revelado definitivamente en la Biblia y que Jesucristo es la única e irrepetible encarnación de Dios, y el único Señor y Salvador. La salvación no es encontrable en las estructuras de las demás tradiciones religiosas.
>
> El enfoque *inclusivista*, como el exclusivista, sostiene que las afirmaciones centrales de la fe cristiana son verdaderas, pero adopta una perspectiva mucho más favorable hacia las demás religiones. Aunque los que [se] adhieren a este enfoque sostienen que Dios se ha revelado de manera definitiva en Jesucristo, y que, en alguna manera, Jesús es central en la provisión que Dios hace de salvación para la humanidad, están dispuestos a conceder que la salvación de Dios es accesible por

---

6 Alan Race, *Christians and Religious Pluralism* (Maryknoll, NY: Orbis, 1982). Ver también el valioso análisis de los términos, seguida por una aún más útil ampliación de la temática en relación con nuestra hermenéutica bíblica, por Ida Glaser, *The Bible and Other Faiths: What Does the Lord Require of Us?* (Downers Grove, IL: InterVarsity Press, 2005), 19-33.

medio de las religiones no cristianas. En este enfoque
Jesús todavía es considerado, en algún sentido, único,
normativo y definitivo; pero se entiende que Dios
también se revela y provee salvación por medio
de otras tradiciones religiosas. [...]

El *pluralismo* se aleja tanto del enfoque exclusivista
como del inclusivista, porque rechaza la premisa de
que Dios se ha revelado de manera singular y definitiva
en Jesucristo. Por el contrario, considera que Dios
está revelándose activamente en todas las tradiciones
religiosas. Tampoco considera que haya algo único y
normativo en la persona de Jesús. [...] La fe cristiana
es simplemente una de las muchas e igualmente legítimas
respuestas humanas a una misma realidad divina.[7]

Queda claro, a partir de su capítulo sobre el diálogo, que Stott se
ubica de manera firme en la primera perspectiva, y que rechaza la
tercera posición como incompatible con el cristianismo bíblico.
Sin embargo, en cuanto a la segunda posición, el enfoque inclusivista,
acepta algunos elementos y rechaza otros. La pregunta que plantea:
«¿Está presente Cristo en el mundo no cristiano?», no puede ser
respondida (señala sabiamente) con un simple sí o no. De hecho, la
respuesta debe ser sí y no, en diferentes sentidos. Cristo es tanto la
revelación de la verdad de Dios como el mediador de la salvación de
Dios.

Es decir que, si encontramos alguna *verdad* alojada en otros
sistemas religiosos, debemos atribuirla a la revelación general de
Dios. Entonces, sí, Cristo está allí, en la verdad conocida por medio
de la revelación general. Pero el conocimiento de algo de verdad no
asegura la salvación, y como las demás religiones no comparten la

---

7 Harold A. Netland, *Dissonant Voices: Religious Pluralism and the Question of Truth*
(Grand Rapids: Eerdmans, 1991), 9-10. Luego Netland realizó una investigación
más amplia de estas cuestiones, donde reconoce que, si bien las tres categorías
de exclusivismo, inclusivismo y pluralismo sirven para un propósito académico
de organizar y resumir la amplitud del tema, la realidad empírica y experiencial
es mucho más compleja. Ver *Encountering Religious Pluralism: The Challenge
to Christian Faith and Mission* (Downers Grove, IL: InterVarsity Press, 2001).
Este libro ofrece una guía bibliográfica amplia y útil de todos los matices y las
opiniones sobre este tema.

historia de lo que Dios hizo por medio de Jesucristo para salvar al mundo, entonces, no, no pueden ser un camino de salvación. Por lo tanto, la respuesta a la pregunta planteada arriba, «¿Está presente Cristo en el mundo no cristiano?» (es decir, en el mundo de otras religiones), sería: en la revelación general, sí; pero como salvación, no.

Los teólogos de las principales corrientes protestantes, así como el propio Stott, respaldan esta respuesta matizada. Coinciden en que «toda verdad es verdad de Dios», y por consiguiente «verdad en Cristo», quien es la Verdad. Esta verdad se mantiene como tal aun si se la conoce y cree en el contexto de sistemas religiosos que incluyen mucho otro que es falso. En ese sentido, Cristo sigue siendo central en el enfoque inclusivista, lo mismo que en el exclusivista. Sin embargo, estos teólogos rechazan el más amplio inclusivismo *salvífico* que aparece en los documentos del Segundo Concilio Vaticano de la Iglesia Católica Romana, y en la influyente teología de Karl Rahner, que fue consejero oficial en dicho encuentro. Esta es la expresión inclusivista habitualmente rechazada por los evangélicos: la perspectiva de que otras religiones pueden fungir (por el permiso providencial de Dios) como medio de salvación para aquellas personas que nunca escucharon de Cristo, y que la salvación que interponen es, de alguna manera, todavía una salvación *por medio de Cristo y lograda por Cristo.*

Stott se refiere muy brevemente a la teología del *cristianismo anónimo* de Rahner, pero puede ser útil expandir un poco ese análisis.[8] Lo siguiente es un fragmento de mi libro:

> Para resumir la perspectiva de Rahner, la gracia salvífica universal de Dios obra tan poderosamente en busca de las personas, que aquellas que todavía no han tenido contacto con el evangelio cristiano les es «permitido» encontrar en su propia religión «un modo favorable

---

8 El trabajo de Rahner se extendió por muchos años, en los que produjo treinta y tres volúmenes (en inglés) de *Theological Investigations* (Londres: Darton, Longman & Todd). Sin embargo, resumió sus principales puntos de vista sobre este asunto en un discurso publicado como «Christianity and the Non-Christian Religions», en John Hick y Brian Hebblethwaite, eds., *Christianity and Other Religions* (Glasgow: Collins Fontana, 1980), 52-79. También se puede consultar un resumen y un análisis de la posición de Rahner en Michael Barnes, *Religions in Conversation* (Londres: spck, 1989).

de obtener una relación correcta con Dios, y por lo tanto de alcanzar la salvación, recurso que en consecuencia está positivamente incluido en el plan de Dios para salvación». Rahner considera a los no cristianos sinceros como «cristianos anónimos», en virtud de la gracia de Cristo que han recibido, y a la que sin proponérselo han respondido dentro de su propia creencia religiosa.
De ese modo, las personas pueden ser salvadas por la gracia de Dios y por Cristo, aunque en realidad no pertenezcan a la iglesia cristiana visible. El hindú sincero, por ejemplo, será salvado por Cristo, aunque lo hace por medio de los «sacramentos» del hinduismo. Es, de hecho, un «cristiano anónimo».

El «cristianismo anónimo» de Rahner ha sido motivo de mucho debate y abundante crítica. Muchos críticos dicen que pensar que les hacemos un favor a las personas de otras religiones al considerarlas como cristianos anónimos representa una actitud condescendiente. [...] Es fácil imaginar cuál sería la reacción cristiana si los fervorosos representantes del islam nos dijeran que en realidad somos «musulmanes anónimos».[9]

Ante esta forma de inclusivismo salvífico Stott responde con un repaso de las enseñanzas y los ejemplos apostólicos, en particular de Pedro, Pablo y Juan, y concluye así:

Por lo tanto, no negamos que hay elementos de verdad en los sistemas no cristianos, vestigios de la revelación general de Dios en la naturaleza. Lo que sí negamos con vehemencia es que esos elementos sean suficientes para la salvación y (con más vehemencia aun) negamos que la fe cristiana y las creencias no cristianas sean caminos alternativos e igualmente válidos para llegar a Dios.

Estoy de acuerdo con esa afirmación. Sin embargo, difiero levemente de la manera en que Stott presenta el caso concreto de Cornelio.

---

9 Chris Wright, *The Uniqueness of Jesus* (Londres: Monarch, 2002), 61-62.

Los teólogos inclusivistas sostienen que, en algún sentido, Cornelio fue «salvado» por ser aceptable ante Dios antes de que Pedro llegara para compartirle la buena noticia acerca de Jesús. Por ello, argumentan, otras personas que de alguna manera «temen a Dios y hacen lo correcto» pueden ser salvas sin haber escuchado de Jesús. Stott niega esa conclusión simplista. Sin embargo, pienso que necesitamos algo más matizado que la simple pregunta «¿Era Cornelio salvo o no?». Comparto aquí lo que analicé en otro lugar sobre él:

> Plantear la pregunta de ese modo resulta un poco inconexo. En principio, a partir del contexto queda claro que la declaración de Pedro [Hechos 10.34-35, en la que Pedro dice: «Ahora comprendo que en realidad para Dios no hay favoritismos, sino que en toda nación él ve con agrado a los que le temen y actúan con justicia»] no es una simple afirmación general de que todos en todo lugar son salvos. Es el reconocimiento de Pedro [...] de que el evangelio de Jesucristo había derribado la separación entre judíos y gentiles. [...] el punto de Pedro, entonces, no es que Dios salva a todos, sino que da la bienvenida a todos. [...]
>
> En segundo lugar, corresponde tomar en cuenta el excepcional contexto histórico del evento. En un sentido, antes de escuchar acerca de Jesús, Cornelio estaba en la misma situación que aquellos gentiles del Antiguo Testamento que llegaron a creer en el Dios viviente y actuaron en consecuencia. [...]
>
> Sin embargo, a diferencia de los creyentes del Antiguo Testamento, Cornelio vivió en una generación en la que el Mesías ya había venido [...]
>
> Cornelio es, de ese modo, un punto bisagra en el libro de Hechos en cuanto a cómo les llega el evangelio a los gentiles. [...] La clave de la historia parece ser: ahora que Jesús el Mesías ha venido, la salvación debe ser presentada en su nombre [...]. Es un error usar el relato para sugerir que los comentarios favorables sobre el comportamiento de Cornelio «según el Antiguo

REFLEXIONES SOBRE EL DIÁLOGO

Testamento», antes de ser evangelizado, impliquen
que la evangelización, en general, sea de algún modo
innecesaria.[10]

Para cerrar estas reflexiones sobre el enfoque *inclusivista*, me parece
que, si continuamos utilizando los tres términos: *exclusivista*,
inclusivista y *pluralista* (clasificación que, como dije, muchos, si no
la mayoría de los teólogos cristianos que abordan el asunto de otras
religiones, consideran demasiado simplista para una realidad extremadamente compleja), deberíamos reservar la palabra del medio para
la perspectiva antes descrita como *inclusivismo salvífico*; es decir, para
el planteo de que Cristo no solo incluye en sí mismo cualquier verdad
de la revelación general que pudiera encontrarse en las enseñanzas
de otras religiones, sino también que la salvación lograda por Cristo
puede, de alguna manera, ser mediada por los *sacramentos* de otras
creencias. Ese planteamiento, entonces, afirma que las personas
pueden ser salvas *por* Cristo, *por medio* de la práctica sincera de su
propia religión; es decir, atribuye alguna capacidad, función o validez
salvífica a otras religiones. Esa es la forma de inclusivismo que tanto
John Stott como yo rechazamos.

Esto es muy distinto del enfoque adoptado por algunos evangélicos
que se adhieren firmemente a todos los elementos definidos arriba
dentro del paradigma *exclusivista* (en especial, que la salvación se
encuentra única y exclusivamente en la crucifixión y resurrección
de Cristo), pero dejan en suspenso si Dios podría salvar a algunas
personas (por gracia y por medio de Cristo), aunque nunca hayan
oído hablar de él en esta vida terrenal, pero se acercan a Dios con
cierta actitud de arrepentimiento y fe.

Esta última cuestión será analizada en el próximo capítulo; pero,
por el momento, prefiero no considerar *inclusivista* a esa perspectiva
(aunque me han aplicado ese rótulo a mí). Es, más bien, *exclusivista*
(la salvación es solo por medio de Cristo), sin ser *restrictiva* (en el
sentido de que la salvación queda restringida, es decir, que solo es
posible para quienes han oído hablar de Jesús, o sea, los evangelizados).
Por cierto, no es *inclusivista* en el sentido de sostener que las personas

---

10 *Ibid.*, 136-39.

puedan ser salvas *por medio de* su propia religión. La sola idea de que la salvación se alcance por medio de la religión (cualquiera que sea) es algo que la Biblia niega rotundamente y de forma sistemática. En el próximo capítulo ahondaremos en ello.

John Stott en diálogo

Las cuatro palabras que usa Stott para describir la calidad del verdadero diálogo (*autenticidad, humildad, integridad* y *sensibilidad*), que no sacrifican nada de la singularidad y veracidad de la fe cristiana, a la vez que mantienen la apertura y el respeto hacia otras personas, podrían, sin ninguna duda, aplicársele a él mismo, ¡aunque hubiera desaprobado vivamente que yo lo dijera! No sé si Stott tuvo la oportunidad de involucrarse en un diálogo personal sostenido con personas de las otras principales religiones del mundo, pero dentro del amplio mundo cristiano se encontró a menudo en desacuerdo (a veces radicalmente) con perspectivas no evangélicas (¡y hasta con algunas evangélicas!). Su práctica habitual, siempre que le era posible, fue invitar a quienes lo habían criticado, o a aquellos con quienes había disentido en público o por escrito, a que lo visitaran y conversaran personalmente con él, ya sea con un desayuno o una taza de té de por medio. Creía que era importante *escuchar*, tratar de entender y también ser entendido, con el objetivo de clarificar cuáles eran las diferencias reales e importantes, y en qué podía haber acuerdo. Leía extensamente los escritos de aquellos con quienes estaba en desacuerdo, y lo hacía tomando notas cuidadosa y detalladamente —algo que en una ocasión me dijo que le resultaba un ejercicio agotador pero necesario. Debe decirse que, lamentablemente, muchos de quienes rápidamente desestimaban a Stott (por lo general sobre la base de rumores de algún otro líder o exégeta cristiano) no se tomaron el trabajo de hacer lo mismo.

Podemos mencionar dos ejemplos de sus principios en acción. Irónicamente, a pesar de las apelaciones del propio Stott por la legitimidad del diálogo respetuoso, ambos casos le trajeron problemas y la pérdida de respeto en algunos ambientes.

Un diálogo liberal-evangélico. Este es el subtítulo del libro que registra un sostenido diálogo por correo, en 1988, entre David Edwards y John

Stott.[11] David Edwards, un destacado líder de la iglesia anglicana en Inglaterra, historiador de la iglesia y escritor en la tradición católica liberal, era además un crítico y admirador de John Stott. Por un tiempo, ambos sirvieron en diferentes congregaciones en Londres, como clérigos anglicanos; Edwards era unos ocho años menor que Stott. Consciente del crecimiento de la corriente evangélica en el Reino Unido, que debía mucho al liderazgo de Stott en las décadas de 1960 y 1970, y habiendo leído todos los libros de él (incluido este) y sus profusas contribuciones, como en el Pacto de Lausana, Edwards se abocó, con el interés propio de un historiador, a explorar y criticar la teología evangélica que Stott representaba. Asimismo, le invitó a responder a cada uno de los capítulos de su libro, que, de hecho, comienza con un cálido y extraordinariamente detallado reconocimiento de todo lo que Stott estaba haciendo en la Iglesia All Souls y en el mundo evangélico más amplio.

Los títulos de cada capítulo del libro indican la amplitud del tema, y con cuánto acierto Edwards había identificado los elementos centrales en la fe y la práctica evangélica.

1. El poder del evangelio
2. La autoridad de las Escrituras
3. La cruz de Cristo
4. El Cristo milagroso
5. La Biblia y la conducta
6. El evangelio para el mundo

En cada capítulo, Edwards afirma su entendimiento liberal clásico sobre estos temas (en el marco de su fe personal como cristiano) y luego cuestiona radicalmente el modo en que los abordan los evangélicos como Stott, quien presenta una extensa respuesta después de cada uno de los capítulos, argumentando punto por punto con detallada exégesis de los textos bíblicos (las respuestas de Stott aportan al libro alrededor de treinta y cinco mil palabras).

Lo más notable del libro es el espíritu de las interacciones. Ambos autores combinan la intención de desafiar de manera fuerte la posición de su interlocutor y el uso de un tono amable y un reconocimiento

---

11 David L. Edwards, con John Stott, *Evangelical Essentials: A Liberal-Evangelical Dialogue* (Downers Grove, IL: InterVarsity Press, 1989).

respetuoso de la fuerza argumentativa del otro. Así, Stott se muestra dispuesto a recibir la crítica a los evangélicos en los puntos en que corresponde; por ejemplo, cuando algunas perspectivas tradicionales se alejan completamente de lo que está claro en las Escrituras. También se lo ve más que dispuesto a admitir con toda humildad que no tiene una posición clara sobre ciertos asuntos, como cuando no llega a una conclusión luego de su análisis respecto a algunos puntos difíciles de doctrina sobre los que reconocidos teólogos han debatido durante siglos. Ambos respetan la fe personal y el compromiso de su interlocutor con Cristo, aunque los dos desafían con rigor el modo en que el otro desarrolla, enseña y justifica sus respectivos entendimientos teológicos.

Es claro que para Stott hay mucho en juego. Después de todo, los temas de todos los capítulos forman la verdadera esencia del compromiso evangélico: el poder salvador del evangelio, la Biblia, la cruz, la historicidad de los Evangelios, la autoridad de la Biblia en el compromiso social cristiano y la urgencia de la misión en el mundo. Por ello, no vacila en defender la posición evangélica en todos estos asuntos con vigor y una nutrida argumentación. Expone las falencias y contradicciones del liberalismo teológico y la manera en que este distorsiona o se desvía de la comprensión bíblica tradicional de nuestra fe. Sin embargo, cada respuesta está enmarcada como una carta que comienza diciendo «Mi querido David» y termina con «Un abrazo, John», dirigiéndose siempre a Edwards con un trato afectuoso (tú). El tono es amable y amistoso, aunque el desacuerdo es profundo. Dado que el tipo de liberalismo representado por Edwards sigue presente (aunque tiende a ser menos amistoso o respetuoso en su rechazo de las convicciones evangélicas), todavía vale la pena leer el libro como modelo de una manera inteligente, minuciosa, bíblica y convincente de responder a muchas de las acusaciones que todavía se hacen a las doctrinas cristianas ortodoxas. En otras palabras, esto es diálogo, exactamente en el sentido en que Stott sostenía en 1965 que debía ser: marcado por la autenticidad, la humildad, la integridad y la sensibilidad, aunque sin claudicar a la verdad del evangelio.

«Una palabra en común». Vivimos en un mundo pos-9/11. Y más de una década después, también lo hacemos en un mundo amenazado por el Estado Islámico (EI). Es cada vez más difícil avizorar un diálogo interreligioso respetuoso entre cristianos y musulmanes

caracterizado por la autenticidad, la humildad, la integridad y la sensibilidad, aunque, por cierto, todavía se produce.

En 2007, se emitió en la comunidad musulmana un notable documento. Tenía el formato de una carta abierta, firmada por 138 líderes musulmanes prominentes en el ámbito internacional (académicos, políticos, escritores y clérigos), dirigida a los líderes de las más importantes comunidades cristianas, entre ellos el papa de la Iglesia Católica Romana, varios patriarcas de la Iglesia Ortodoxa rusa, griega, siria, copta (entre otras), un abanico de denominaciones protestantes: luterana, anglicana, reformada, metodista, bautista; y el Consejo Mundial de Iglesias. Bajo el título «Una palabra en común entre ustedes y nosotros», la carta urgía a cristianos y a musulmanes en todo el mundo a tratar de vivir en paz y justicia, sobre el fundamento de que en el núcleo de ambas creencias residen los imperativos paralelos de amar a Dios y amar al prójimo. Como respaldo, el documento incluye citas del Antiguo Testamento y de los Evangelios, así como, por supuesto, del Corán.[12]

La respuesta cristiana varió desde una bienvenida cálida y entusiasta, lo cual condujo a esfuerzos por un diálogo más amplio y un trabajo conjunto para construir la paz, hasta una suspicacia cauta que veía en el documento poco más que otra forma un tanto cínica de la *dawa* o *misión* islámica con el objetivo de enternecer a los cristianos y convocarlos a aceptar al islam como una creencia que no difiere esencialmente de la fe cristiana. En algún punto ubicado entre la aceptación sin crítica y el rechazo abierto, la Alianza Evangélica Mundial publicó una respuesta bien elaborada que, si bien daba la bienvenida al tono de «Una palabra en común», y coincidía en el anhelo compartido por la paz y la justicia, a la vez dejaba en claro el compromiso cristiano con la singularidad y la deidad de Jesucristo, y convocaba a los musulmanes a reconocer los derechos de los cristianos en los países islámicos.[13]

---

12 A los detalles del documento, sus firmantes y datos de contacto, y el contenido esencial se puede acceder en https://en.wikipedia.org/wiki/A_Common_Word_Between_Us_and_You. El texto completo se encuentra en www.acommonword.com/the-acw-document/.

13 La respuesta de la Alianza Evangélica Mundial se puede leer en http://www.worldevangelicals.org/We_Too_Want_to_Live_in_Love,_Peace,_Freedom_and_Justice.pdf

Una respuesta en particular es la organizada por un grupo de teólogos de la Facultad de Teología en Yale, que produjo un extenso documento titulado «Una respuesta cristiana a "Una palabra en común"».[14] En ella, aplauden la iniciativa de los líderes musulmanes, reconocen la existencia de un «terreno común» en la enseñanza sobre el amor a Dios y al prójimo, y reciben el documento como un amable apretón de manos. «Recibimos la carta abierta como una mano musulmana extendida con actitud de entusiasmo y cooperación hacia los cristianos en todo el mundo. En esta respuesta, extendemos nuestra mano cristiana como respuesta, para que con todos los seres humanos podamos vivir en paz y justicia mientras procuramos amar a Dios y a nuestros prójimos».

Sin embargo, antes de publicar su respuesta, el grupo de Yale envió a un gran número de líderes cristianos en todo el mundo una invitación a firmar la carta. Entre aquellos a quienes invitaron estábamos John Stott y yo mismo. Antes de aceptar la invitación a firmarla, él y yo decidimos muy convencidos hacer juntos tres gestiones.

Primero, leímos cuidadosamente la respuesta de Yale para ver si se podía interpretar de manera que comprometiera alguna verdad cristiana esencial, como la deidad de Jesucristo o el carácter singular y definitivo de la revelación de Dios en la Biblia, o la legitimidad del testimonio cristiano a los musulmanes. Concluimos que no comprometía ninguna de ellas. Aceptamos que la respuesta de Yale no era un ejercicio apologético ni un intento de definir toda la fe cristiana en respuesta a la doctrina islámica, sino solo un gesto amistoso de apertura que expresaba un deseo de establecer un compromiso superador por la paz y la justicia, a partir de algún terreno en común que pudiera lograrse, sin negar que había muchas áreas cruciales en las que no podría haber ningún terreno común en absoluto.

Después escribimos a quienes conocíamos personalmente y eran amigos evangélicos en el grupo de teólogos de Yale para preguntarles con toda franqueza si en la respuesta se proponía, o implicaba, de alguna manera, dejar de lado la evangelización entre

---

14 El texto completo de la respuesta de Yale se puede leer en https://www. acommonword.com/loving-god-and-neighbor-together-a-christian-response-to-a-common-word-between-us-and-you/.

musulmanes, sea por razones teológicas o prácticas. Nos preocupaba que el documento pudiera ser entendido o usado de alguna forma que socavara el llamado de quienes —muchos de ellos amigos nuestros—, con sensibilidad amorosa, amabilidad y respeto, a veces con un alto costo, buscaban compartir la buena noticia de Jesús en las comunidades mayoritariamente islámicas. Recibimos varias respuestas de las personas que habían elaborado la respuesta de Yale, quienes nos aseguraron que esa no era en absoluto la intención, sino todo lo contrario, que el espíritu pacífico de la respuesta pudiera abrir puertas para un testimonio de tal sensibilidad. Citaremos dos de esas réplicas más adelante en este capítulo.

Posteriormente, escribimos a varios de nuestros amigos personales que vivían y trabajaban en contextos mayoritariamente islámicos, muchos de ellos árabes cristianos y estudiosos relacionados con Langham. Les hicimos las mismas preguntas básicas y buscamos su consejo en cuanto a si debíamos firmar o no la respuesta de Yale. No queríamos hacer nada que perturbara o traicionara a aquellos para quienes esta cuestión no se trataba de corrección política interreligiosa, sino, a menudo, un asunto de estrés existencial cotidiano y de potencial peligro. Con solo dos excepciones (en la correspondencia que recibimos), todos afirmaron que debíamos firmarla. Es más, varios de ellos ya la habían firmado y sus nombres estaban incluidos al final del documento.

Una vez tranquilizados por estos medios, John Stott y yo agregamos nuestros nombres a la lista de firmantes. Cuando posteriormente se publicó el documento, nos sentimos alentados (y en buena medida sorprendidos) al ver que también lo habían firmado muchos otros a quienes sabíamos evangélicos convencidos y *líderes reflexivos* en el mundo de la teología y la misión evangélica. ¡Nos sentimos en buena compañía!

Sin embargo, como era de esperar, hubo críticas, aunque a cuentagotas. Lo digo así porque no fueron muchas. Aun así, fueron a menudo bastante enérgicas, por lo general con el argumento de que John Stott (¡increíblemente!) había firmado un documento que igualaba al «Dios cristiano» con «Alá», que no afirmaba la deidad de Jesús, que no proclamaba la necesidad de la obra redentora de la cruz, que no procuraba la conversión de los musulmanes, etc. A muchos de ellos les respondí de forma individual, en mi nombre y también en el de John, aunque igualmente elaboramos la siguiente respuesta para enviarles a los futuros críticos:

«Una palabra en común» y la Respuesta de Yale

John Stott y Chris Wright, invitados a firmar la Respuesta de Yale a «Una palabra en común», estudiamos ambos documentos con cuidado. Lo hicimos no solo por su importancia intrínseca, sino también porque aquellos que nos habían invitado a hacerlo (y muchos de los que la firmaron) son amigos personales con un compromiso evangélico incuestionable de toda la vida —algunos de ellos ciudadanos en países islámicos en donde mantienen en esos contextos un valiente testimonio del evangelio— o son líderes de movimientos y organizaciones profundamente comprometidas en la intención de compartir entre los musulmanes las buenas noticias de Jesús.

Escribimos a quienes habían redactado la Respuesta de Yale buscando que nos aclararan y asegurasen que ni el mensaje ni la intención detrás este pudieran interpretarse en el sentido de negar la necesidad de un testimonio sensible entre los musulmanes, incluyendo la declaración no negociable de Jesucristo como único Señor y Salvador, así como nuestro deber de dar testimonio de la verdad de Dios que vemos revelada en él.

Las citas que siguen son extractos de las respuestas que recibimos de parte de quienes participaron en la redacción de la Respuesta de Yale y de la invitación a líderes cristianos para que la firmaran:

> Permítanme asegurarles que de ninguna manera me propongo anular la posibilidad del testimonio sensible de Cristo entre los musulmanes. Respaldo plenamente ese testimonio, y yo mismo me negaría a firmar el documento si implicara la prohibición de la evangelización sensible. Considero que ampliar las posibilidades de un testimonio libre es una de las principales razones para atender a la carta de los musulmanes y a la comunidad musulmana en general; efectivamente, creo que nuestra respuesta en su conjunto es una forma de testimonio —no el único, aunque ciertamente fundamental— del increíble amor de Dios hacia los incrédulos.

El entusiasmo que me motiva a comprometerme con este tipo de discusión nace de mi deseo de que 1300 millones de musulmanes consideren de manera significativa las declaraciones de Jesucristo, no solo como un profeta cuyas palabras han sido modificadas, abrogadas o suplantadas, sino como el supremamente atractivo Salvador y Señor. También deseo eliminar los obstáculos que llevan a los musulmanes a asociar el evangelio de Cristo con formas militaristas de «cristianismo» a las que encuentran repugnantes.

Estoy plenamente de acuerdo con la posición que toma el Pacto de Lausana sobre la evangelización y el diálogo: «Nuestra presencia cristiana en el mundo es indispensable para la evangelización, al igual que lo es esa clase de diálogo cuyo propósito es escuchar con sensibilidad a fin de comprender. Pero la evangelización en sí misma es la proclamación del Cristo histórico y bíblico como Salvador y Señor, con el fin de persuadir a las personas a acudir a él personalmente y así ser reconciliadas con Dios». También coincido totalmente con el comentario oficial de John Stott sobre el Pacto [de Lausana], cuando escribe: «El diálogo con los no cristianos no solo es correcto, sino también indispensable (como lo es la presencia). La palabra diálogo es muy mal usada. ¡Algunas personas la utilizan para describir una situación de concesión en la que el cristiano renuncia a su compromiso cristiano y considera que el evangelio puede ser puesto en debate! Ya hemos rechazado esa clase de diálogo (en la sección 3) como "despectiva hacia Cristo y el evangelio". Sin embargo, correctamente definido, el diálogo es una conversación que ambas partes toman con seriedad, y ambas están dispuestas a escuchar a la otra parte. El objetivo es escuchar con sensibilidad para llegar a entender. Esa escucha es un preludio esencial para la evangelización, porque, ¿cómo podríamos compartir las buenas nuevas de manera relevante si no comprendemos la situación y los problemas de la otra persona?»

En nuestra respuesta a la carta de los musulmanes no hemos presentado el evangelio en su totalidad, pero hemos tratado de dar un testimonio sensible de Jesucristo e incluir la referencia al perdón de pecados por medio de lo que Jesús hizo «al final de su vida». Los lectores musulmanes me han dicho que no tienen dudas de que nos referimos a la muerte expiatoria de Cristo en la cruz. Conozco personalmente, y me he encontrado en privado con ellos, a un buen número de los notables líderes musulmanes que firmaron «Una palabra en común», y puedo asegurarles que he compartido con cada uno de ellos el mensaje del perdón de pecados y la vida eterna por medio de la muerte redentora y la resurrección de Cristo, quien es la Palabra eterna de Dios —Dios mismo—, manifestado en carne humana.

Creo que el proceso de diálogo que se abre con «Una palabra en común» nos dará la oportunidad de plantear entre los líderes musulmanes cuestiones importantes sobre la libertad religiosa en sus países, incluyendo la libertad para evangelizar.

Admitimos que la Respuesta de Yale no «proclama el evangelio» en todo su detalle. Nunca fue pensada como una afirmación o credo de todo lo que creen los cristianos, sino sencillamente como un gesto en respuesta a «Una palabra en común». Es una carta, no un tratado. Extiende una mano amistosa en el espíritu del mandato de Jesús de «amar al prójimo» y, en efecto, «amar a nuestros enemigos», actitudes que son un requisito para la comunicación evangélica significativa.

Hay quienes nos piden que sospechemos de cualquier cosa que hagan o digan los musulmanes, y ven segundas intenciones en «Una palabra en común». Pueden tener la razón o no. No somos ingenuos, y tenemos conciencia de muchos hechos penosos y de los fuertes argumentos que presentan quienes no firmaron la Respuesta de Yale o nos criticaron por hacerlo. Sin embargo, nuestra convicción es que, más allá de las motivaciones o las intenciones de los musulmanes (que son variadas y complejas), *nosotros*, como cristianos, estamos llamados a responder y a conducirnos conforme a la esencia del evangelio cristiano, que nos ordena amar a nuestro prójimo y a nuestro enemigo, como discípulos obedientes de nuestro Señor crucificado y resucitado. Parte de ese amor incluye la voluntad de participar en una conversación respetuosa con otros seres humanos con quienes diferimos radicalmente, sin por ello comprometer de ninguna manera nuestro compromiso total con el carácter singular de Jesucristo, con la revelación definitiva de Dios en su persona, con la centralidad y la necesidad de la cruz para nuestra salvación, y con el mandato de evangelizar.

De corazón y de buena gana afirmamos todo lo dicho, como todo lo que conforma nuestra fe evangélica.

John Stott y Chris Wright

Creo que el espíritu y el contenido de este breve documento ilustra y contiene lo que Stott consideraba la esencia de un diálogo genuino, respetuoso y sin concesiones.

Por último, dado que el Compromiso de Ciudad del Cabo le fue leído lentamente durante varios días, sé que aprobaba lo que dice sobre este asunto. La sección IIC, sobre «Vivir el amor de Cristo entre personas de otras creencias religiosas» comienza con los siguientes párrafos:

«Ama a tu prójimo como a ti mismo» incluye a personas de otras creencias religiosas.

Respondemos a nuestro elevado llamado, como discípulos de Jesucristo, a ver a las personas de otras creencias religiosas como nuestros prójimos en el sentido bíblico. Estas personas son seres humanos creados a la imagen de Dios, a quienes Dios ama y por cuyos pecados murió Cristo. Nos esforzamos no solo por verlas como prójimos, sino por obedecer la enseñanza de Cristo de ser prójimos para ellas. Somos llamados a ser amables, pero no ingenuos; a ser perspicaces y no crédulos; a estar alertas a las amenazas que podamos enfrentar, pero no dominados por el temor.

Somos llamados a compartir buenas noticias, pero no a participar en un proselitismo indigno. La *evangelización*, que incluye el argumento racional persuasivo según el ejemplo del apóstol Pablo, es «hacer una afirmación sincera y abierta del evangelio que deja a los oidores en completa libertad para tomar su propia decisión al respecto. Deseamos ser sensibles para con las personas de otras creencias, y rechazamos todo intento de forzarlas a la conversión».[15] El *proselitismo,* en contraste, es el intento de forzar a los demás a convertirse en «uno de nosotros», a «aceptar nuestra religión» o, por cierto, a «unirse a nuestra denominación».

Nos comprometemos a ser escrupulosamente éticos en toda nuestra evangelización. Nuestro testimonio deberá destacarse por la «gentileza y [el] respeto, manteniendo la conciencia limpia» (1 Pedro 3.15-16; ver Hechos 19.37) [...]

Afirmamos que existe un lugar apropiado para el diálogo con personas de otras creencias religiosas, del mismo modo que el apóstol Pablo debatió con judíos y gentiles en la sinagoga y en los ámbitos públicos. Como una parte legítima de nuestra misión cristiana, este diálogo combina la confianza en la singularidad de Cristo, y la verdad del evangelio con la actitud de escuchar respetuosamente a los demás.[16]

---

15 Manifiesto de Manila, párrafo 12.
16 Compromiso de Ciudad del Cabo, IIC.1.

7

La salvación
John Stott

El término misión expresa lo que Dios envía a su pueblo a hacer en el mundo y, en el contexto de esta misión de servicio sacrificial, tiene una importancia primaria la evangelización, el compartir con otros la buena noticia de Dios acerca de Jesús. El diálogo, una conversación seria en la que escuchamos, además de hablar, es una actividad estrechamente asociada con la evangelización. Por un lado, es una actividad en su propio derecho, que tiene como meta el entendimiento mutuo. Por otro, dado que la persona cristiana está constreñida por el amor a dar testimonio de Cristo, el diálogo es también un paso preliminar y necesario para la evangelización. En efecto, es el contexto verdaderamente humano y cristiano en el que debe ocurrir el testimonio evangelístico. Admitir esto con franqueza no destruye la integridad del diálogo con el argumento de que tiene una segunda intención y que por ello se ha degenerado en un ejercicio de relaciones públicas cuyo verdadero objetivo es la conversión de la otra persona. Esta sinceridad, más bien, preserva la integridad del diálogo en cuanto preserva la integridad de la persona cristiana que participa en él. No sería honesta consigo misma ni con su interlocutor si encubriera su creencia en el señorío universal de Jesús o en su anhelo de que la otra persona se sume a su posición de someterse a Cristo como Señor. Esa rendición penitente y en fe es el camino de la salvación, que es la cuarta palabra que vamos a considerar. ¿Qué significa salvación?

La centralidad de la salvación

La misma palabra *salvación* puede ser problemática. Para algunas personas el lenguaje de la salvación resulta embarazoso, en tanto otras aseguran que es una herencia sin sentido del vocabulario religioso y tradicional del pasado. Por cierto, entonces, si los cristianos hemos de seguir usándola, hay que traducirla a un lenguaje más actual. Está bien hacerlo, y hasta es esencial, con la condición de que nos mantengamos leales a la revelación bíblica, porque una cosa es la traducción (el viejo mensaje en palabras nuevas), y otra muy diferente una composición novedosa o una reconstrucción. Mi inquietud es que algunas interpretaciones contemporáneas de la palabra son reconstrucciones radicales, muy alejadas del retrato que la Biblia hace de la salvación que Dios ofrece a la humanidad por medio de Cristo.

Puede ser apropiado reconocer desde ya lo vital que es esta cuestión. No es ninguna exageración decir que el cristianismo es una religión de salvación. El Dios de la Biblia es un Dios que continuamente ha venido en busca de su pueblo para rescatarlo, que ha tomado la iniciativa para salvar. En seis ocasiones en las cartas pastorales se lo reconoce como «Dios nuestro Salvador». «"Dios" y "Salvador" son sinónimos en todo el Antiguo Testamento», escribe Michael Green.[1] Lo mismo podría decirse del Nuevo Testamento, porque la misión de Jesús fue una misión de rescate. Él «vino al mundo a salvar a los pecadores, de los cuales yo soy el primero» (1 Timoteo 1.15); «el Padre envió a su Hijo para ser el Salvador del mundo» (1 Juan 4.14). Su nombre mismo manifiesta su misión, ya que «Jesús» significa «Dios Salvador» o «el SEÑOR salva» (Mateo 1.21, nota al pie), y su título completo es «Señor y Salvador Jesucristo» (ver, por ejemplo 2 Pedro 3.18).

En consecuencia, toda la Biblia es una *Heilsgeschichte*, una historia de los poderosos actos salvadores de Dios. En realidad, es más que una crónica del pasado: es un manual actualizado de salvación, «que [puede] darte la sabiduría necesaria para la salvación mediante la fe en Cristo Jesús» (2 Timoteo 3.15). Y, por supuesto, el evangelio es denominado como «el evangelio que les trajo la salvación» (Efesios 1.13), «poder de Dios para la salvación de todos los que creen: de los judíos, primeramente, pero también de los gentiles» (Romanos 1.16), porque mediante el *kerygma* Dios decide «salvar [...] a los que creen» (1 Corintios 1.21). La preeminencia del tema de la salvación en el

---

1 Michael Green, *The Meaning of Salvation* (Londres: Hodder & Stoughton, 1965), 16.

cristianismo bíblico nos obliga a preguntarnos qué es lo que Dios obra, lo que Cristo logra, lo que las Escrituras despliegan y lo que el evangelio ofrece. Comenzaré con dos aspectos negativos.

La salvación y la salud física

En primer lugar, la salvación no significa salud psicofísica. Hay quienes han intentado igualar la salvación con la salud, especialmente con la «plenitud» entendida como una especie de salud combinada que integra el cuerpo, la mente y el espíritu.[2] La salud física y mental, se nos dice, es partícipe de la esencia misma del evangelio de la gracia de Dios. La salvación alcanza a toda la persona, incluyendo la restauración del cuerpo, la mente y el espíritu a su condición plena. En el sentido psicológico, la salvación viene a ser una especie de integración de la persona, la condición plena de una personalidad equilibrada.

Permítanme ser muy claro sobre el punto preciso en el que estoy en desacuerdo con esa concepción. No niego que, de acuerdo con las Escrituras, la enfermedad es una intrusión ajena al buen mundo de Dios, que con frecuencia es atribuida a la malevolente actividad de Satanás, y que a veces Dios sana por medios naturales y a veces de manera sobrenatural (porque toda sanación es sanación divina), y que los milagros de sanación realizados por Jesús fueron señales de su reino, y que se mostró indignado hacia la enfermedad y compasivo hacia los enfermos, y que la enfermedad, el dolor y la muerte no tendrán lugar alguno en los cuerpos nuevos y en el nuevo universo que Dios va a crear un día. Creo en todas estas verdades, y espero que sean terreno común. Yo iría más lejos y diría que a la experiencia de la salvación con frecuencia le sigue una mayor medida de salud. Ahora que la medicina psicosomática atribuye tantas condiciones al estrés, y la medicina social atribuye otras a causas ambientales, podemos esperar que la salvación, puesto que a menudo conduce a un alivio del estrés y a una mejoría medioambiental, también a veces puede traer salud a la mente y al cuerpo. Más aún, todos los cristianos deberían poder afirmar con Pablo, llenos de alegría, que la vida de Jesús

---

2 Ver, por ejemplo, Phyllis Garlick, *Man's Search for Health* (Londres: Highway, 1952); Evelyn Frost, *Christian Healing* (Londres: Mowbray, 1949).

puede manifestarse en nuestro cuerpo mortal (2 Corintios 4.10-11), y que el poder de Jesús se perfecciona en nuestra debilidad (2 Corintios 12.9-10; ver 2 Corintios 4.7). Con frecuencia, nuestra nueva vida en Cristo puede brindarnos una renovada sensación de bienestar físico y emocional.

Lo que sí niego es que esta sanación, o de hecho cualquier tipo de sanación (natural o sobrenatural) sea o esté incluida en lo que la Biblia quiere decir cuando habla de la salvación que ahora se ofrece a la humanidad por Cristo y mediante el evangelio. Por supuesto, al final de los tiempos Dios redimirá toda la creación, incluyendo nuestros cuerpos humanos, y esto sí puede entenderse como la salvación plena y definitiva. Sin embargo, afirmar que la sanación está hoy tan disponible y tan instantáneamente como la salvación, o que tal sanación forma parte de la salvación que Dios nos ofrece ahora en Cristo por fe, o que los cristianos con fe nunca han de enfermarse... todo ello es un intento de anticipar la resurrección y la redención de nuestro cuerpo. Pero no es sino hasta entonces que dejarán de existir la enfermedad y la muerte.

Una consecuencia de confundir la salvación y la salud es que también se confunden los papeles del médico y del pastor. A veces el médico remplaza al pastor, o el pastor se convierte en un médico o un psiquiatra aficionado. En su perceptivo y breve libro *Will Hospital Replace Church?*, el doctor Martyn Lloyd-Jones —quien renunció a su profesión como médico especialista a fin de desempeñarse como pastor— afirma que con todo derecho el hospital se ha hecho cargo de la sanación de los enfermos. Después agrega: «¡El hospital no puede, no lo hace, y nunca podrá asumir las funciones de la iglesia! Es imposible que lo haga. [...] La auténtica tarea de la iglesia no es primariamente devolverles la salud a las personas [...] su tarea esencial es restaurar a los seres humanos a una correcta relación con Dios. [...] El verdadero problema del ser humano no es simplemente que esté enfermo, sino que es rebelde».[3]

A esta altura de mi argumento algunos querrán responder que el término salvación *sí* se usa en el Nuevo Testamento, especialmente en los Evangelios, para expresar liberación física. Tienen toda la razón,

---

3 Martyn Lloyd-Jones, *Will Hospital Replace the Church?* (Londres: Christian Medical Fellowship, 1969).

por lo menos verbalmente, y debemos examinar su planteo. *Sōzō* alude a la liberación de la ceguera (en el caso del ciego Bartimeo, Marcos 10.52), de la lepra (Lucas 17.19) y de un problema de hemorragias (Marcos 5.34). En cada uno de estos casos, Jesús le dijo al que sufría: «tu fe te ha salvado», que NVI y otras versiones traducen como «tu fe te ha sanado». Lo mismo se dice de una multitud que estaba enferma, aunque no se especifican las enfermedades. Aquellos que tocaron el manto de Jesús «quedaban sanos», del griego *esōzonto*, «fueron salvos» (Marcos 6.56, ver Hechos 14.9; Santiago 5.15). Sin embargo, *sōzō* se aplica también a la liberación de quienes estaban a punto de ahogarse («¡Señor —gritaron—, sálvanos, que nos vamos a ahogar!», Mateo 8.25; ver Mateo 14.30 y Hechos 27.20, 31, 43-28.4) y aun de la muerte: «¡Baja de la cruz y sálvate a ti mismo! [...] Salvó a otros —decían—, ¡pero no puede salvarse a sí mismo!» (Marcos 15.30-31; ver Juan 12.27; Hebreos 5.7).

Todo esto es cierto; pero ¿qué demuestra? ¿Vamos a argumentar, a partir de estos usos del verbo *salvar*, que, dondequiera que el Nuevo Testamento promete salvación a los creyentes, les promete no solo liberarlos del pecado, sino también una especie de seguro total contra los males físicos de todo tipo, incluyendo la enfermedad, el ahogarse y aun la muerte? No. Sería imposible reconstruir la doctrina bíblica de la salvación en estos términos. La salvación por la fe en el Cristo crucificado y resucitado tiene un sentido moral, no material; es un rescate del pecado, no de otros padecimientos, y la razón por la que Jesús dijo «tu fe te ha salvado», en ambos casos es que sus actos de rescate físico (de la enfermedad, de ahogarse y de la muerte) eran señales intencionales de su salvación, y así fueron entendidos por la iglesia primitiva.

Debemos recordar que los milagros de Jesús fueron constantemente denominados como *sēmeion*, señales de su reino, señales de su salvación. Más aún, los apóstoles los reconocieron como tales, y por eso usaron las historias de los milagros en su predicación y su enseñanza. Las palabras bien conocidas de Jesús, «tu fe te ha salvado», fueron dichas a la mujer pecadora que le ungió los pies y que fue perdonada por él (Lucas 7.48-50). También se las dijo al hombre ciego, al leproso y a la mujer con hemorragia, no porque su sanación fuera su salvación, sino debido a que era una parábola dramatizada de esta.

La interpretación de los Evangelios según la «crítica de formas» sugiere con claridad el uso de esos bien conocidos incidentes en la evangelización. Por ejemplo, el pecado es una enfermedad moral interior y crónica, que ningún ser humano puede sanar y, si recurrimos a remedios humanos, en lugar de mejorar vamos a empeorar. Por lo tanto, invitemos a que el pecador extienda la mano de la fe y toque el borde de la túnica de Jesús, y entonces será sanado, es decir, será salvo. También, pregunto: ¿Amenazan envolvernos las tormentas de la pasión pecaminosa o quizás las de la ira de Dios? Entonces, clamemos a Jesucristo: «Sálvanos, Señor; estamos pereciendo». Él calmará de inmediato la tormenta, estaremos a salvo en lugar de perecer, y hasta podremos disfrutar de la paz y la calma de su salvación. Así es como la iglesia primitiva usaba estas historias de liberación física. Creían que Jesús tenía la intención de que fueran ilustraciones de la salvación, no promesas de seguridad o salud.

De manera similar, el apóstol Pedro, después de sanar fuera de las puertas del templo al que había nacido con una discapacidad, pudo pasar directamente de los medios por los cuales había «sido salvado» (*sesōtai*, Hechos 4.9, traducido como «sanado» en NVI y otras versiones) a la declaración de que «De hecho, en ningún otro hay salvación [*sōtēria*], porque no hay bajo el cielo otro nombre dado a los hombres mediante el cual podamos ser salvos [*sōthēnai*]» (Hechos 4.12). La sanación de este hombre fue «una señal notable» (Hechos 4.16, RVA-2015) de su salvación.

La salvación y la liberación política

En segundo lugar, *salvación* no es liberación sociopolítica. Hay teólogos cuya doctrina de la salvación identifica el principal problema humano no en nuestras enfermedades físicas y mentales, sino en las estructuras sociales y políticas. Reinterpretan la salvación como la liberación de los desamparados y carenciados, sea por el hambre, la pobreza o la guerra; la dominación colonial, la tiranía política, la discriminación racial y la explotación económica; los guetos, el encarcelamiento político y la tecnología desalmada del mundo moderno. Aquí el problema no es la enfermedad, sino la opresión; la salvación se entiende como justicia, no como salud. Esta reformulación del concepto de salvación dominó el Consejo Mundial de Iglesias durante las décadas de 1960 y 1970.

El énfasis en esta interpretación está en palabras clave como *humanización, desarrollo, plenitud, liberación, justicia*. Permítanme decir desde ya que estas cosas, y la liberación de toda forma de opresión, no solamente son objetivos deseables, que agradan a Dios el Creador, sino que los cristianos deberían estar activamente comprometidos en procurar esos fines junto con otros hombres y mujeres de compasión y buena voluntad. Dios creó a todas las personas y se interesa por todas ellas. Su intención es que los seres humanos vivan en relación, en paz, libertad, dignidad y justicia. Estas cosas le importan a Dios en todas las sociedades, porque el Dios de la Biblia es el Dios de justicia tanto como el de justificación, y odia la injusticia y la tiranía. Además, los evangélicos con frecuencia hemos sido culpables de hacernos a un lado de nuestras responsabilidades sociales y políticas. Nosotros mismos somos culpables por esta negligencia. Debemos arrepentirnos y no tener miedo de desafiarnos a nosotros mismos, y unos a otros: Dios podría estar llamando a muchos más cristianos que los que realmente oyen su llamado a ingresar en el nombre de Cristo en el mundo secular de la política, la economía, la sociología, las relaciones raciales, el bienestar comunitario, el desarrollo y una multitud de otros ámbitos.

La teología de la liberación

Los defensores más enérgicos de esta perspectiva de la salvación son aquellos que se adhieren a la teología de la liberación. El primer exponente de esta teología, por lo menos en el conocimiento de los lectores del mundo occidental, es Gustavo Gutiérrez. La versión original en español del libro de Gutiérrez, *Teología de la liberación*, fue publicada en el Perú en 1971, y varios años más tarde en inglés.[4] La edición en inglés tenía como subtítulo *History, Politics and Salvation* (en español, se subtituló *Perspectivas*), y hasta el momento es el intento más completo y abarcador de interpretar la salvación bíblica en función de la liberación de los oprimidos.[5] El trasfondo

---

4 Gustavo Gutiérrez, *Teología de la liberación* (Lima: CEP, 1971); *A Theology of Liberation: History, Politics and Salvation* (Maryknoll, NY: Orbis, 1973).
5 La «teología de la liberación» es un producto genuino de América Latina. A partir de la realidad histórica, antes que las Escrituras o la tradición de la iglesia, y valiéndose del aporte de las ciencias sociales, registra su enérgica protesta contra

del libro es triple: América Latina como el «continente oprimido», la Iglesia Católica Romana y su *aggiornamento*, y la teoría económica marxista. Admiro la profunda compasión de Gutiérrez por los explotados, su insistencia en la solidaridad con los pobres, su énfasis en la «praxis» social en lugar de la teorización improductiva, y su llamado a la iglesia a «un compromiso más evangélico, más auténtico, más concreto y más eficaz con la liberación».[6] Cita favorablemente, en varias ocasiones, el famoso aforismo de Marx de que «los filósofos se han limitado a *interpretar* el mundo [...]; la cuestión está, sin embargo, en *cambiarlo*».

No tendríamos por qué objetar la meta que define; a saber, la «liberación de todo lo que limita o impide al hombre que se autodetermine, liberación de todos los impedimentos al ejercicio de su libertad». Esto es totalmente bíblico. Dios creó a la humanidad a su imagen; debemos oponernos a todo lo que lo deshumaniza. Una vez más, «la meta no es solo mejores condiciones de vida, un cambio radical de las estructuras, una revolución social; es mucho más que eso: la creación continua, sin fin, de una nueva forma de ser hombre, una *revolución cultural permanente*».[7]

¿Cuáles son los medios para alcanzar esta meta? Uno de los temas recurrentes en su libro es el de la historia como proceso por el cual la humanidad crece en autoconciencia, «paulatinamente toma las riendas de su propio destino», obtiene su libertad y de ese modo crea una nueva sociedad.[8] En términos sociológicos y tecnológicos, los seres humanos han llegado a «la mayoría de edad». Ahora poseen en toda su medida ese «dominio» que en el comienzo de la creación Dios les mandó que ejercieran (Génesis 1.26-28). Todo esto —la necesidad de las personas de ser libres y de realizarse, y de tomar responsabilidad

---

las teologías de América del Norte y Europa. Sus exponentes más conocidos, además de Gustavo Gutiérrez, son Rubén Alves (*Teología de la esperanza humana*; en inglés, *Theology of Human Hope*) y Hugo Assmann (*Teología desde la praxis de la liberación*; en inglés, *Liberation: A Challenge to Christians*). Orlando Costas los caracteriza así: «... si Alves es el profeta del movimiento, y Assmann es el apologista, Gutiérrez es el teólogo sistemático» (en *The Church and Its Mission: A Shattering Critique from the Third World* [Londres: Coverdale, 1974], 223).

6 Gutiérrez, *Teología de la liberación*, 184. [N. del E.: Esta y las siguientes citas corresponden a la edición publicada por Sígueme, Salamanca, 1972]

7 *Ibid.*, 52, 61.

8 *Ibid.*, por ejemplo, 56, 68, 69.

para reestructurar la sociedad— es bíblico y correcto. Tanto la meta como los medios están bien definidos. Pero cuando el autor comienza a teologizar, a tratar de presentar la liberación social como si fuera lo que las Escrituras entienden por salvación, y de esta manera a descartar la evangelización en favor de la acción política, entonces y solo entonces —a mi pesar, pero con firmeza—, tengo que apartarme y disentir.

El propio Gutiérrez plantea la pregunta fundamental: «¿Qué relación hay entre la salvación y el proceso histórico de la liberación del hombre?». Es, agrega, «la cuestión clásica de la relación entre [...] la fe y la acción política, o, en otras palabras, entre el Reino de Dios y la construcción del mundo».[9] No llega a identificarlos del todo, aunque se acerca bastante, y con el fin de lograrlo se permite una exégesis extremadamente dudosa.

Elimina casi por completo la distinción entre iglesia y mundo, entre lo cristiano y lo no cristiano, a fin de poder aplicar a todos los seres humanos la enseñanza bíblica sobre la obra salvadora de Dios. Sean conscientes o no de ello, escribe: «... todos los hombres son llamados eficazmente en Cristo a la comunión con Dios». Y se atreve a agregar que este es «el tema paulino del señorío universal de Cristo, en quien todas las cosas existen y han sido salvadas».[10] También «le da valor religioso de un modo completamente nuevo a la acción del hombre —cristiano como no cristiano por igual— en la historia. La construcción de una sociedad justa tiene valor en términos del Reino, o, en términos más corrientes, participar en el proceso de liberación es ya en cierto sentido una obra salvífica».[11]

En el capítulo titulado «Encuentro con Cristo en la historia», universaliza una vez más la obra y la presencia de Dios. Comenzando por las imágenes del «templo» en las Escrituras, pasa a hacer la afirmación, enteramente infundada, aun según sus propias premisas, de que «el Espíritu enviado por el Padre y el Hijo a llevar a cabo la obra de salvación en su plenitud habita en todo hombre». Más adelante agrega: «... desde que Dios se hizo hombre, la humanidad, todos los hombres, la historia, son templo viviente de Dios». Además, afirma:

9 *Ibid.*, 74.
10 *Ibid.*, 106.
11 *Ibid.*, 107.

«... la liberación [realizada por Cristo] crea un nuevo pueblo elegido, que esta vez incluye a toda la humanidad».[12] No hay absolutamente ninguna justificación bíblica para tales afirmaciones. Por el contrario, los escritores del Nuevo Testamento constantemente contradicen esta noción, insistiendo en la diferencia entre quienes están en Cristo y quienes no lo están, entre quienes tienen al Espíritu y quienes no (por ejemplo, Romanos 8.9; 1 Juan 5.12).

¿No hay espacio, entonces, para la conversión en el esquema que plantea Gutiérrez? Sí lo hay, pero es, fundamentalmente, «conversión hacia el prójimo».[13] Ya ha declarado que «el hombre se salva si se abre a sí mismo ante Dios y los demás, aunque no sea plenamente consciente de lo que está haciendo». El esfuerzo por abandonar el egoísmo y por «crear una auténtica fraternidad entre los hombres» es en sí mismo una respuesta a la gracia de Dios, sea que las personas involucradas confiesen a Cristo como Señor explícitamente o no.[14] En efecto, la única manera de amar a Dios es amando a mi prójimo, el único modo de conocer a Dios es obrando la justicia.[15] No cabe duda de que el amor genuino y el conocimiento de Dios deben expresarse en amor y justicia hacia nuestro prójimo, pero poner esto al revés y hacer que el conocimiento de Dios sea la consecuencia de hacer justicia, y hasta equiparar los dos, es asombrosamente similar a una doctrina de salvación por buenas obras.

El autor insiste constantemente en que más allá y a través de «la lucha contra la miseria, la injusticia y la explotación, la meta es la *creación de un nuevo hombre*».[16] Sabe que esta es, a la vez, una expresión marxista y también bíblica; pero no se muestra perturbado por el hecho de que, si bien las palabras son las mismas, el sentido con el que se usan es diferente. La «nueva persona» (NTV) o «nueva humanidad» a la que se refiere Pablo es creación de Dios por la muerte de Cristo, y don de Dios a quienes están personalmente en Cristo (Efesios 2.15-16; 2 Corintios 5.17). Es difícil creer que Gutiérrez piense seriamente que esta sea la misma «creación» que propugna el

---

12 *Ibid.*, 249, 250, 209.
13 *Ibid.*, 250.
14 *Ibid.*, 197.
15 *Ibid.*, 250-254.
16 *Ibid.*, 190.

marxismo por medio de un nuevo orden social y un nuevo estilo de vida para todos los seres humanos, sean cristianos o no.

Aunque la liberación de la opresión y la creación de una sociedad nueva y mejor son indudablemente la buena voluntad de Dios para la humanidad, es preciso agregar que estas cosas no conforman «la salvación» que Dios ofrece al mundo en y por medio de Jesucristo. Podrían estar incluidas en «la misión de Dios», como hemos visto, en la medida en que hay cristianos que se dedican a servir a Dios en esos ámbitos. Pero llamar «salvación» a la liberación sociopolítica, y «evangelización» al activismo social, es hacernos culpables de una grave confusión teológica. Implica mezclar lo que las Escrituras mantienen separado: el Dios Creador y el Dios Redentor, el Dios del cosmos y el Dios del pacto, el mundo y la iglesia, la gracia común y la gracia salvadora, la justicia y la justificación, la reforma de la sociedad y la regeneración de la humanidad. La salvación que se ofrece en el evangelio de Cristo concierne a las personas antes que a las estructuras. Es la liberación de otro tipo de yugo, distinto de la opresión económica y política.

La cuestión hermenéutica

Mi profundo malestar con la forma de la teología de la liberación que se ha adoptado en el movimiento ecuménico es esencialmente hermenéutico. Atañe al manejo de las Escrituras, tanto del Antiguo como del Nuevo Testamento, con que sus proponentes intentan apuntalarlo. Otros críticos, además de mí, también han aludido al mal uso de las Escrituras en las asambleas ecuménicas. A veces son arbitrariamente selectivas (omitiendo lo que les resulta inconveniente), y otras veces extremadamente descuidadas (tergiversando lo que les parece conveniente a fin de respaldar una teoría preconcebida). Por ejemplo, en el congreso de 1973, «La Salvación Hoy», en Bangkok, un observador católico romano lamentó que, si bien en la conferencia se habló abundantemente sobre «la salvación», no se había prestado atención al modo en que el apóstol Pablo se refería a ella. Nadie había mencionado la justificación por la fe ni la vida eterna.

La evidencia bíblica principal aducida a favor de la interpretación sociopolítica de la salvación es tomada del Antiguo Testamento, concretamente de la liberación de Israel de sus opresores egipcios.

163

Gustavo Gutiérrez se apoya fuertemente en esta interpretación del éxodo. Los israelitas eran esclavos, sufrían la explotación económica y un brutal control poblacional. En su condición de esclavitud, «gimieron» y clamaron a Dios, y entonces Dios le dijo a Moisés que sabía bien de sus penurias y que «había descendido para librarlos» (Éxodo 3.7-10). Años más tarde, a orillas del mar Rojo, se les indicó: «Mantengan sus posiciones, que hoy mismo serán testigos de la salvación que el SEÑOR realizará en favor de ustedes». Cuando se completó el rescate, dicen las Escrituras que «en ese día el SEÑOR salvó a Israel», e Israel se hizo conocer como el «pueblo que has rescatado» (Éxodo 14.13, 30; 15.13).

Sin embargo, debemos preguntarnos si esta narración bíblica puede aplicarse a cualquiera o a todos los grupos de personas oprimidas, y si puede considerarse como la clase de liberación que Dios se propone o promete para todos los oprimidos. Sin duda, la respuesta debe ser «no». Por cierto, que la opresión en cualquier forma le es detestable a Dios. Cierto es, también, que Dios está activo en la historia de todas las naciones. Tanto es así que su palabra por medio de Amós trazó una analogía entre Israel, por un lado, y los filisteos y los sirios, por otro: «Israelitas, ¿acaso ustedes no son para mí como cusitas? ¿Acaso no saqué de Egipto a Israel, de Creta a los filisteos y de Quir a los sirios?» (Amós 9.7). Pero esto tenía el propósito de afirmar que Israel no podía monopolizar al SEÑOR como si fuera una deidad tribal, aunque no negaba la relación especial que Dios había establecido con su pueblo Israel. Por el contrario, por medio de Amós, el SEÑOR afirmó el carácter singular de esa relación, y por lo tanto su implicación moral:

> Solo a ustedes los he escogido
>> entre todas las familias de la tierra.
> Por tanto, les haré pagar
>> todas sus perversidades (Amós 3.2; ver Salmo 147.20).

Esta misma relación especial estaba en el trasfondo del éxodo. Dios rescató a su pueblo de Egipto en cumplimiento de su pacto con Abraham, Isaac y Jacob, y como anticipo de la renovación de ese pacto en el monte Sinaí (Éxodo 2.24; 19.4-6). No hizo pacto alguno con los sirios o los palestinos, ni estableció con ellos una relación especial como pueblo por medio de su actividad providencial. En las

Escrituras, *salvación* y *pacto* van siempre juntos. Por eso en el Nuevo Testamento el éxodo se transforma en figura de nuestra redención del pecado por medio de Cristo, no en una promesa de liberación para todas las minorías políticamente oprimidas.

No tenemos ninguna objeción al uso de la palabra *salvación* en sentido político, siempre que quede claro que no estamos hablando teológicamente de la salvación de Dios en y por medio de Cristo. Cuando el Nuevo Testamento hace uso de las promesas de salvación del Antiguo Testamento, las interpreta en sentido moral más que en sentido material. Quizás el ejemplo más notable sea el cántico de Zacarías (Lucas 1.67-79), en el cual el «cuerno de salvación» (Lucas 1.69, LBLA, y nota al pie en NVI) que Dios había levantado (conforme a la promesa dada por medio de los profetas de que serían rescatados «del poder de [sus] enemigos») se entiende en el sentido de servir a Dios «con santidad y justicia»; y que sobre Juan el Bautista dice: «irás delante del Señor para prepararle el camino. Darás a conocer a su pueblo la salvación mediante el perdón de sus pecados» (Lucas 1.76-77).

Otro texto bíblico popular que utilizan aquellos que afirman que la salvación puede definirse en términos sociopolíticos, es la cita de Isaías que hizo nuestro Señor en la sinagoga de Nazaret:

El Espíritu del Señor está sobre mí,
    por cuanto me ha ungido
    para anunciar buenas nuevas a los pobres.
Me ha enviado a proclamar libertad a los cautivos
    y dar vista a los ciegos,
a poner en libertad a los oprimidos (Lucas 4.18)

Aquí se mencionan tres categorías de personas —pobres, cautivos, y ciegos—, y las teologías de la liberación asumen que se trata de condiciones físicas y literales. Pero ¿podemos darlo tan fácilmente por sentado? Es verdad que durante su ministerio Jesús dio vista a los ciegos, y sin duda ellos deben movilizar hoy nuestra compasión cristiana. Sin embargo, la restauración milagrosa de la vista obrada por Cristo lo señalaba a él como la luz del mundo, por lo que difícilmente podemos tomar esos milagros como una instrucción para hacer nosotros sanaciones milagrosas similares. Jesús también ministró a los pobres y dirigió algunas palabras bastante desconcertantes a los ricos. No obstante, es bien sabido que en el Antiguo Testamento la frase «los pobres» no designaba solamente a los carenciados, sino a las personas piadosas cuya esperanza y confianza estaban en Dios. La primera bienaventuranza no puede ser entendida en el sentido de que la pobreza material es una condición para recibir el reino de Dios, a menos que estemos dispuestos a poner el evangelio patas para arribas. ¿Qué de los cautivos y de los oprimidos? No hay evidencia de que Jesús haya literalmente vaciado las cárceles de Palestina. Por el contrario, el principal preso del que tenemos noticia (Juan el Bautista) quedó en prisión y fue ejecutado. Sin embargo, lo que sí hizo Jesús fue liberar a las personas de la opresión espiritual del pecado y de Satanás, y prometer que la verdad haría libres a sus discípulos.

Ruego al lector que no me malentienda. La pobreza material, la ceguera física y la cárcel injusta son todas condiciones que en diferentes grados deshumanizan a los seres humanos. Deben provocar nuestra preocupación cristiana y estimularnos a actuar para lograr el alivio de quienes sufren de estas formas. Mi punto, sin embargo, es que la liberación de estas condiciones no es la salvación que nos aseguró Cristo mediante su muerte y resurrección.

Hay una cuestión exegética más que quiero comentar respecto al intento de interpretar la salvación en términos de liberación social. Se refiere a las instrucciones que los apóstoles dieron a los esclavos en el Nuevo Testamento. Aunque no atacaron directamente a la institución de la esclavitud, Pablo insistió en que los esclavos debían ser tratados de modo «justo y equitativo» (Colosenses 4.1). Esta fue una declaración revolucionaria, porque el concepto de «justicia» hacia los esclavos nunca había sido contemplado en el imperio romano. En efecto, fue esta exigencia de justicia la que socavó la institución y finalmente la destruyó. Más aún, aunque Pablo no incita a los esclavos a la rebelión ni a la desobediencia civil ni a la autoliberación, sí los alienta, en caso de que puedan obtener su libertad, a que aprovechen la oportunidad. De esa manera reconoce que la esclavitud es una ofensa a la dignidad humana: «... no se vuelvan esclavos de nadie», escribe. Y agrega estas importantes palabras: «Porque el que era esclavo cuando el Señor lo llamó es un liberto del Señor. [...] cada uno permanezca ante Dios en la condición en que estaba cuando Dios lo llamó» (1 Corintios 7.20-24). La importancia de esta enseñanza debería ser clara. Los esclavos que puedan ganar su libertad deberían hacerlo, porque esta es la voluntad del Señor para ellos. Pero si no pueden, ¡recuerden que no importa cuál sea su condición social, en Cristo son personas libres! La esclavitud no puede inhibir su más profunda libertad como seres humanos que han sido liberados por Jesucristo, y tampoco puede destruir su dignidad como quienes han sido aceptados por Dios. Pueden aun permanecer «con Dios» en su condición de esclavos. No ignoro que me estoy exponiendo a la antigua acusación de andar vendiendo droga religiosa, ofreciendo más «opio del pueblo» (recordando el aforismo de Marx de que «la religión es el opio de los pueblos»). Pero semejante acusación no sería justa. Nunca sería legítimo usar las palabras «con Dios» para consentir la opresión o justificar una aceptación acrítica del *statu quo*. Más bien, estas palabras pueden transformar cualquier situación. Nos dicen que Jesucristo nos da una libertad interior, de espíritu, que ni el más opresivo de los tiranos puede destruir. Pensemos en Pablo en la prisión: ¿acaso no era un hombre libre?

Hasta aquí me he mostrado más bien negativo. He tratado de argumentar, a partir de las Escrituras, que la «salvación» que Cristo obtuvo con su muerte y que ahora ofrece al mundo no es ni la sanación psicofísica ni la liberación sociopolítica. Si bien rechazo esas pretendidas reconstrucciones, también he procurado protegerme contra los malentendidos. Debo equilibrar mis aseveraciones negativas con tres sentencias positivas. Primero, Dios *está* enormemente interesado en esas dos áreas, es decir, nuestro cuerpo y nuestra sociedad. En segundo lugar, llegará un día en que ambos, el cuerpo y la sociedad, *serán* redimidos. Tendremos nuevos cuerpos y viviremos en una sociedad nueva. Tercero, el amor nos impulsa, mientras tanto, a esforzarnos en los dos ámbitos, promoviendo la salud física (con recursos preventivos y terapéuticos) y procurando crear un orden social radicalmente diferente que ofrezca libertad, dignidad, justicia y paz. No obstante, una vez que hemos enfatizado la importancia de esas cuestiones para Dios, y por consiguiente para nosotros, también tenemos que afirmar que no son la salvación que Dios ofrece a los seres humanos en Cristo y ahora.

El Pacto de Lausana expresa con claridad esta tensión:

> Afirmamos que Dios es tanto el Creador como el Juez
> de toda la humanidad. Por lo tanto, debemos compartir

su preocupación por la justicia y la reconciliación en la sociedad humana, y por la liberación de los hombres y las mujeres de toda clase de opresión. Dado que los hombres y mujeres son hechos a la imagen de Dios, toda persona, independientemente de su raza, religión, color, cultura, clase, sexo o edad, tiene una dignidad intrínseca, por la que debe ser respetada y servida, no explotada. [...] Aunque la reconciliación con otras personas no equivale a la reconciliación con Dios, ni la acción social a la evangelización, ni la liberación política a la salvación, afirmamos no obstante que tanto la evangelización como la participación sociopolítica forman parte de nuestro deber cristiano. Pues ambas son expresiones necesarias de nuestras doctrinas de Dios y del hombre, de nuestro amor por nuestro prójimo y nuestra obediencia a Jesucristo. El mensaje de salvación implica también un mensaje de juicio contra toda forma de alienación, opresión y discriminación, y no debemos temer denunciar el mal y la injusticia dondequiera que existan.[17]

La salvación y la libertad personal

¿Qué es, entonces, la salvación? Es libertad personal. Es cierto que, como hemos visto, a veces resulta en una mayor medida de salud física y mental. También es cierto que tiene consecuencias sociales de largo alcance, como lo dice el Pacto de Lausana: «La salvación que decimos tener debería estar transformándonos en la totalidad de nuestras responsabilidades personales y sociales».[18] Sin embargo, la salvación en sí, la salvación que Cristo da a los suyos, es libertad del pecado en todas sus horribles manifestaciones, y liberación para participar en una nueva vida de servicio, hasta que finalmente obtengamos «la gloriosa libertad de los hijos de Dios». Georg Fohrer, en el *Theological Dictionary of the New Testament*, deja en claro que las palabras relativas a la salvación son fundamentalmente negativas, y

---

17 Pacto de Lausana, párrafo 5.
18 *Ibid.*

enfatizan aquello de lo cual somos salvados. Así, en el mundo griego la salvación era en primer lugar y por sobre todo «un acto intensamente dinámico en el que dioses u hombres arrebatan a otros, por la fuerza, de un serio peligro», sea de la guerra o del mar, de una sentencia judicial o de una enfermedad.[19] De ahí que en la literatura griega los médicos, filósofos, jueces, generales, gobernantes y especialmente el emperador, se cuentan entre los «salvadores» humanos.

El verbo más frecuente para expresar el concepto de salvación en el Antiguo Testamento contiene la idea básica de amplitud o espacio, en oposición a la estrechez que provoca la opresión. Denota la liberación de un estado de confinamiento a otro de espacio amplio, «merced a la intervención salvadora de un tercero en favor del oprimido y en oposición al opresor». Fohrer continúa: «no es autoayuda ni cooperación con el oprimido. El socorro es tal que el oprimido estaría perdido si no lo recibiera».[20] Puede tratarse del rescate de una ciudad sitiada por un ejército, de una nación sometida por un régimen foráneo, de los pobres que sufren injusticia, o de individuos que padecen alguna catástrofe personal.

Todo esto es un telón de fondo importante para nuestra comprensión de la salvación de *Dios*. Él es el Dios viviente, el Salvador; los ídolos están muertos y no pueden salvar. Cuando el Señor salva a su pueblo, no solo lo rescata del opresor, sino que lo salva para sí. «Ustedes son testigos de lo que hice con Egipto, y de que los he traído hacia mí como sobre alas de águila», les dijo (Éxodo 19.4). Este es el tema ya mencionado, de que «salvación» y «pacto» van juntos. De manera parecida, «el cántico nuevo» de alabanza a Cristo en el cielo, declara: «fuiste sacrificado, y con tu sangre compraste para Dios [...]» (Apocalipsis 5.9).

Ahora bien, *libertad* es una palabra popular en nuestro tiempo. Sin embargo, lamentablemente casi todo lo que se dice sobre ella es negativo. Los diccionarios la definen de modo negativo. Uno indica que es «la ausencia de impedimento, restricción, confinamiento, represión». Otro dice que ser libre es «no estar esclavizado, no

---

19 Werner Foester y Georg Fohrer, «σῴζω, σωτηρία, σωτήρ, σωτήριος», en Gerhard Kittel y Gerhard Friedrich, eds., *Theological Dictionary of the New Testament*, trad. Geoffrey W. Bromiley (Grand Rapids: Eerdmans, 1971), 7: 965-1024.
20 *Ibid.*, 973.

estar aprisionado, ni restringido, limitado, u obstaculizado». (El *Diccionario de la lengua española*, de la Real Academia Española incluye, entre otras acepciones: 'Estado o condición de quien no es esclavo. Estado de quien no está preso'). Los diccionarios no hacen más que reflejar el uso común. Pero nunca debemos definir la libertad en sentido puramente negativo. De hecho, la insistencia en una comprensión positiva de la libertad es una contribución distintivamente cristiana al debate actual. Michael Ramsey escribió: «Sabemos *de qué* queremos liberar a los seres humanos. ¿Sabemos *para qué* queremos liberarlos?». Más adelante insiste en que nuestro esfuerzo por conquistar esas libertades «que en forma más palpable movilizan nuestras emociones» (es decir, la libertad de la persecución, del encarcelamiento arbitrario, de la discriminación racial, del hambre y la pobreza acuciantes) debieran siempre darse «en el contexto del planteo más radical y revolucionario de la liberación del hombre de sí mismo para la gloria de Dios». Tal libertad, continúa Ramsey, solo se ve perfectamente en Jesús: «Es libre de alguien y es libre para alguien. Está libre de sí mismo, y libre para Dios».[21]

A continuación, examinaremos la doctrina neotestamentaria de la salvación, en las tres fases o tiempos verbales en que la Biblia habla de ella (pasado, presente y futuro). En cada caso, observaremos cómo se complementan los aspectos negativos y positivos. El término *liberación* es una buena manera de traducir salvación, entre otras razones, porque insinúa la libertad a la que son llevados los liberados.

Liberación del juicio para ser hijos

En primer lugar, en tiempo pasado, *salvación* alude a ser liberado del justo juicio de Dios sobre el pecado. No se trata solamente de haber tenido sentimientos de culpa y una conciencia culpable, y ahora encontramos alivio en Jesucristo. Significa que, real y objetivamente, éramos culpables delante de Dios y ahora se nos ha dado gratuitamente la remisión de esa culpa, que era la que provocaba los malos sentimientos y la mala conciencia. La razón por la cual el evangelio es «poder de Dios para salvación» es que en él «la justicia de Dios se revela» (es decir, su modo justo de declarar justos a los que

---

21 Michael Ramsey, *Freedom, Faith and the Future* (Londres: SPCK, 1970), 15,12.

eran injustos), y la razón de esta revelación de la justicia de Dios en el evangelio es la revelación de que «la ira de Dios se revela desde el cielo contra toda impiedad e injusticia de los hombres que detienen con injusticia la verdad». Esta secuencia lógica en Romanos 1.16-18 vincula el poder de Dios, la justicia de Dios, y la ira de Dios. Es debido a que su ira se revela contra el pecado que su justicia se revela en el evangelio, y su poder por medio del evangelio a los creyentes.

En tiempo pasado, entonces, la salvación equivale a la justificación, la cual es en sí misma lo opuesto a la condenación. Todos aquellos que están «en Cristo» son *sesōsmenoi* (Efesios 2.8), es decir, son quienes han sido salvados. Asimismo, son *dikaiōthentes* (Romanos 5.1); en otros términos, son quienes han sido justificados. Las dos palabras están en participio pasado, indicando algo que ha ocurrido por medio de la fe en Cristo. De hecho, Romanos 10.10 los iguala: «Porque con el corazón se cree para ser *justificado*, pero con la boca se confiesa para ser *salvo*». Esta justificación se ha hecho posible solo por el sacrificio propiciatorio de Cristo (Romanos 3.24-26). «No hay ninguna condenación para los que están unidos a Cristo Jesús», y esto solamente porque Dios envió a su Hijo «en condición semejante a nuestra condición de pecadores, para que se ofreciera en sacrificio por el pecado» y así «condenó Dios al pecado en la naturaleza humana» (Romanos 8.1-3). Por supuesto, la ira de Dios no es como la ira humana, ni la propiciación efectuada por Cristo semejante a las propiciaciones paganas. Sin embargo, una vez que se han eliminado todos los elementos indignos (es decir, el concepto de la ira arbitraria de una deidad vengativa que se pretende aplacar mediante insignificantes sacrificios humanos), nos queda la propiciación bíblica en la que por *su* amor Dios envió a *su* amado Hijo para apaciguar *su* propia ira santa contra el pecado (1 Juan 2.2; 4.10).

No obstante, cuando los apóstoles despliegan la primera fase de la salvación, van más allá de la propiciación de la ira de Dios, y más allá incluso de la justificación del pecador por parte del Dios, es decir, de la aceptación del pecador como justo a los ojos de Dios. Pablo enfatiza que somos salvados *de* la ira *para* ser hechos hijos. Dios envió a su Hijo no solo para redimirnos, sino también para adoptarnos como miembros de su familia. Nuestro juez es ahora nuestro padre, y el Espíritu Santo nos permite clamar «Abba, Padre», dando de ese modo testimonio con nuestro propio espíritu de que verdaderamente somos sus hijos. Ya no somos esclavos, sino hijos (Romanos 8.14-17;

Gálatas 4.4-7). Ahora somos libres para vivir como varones y mujeres libres.

Liberación de sí mismo para el servicio

En segundo lugar, pasamos ahora a la fase de la salvación en tiempo presente. En el Nuevo Testamento, la salvación es tanto un proceso presente como un obsequio recibido en el pasado. Si me preguntan si soy salvo, y si razono bíblicamente antes de responder, podría legítimamente responder tanto «no» como «sí». *Sí*, porque, sin duda, he sido salvado por la pura gracia de Dios, tanto de su ira como de mi propia culpa y condenación. Pero, a la vez, *no*, todavía no soy salvo, porque el pecado sigue morando en mí, y mi cuerpo aún no ha sido redimido. Es la habitual tensión que encontramos en el Nuevo Testamento entre el *ya*, pero *todavía no*.

Se sabe que el verbo *sōzō* a veces se usa en el Nuevo Testamento en tiempo presente, así como en el aoristo y en el pasado perfecto. Los cristianos son *hoi sōzomenoi* («aquellos que están siendo salvados»). Esto se debe en parte al reconocimiento de que nuestra salvación todavía no ha sido consumada. *Hoi sōzomenoi* («los que están siendo salvados») se pueden contrastar con *hoi apollymenoi* («los que están pereciendo»), porque *ellos* todavía no han perecido, y *nosotros* todavía no hemos llegado a la nueva creación (ver 1 Corintios 1.18; 2 Corintios 2.15; Hechos 2.47). Otra razón que explica el uso del tiempo presente es que durante el intervalo entre nuestra justificación y nuestra glorificación transcurre el proceso llamado *santificación*, esto es, la transformación gradual del creyente a la imagen de Cristo, por medio del Espíritu de Cristo «de gloria en gloria» (2 Corintios 3.18, RVR 1960), hasta que al fin seamos plenamente transformados a la imagen del Hijo de Dios (Romanos 8.29; ver 1 Juan 3.2).

Además, debido a que Jesucristo, a cuya imagen estamos siendo transformados, es el «segundo hombre» o «último Adán» (Romanos 5 y 1 Corintios 15), el pionero de la nueva humanidad, quienes estamos en Cristo compartimos su nueva humanidad. Llegar a ser cristianos es, en un sentido real, llegar a ser humanos, porque nada deshumaniza más que la rebelión contra Dios, y nada humaniza más que la reconciliación y la comunión con él. Sin embargo, declarar con alegría que la salvación incluye la humanización no es lo mismo que decir que la humanización (rescatar a las personas del proceso deshumanizante de la sociedad moderna) equivale a la salvación.

El argumento ecuménico pareciera desarrollarse de este modo: según el Nuevo Testamento, la salvación humaniza (es decir, hace humanas) a las personas; por lo tanto, todo lo que humaniza a las personas es salvación. Sin embargo, este tipo de razonamiento es deficiente tanto lógica como teológicamente. Del mismo modo, uno podría decir: «La aspirina alivia el dolor; por lo tanto, todo lo que alivia el dolor es aspirina».

La salvación como proceso presente se expresa en dos asombrosos mandatos apostólicos: «... lleven a cabo su salvación», escribe Pablo, convocando a los filipenses a mostrar en la vida práctica cotidiana la salvación que Dios está obrando en ellos (Filipenses 2.12-13). Por su parte, el apóstol Pedro enfatiza la necesidad de sus lectores de «[crecer] en su salvación» (1 Pedro 2.2). Dado que en el versículo anterior les ha dicho que se desprendan de la maldad, el engaño, la hipocresía, la envidia y la calumnia, es evidente que considera todas esas cosas como conducta propia de niños inmaduros, y que la «salvación» en la que quiere que crezcan es, una vez más, hacia un comportamiento semejante al de Cristo.

También debemos enfatizar lo positivo en esta salvación presente. Estamos siendo liberados de la esclavitud a nosotros mismos para entrar en la libertad del servicio. Jesús habló de nuestra condición de esclavos del pecado, y no hay esclavitud peor que la de estar preso de uno mismo. Lutero describió la humanidad caída como *homo incurvatus in se*, «el hombre doblado (o inclinado) sobre sí mismo». De esta prisión nos libera Jesucristo. Él nos advierte que, si insistimos en «salvarnos» a nosotros mismos, aferrados con egoísmo a nuestra propia vida, nos perderemos. Por contraste, solo si estamos dispuestos a perdernos a nosotros mismos, entregándonos en servicio a él y a los demás, nos podremos encontrar realmente a nosotros mismos (Marcos 8.35). Cuando morimos es cuando recién vivimos; cuando servimos, recién entonces somos libres.

Esta salvación presente, esta liberación de las ataduras de nuestro egocentrismo para entrar en la libertad del servicio, presenta exigencias más drásticas que las que a menudo estamos dispuestos a reconocer. Para citar nuevamente el Pacto de Lausana: «Los resultados de la evangelización incluyen la obediencia a Cristo, la incorporación a su iglesia y el servicio responsable en el mundo».[22] A menos que seamos realmente liberados de una esclavizante conformidad a la tradición, a las convenciones y al materialismo burgués de la cultura secular, a menos que nuestro discipulado sea lo suficientemente radical como para que seamos críticos de las actitudes favorables al *statu quo* y sintamos indignación hacia toda forma de opresión, y a menos que en adelante nos consagremos libremente y sin egoísmo a Cristo, a la iglesia y a la sociedad, difícilmente podamos afirmar que somos salvos o siquiera que estamos en proceso de ser salvos. La salvación y el reino de Dios son sinónimos (ver Marcos 10.23-27), y en ese reino la autoridad de Jesús es absoluta.

Es imposible captar la plenitud de esta fase presente de la salvación, tal como se la describe en el Nuevo Testamento, sin sentirnos avergonzados de los fracasos de nuestro cristianismo contemporáneo. Tendemos a gloriarnos tanto en nuestra salvación pasada como regalo que descuidamos el llamado a «[crecer] en la salvación» y a entregarnos de todo corazón, junto con nuestros hermanos y hermanas en la fe, a servir a Dios y a la humanidad. Si reflexionamos en el desafío del sentido presente de «siendo salvados», debemos reconocer que la iglesia misma necesita liberación: liberación de todo aquello que es contrario a las exigencias del discipulado del Señor Jesucristo y contrario al poder transformador y renovador del evangelio.

Liberación de la corrupción para la gloria venidera

En tercer lugar, pasamos al aspecto futuro. La salvación que Dios nos da, a la vez regalo y proceso continuo, es también el objeto de nuestra esperanza cristiana. Fuimos salvados en la esperanza de estar siendo salvados, y «la esperanza de salvación» es el casco que lleva el soldado cristiano (1 Tesalonicenses 5.8; ver Romanos 8.24).

Cada nuevo día nos acerca más a esta salvación, «pues nuestra salvación está ahora más cerca que cuando inicialmente creímos» (Romanos 13.11; ver 1 Pedro 1.5, 9). No aceptamos la visión de carácter utópico que Gustavo Gutiérrez describe en su capítulo «Escatología y política». Por el contrario, «rechazamos como un sueño arrogante y autosuficiente la idea de que las personas alguna vez puedan

---

22 Pacto de Lausana, párrafo 4.

construir una utopía en la tierra. Nuestra confianza cristiana es que Dios consumará su Reino, y esperamos con gran expectativa aquel día y el nuevo cielo y la nueva tierra, en los cuales morará la justicia y Dios reinará para siempre».[23]

¿En qué consistirá esta salvación final? Para comenzar, será una liberación de la ira que vendrá (Romanos 5.9; 1 Tesalonicenses 1.10; 5.9). Más aún, incluirá «la redención de nuestro cuerpo». Nuestros cuerpos comparten con toda la creación esa «corrupción que la esclaviza» y que hace que la creación gima como si tuviera dolores de parto y hace que también nosotros gimamos interiormente. Anhelamos nuestros nuevos cuerpos (que serán liberados de la fragilidad física, de la naturaleza caída y de la mortalidad) y un nuevo universo (en el que no habrá opresión alguna, sino solamente justicia). El Nuevo Testamento describe esta esperanza futura en términos más bien positivos que meramente negativos. Nuestro gemir interior expresa el anhelo por nuestra «adopción como hijos», cuando nuestra condición filial será revelada en toda su plenitud. De manera similar, la creación entera no solo será «liberada de la corrupción que la esclaviza», sino que alcanzará «la gloriosa libertad de los hijos de Dios» (ver Romanos 8.18-25; 2 Pedro 3.13).

He procurado mostrar que, en cada fase de la salvación personal, las Escrituras enfatizan no tanto nuestro *rescate* (de la ira, de nosotros mismos, de la corrupción y de la muerte), sino *la libertad* que este rescate traerá: libertad para vivir con Dios como nuestro Padre, libertad para darnos en servicio a otros y, finalmente, «la gloriosa libertad» cuando, libres de todas las limitaciones de nuestra actual existencia caída, seremos libres para consagrarnos sin reserva a Dios y unos a otros.

¿Somos salvos? *Sí*, y «nos regocijamos» (Romanos 5.2-3, 11). ¿Somos salvos? *No*, y en este cuerpo y con toda la creación, «gemimos interiormente» mientras esperamos la consumación. Nos regocijamos y gemimos: esta es la paradójica experiencia de los cristianos que han sido salvados y están siendo salvados, y a la vez no se hallan todavía definitivamente salvados.

El evangelio es la buena noticia de la salvación, y como Pablo, debemos ser capaces de declarar que no nos avergonzamos de él.

---

23 *Ibid.*, párrafo 13.

Como dice correctamente Michael Green al final de su minucioso estudio *The Meaning of Salvation*, en el mundo de hoy «todavía hay hambre de salvación».[24] La buena noticia sigue siendo poder de Dios para salvación de quienes creen. Él todavía salva a quienes creen por medio del *kerygma*, el anuncio de la persona de Jesucristo.

Por último, debemos demostrar aquello que proclamamos. Se dice que el doctor Rhadakrishnan, filósofo hindú y expresidente de la India, les comentó a algunos cristianos: «Ustedes declaran que Jesucristo es su Salvador, pero no parecen estar más "salvados" que los demás». Es inevitable que nuestro mensaje de salvación caiga en oídos sordos si no ofrecemos evidencia de que somos salvos mediante una vida transformada y un nuevo estilo de vida. Esto se aplica de manera muy directa a quienes predican el evangelio. «La predicación más efectiva —escribe John Poulton— viene de quienes encarnan las cosas que dicen. Ellos mismos *son* el mensaje. [...] los cristianos [...] debe[n] parecerse a aquello de lo que hablan. Son las *personas* las que comunican primero, no las palabras o las ideas. [...] La autenticidad se trasmite desde lo más íntimo y profundo de las personas. [...] Lo que hoy comunica es, fundamentalmente, la autenticidad personal».[25] Por cierto, la autenticidad cristiana personal es la auténtica experiencia de salvación.

---

24 Green, *Meaning of Salvation*, 240.
25 John Poulton, *A Today Sort of Evangelism* (Cambridge: Lutterworth, 1972), 60-61.

8

Reflexiones
sobre la salvación

Chris Wright

«**No es ninguna exageración** decir que el cristianismo es una religión de salvación», afirma John Stott. Podría haber dicho *la* religión, en lugar de *una* religión, porque, como dice luego, el Dios de la Biblia es el Dios de la salvación. Nada define tan exhaustivamente y con tanta frecuencia al Dios de la revelación bíblica como la afirmación de que es el Dios que salva, cuando todos los otros supuestos dioses fracasan al intentarlo. «La salvación pertenece a nuestro Dios», canta el polifónico coro de la humanidad redimida (Apocalipsis 7.10, RVR 1960), y a nadie más. Esto es algo tan distintivo de la fe bíblica que puede ser resaltado incluso con más fuerza que Stott, que tuvo espacio limitado para hacerlo en este libro. Por mi parte, consagré todo un capítulo a este tema en mi libro *Salvation Belongs to Our God* (escrito, de hecho, a pedido de Stott, cuando él era el asesor editorial de la serie Global Christian Library). Aquí me extenderé sobre las resonantes declaraciones que Stott hace al comienzo de su capítulo.[1]

La salvación no solo define la particularidad y la singularidad del Dios de las Escrituras, sino también, según la misma Biblia, define la *identidad* misma de Dios. En ocasiones, los escritores del Antiguo Testamento simplemente dicen: «El SEÑOR *es* salvación» (ver, por ejemplo, Éxodo 15.2; Deuteronomio 32.15). En los Salmos, vemos que el SEÑOR es, por sobre todas las cosas, el Dios que salva.

---

1 Parte del material de este capítulo ha sido tomado de Christopher J. H. Wright, *Salvation Belongs to Our God: Celebrating the Bible's Central Story* (Downers Grove, IL: InterVarsity Press, 2008); en español *La salvación viene de nuestro Dios* (Lima: Ediciones Puma, 2022).

La raíz hebrea *yasha* («salvar») aparece 136 veces en los Salmos (que llega a ser hasta un 40 % del uso de esta palabra en todo el Antiguo Testamento). El Señor es:

- el Dios de mi salvación, o Dios mi Salvador (Salmo 18.46; 25.5; 51.14, etc.);
- el cuerno de mi salvación (Salmo 18.2, NVI nota al pie);
- la Roca de mi salvación (Salmo 89.26; 95.1);
- mi salvación y mi honor (Salmo 62.6-7);
- mi Salvador y mi Dios (Salmo 42.5).

Pasando al Nuevo Testamento, leemos de un ángel instruyendo a José que le dé al hijo de María el nombre Yehoshúa (Josué, Yeshua —o en su forma griega, Jesús), «porque él salvará a su pueblo de su pecado» (Mateo 1.21). El nombre de Jesús significa «El Señor es salvación». Cuando los creyentes se postran ante el nombre de Jesús, declaran que Dios es el Dios salvador del que trata la Biblia. Pablo contribuye a este tema en forma especial en la breve carta a Tito, que despliega la más asombrosa concentración del vocabulario de salvación. En el espacio de tres cortos capítulos, Pablo acumula frases como «Dios nuestro Salvador» o «Cristo Jesús nuestro Salvador» siete veces.

El Dios que se reveló como el Señor en el Antiguo Testamento y como Jesús de Nazaret en el Nuevo es, sobre todas las cosas, el Dios que salva. Esa es la marca distintiva de su singularidad, y el rasgo definitorio de su identidad.

El alcance de la salvación: ¿qué incluye?

La pasión de Stott por la claridad lo conduce a hacer algunas diferencias y definiciones precisas. En reacción con el tipo de reformulación radical del vocabulario cristiano de la salvación, en términos de sanación de la enfermedad o (de manera más generalizada) de liberación de la opresión económica y política, reformulación que había influenciado fuertemente la teología liberal del movimiento ecuménico en las décadas de 1960 y 1970, Stott insiste en que la salvación bíblica no es ninguna de esas dos cosas. O, para ser más precisos, era muy consciente de que la sanación física y la justicia en favor de los oprimidos son acciones buenas en sí mismas —lo cual la Biblia muestra que Dios desea y por las que los cristianos han de preocuparse—, aunque no las consideraba como incluidas en *la* salvación «que Dios obra, Cristo logra, las Escrituras despliegan y el evangelio ofrece» (para citar su fraseología clásica).

El uso del artículo definido es importante. Una y otra vez, Stott insiste en su definición cuidadosa y acotada de *la* salvación (abajo, en cada punto, lo he resaltado con letra cursiva):

- «*la* salvación que Dios ofrece a la humanidad por medio de Cristo»
- «*la* salvación que ahora se ofrece a la humanidad por Cristo y mediante el evangelio»
- «estas cosas no conforman *la* "salvación" que Dios ofrece al mundo en y por medio de Jesucristo»
- «la liberación de estas condiciones no es *la* salvación que nos aseguró Cristo mediante su muerte y resurrección»
- «*la* 'salvación' que Cristo obtuvo con su muerte y ahora ofrece al mundo no es ni la sanidad psicofísica ni la liberación sociopolítica»
- «*la* salvación que Cristo da a los suyos»

Sin embargo, Stott insiste en dos conceptos más, y concede un tercero, a fin de protegerse de malentendidos. Pero me parece que estos puntos, incluidos para dar equilibrio, producen alguna dificultad y tensión en su argumento general.

En primer lugar, en línea con todo lo que argumentó en el primer capítulo sobre la naturaleza integral de la misión cristiana, insiste en que los cristianos *deben* estar comprometidos en tareas de sanación y de compromiso sociopolítico en favor de los pobres y los oprimidos. «… el amor nos mueve a esforzarnos en los dos ámbitos, promoviendo la salud física (con recursos preventivos y terapéuticos) y procurando crear un orden social radicalmente diferente que ofrezca libertad, dignidad, justicia y paz». Por eso argumenta que trabajar para la «liberación de la opresión y la creación de una sociedad nueva y mejor» podría incluirse «en la "misión de Dios" […] en la medida en que hay cristianos que se dedican a servir a Dios en esos ámbitos». No obstante, en el pensamiento de Stott (al menos, hasta donde lo expresa en este capítulo), ese trabajo no forma parte de la salvación de Dios, ni está vinculado con ella. Me da la impresión que esto genera una extraña disociación entre nuestra teología de la

179

misión y nuestra teología de la salvación, cuando la Biblia pareciera mantenerlas estrechamente vinculadas. Parece extraño separar una parte de *nuestra* misión (el aspecto social, que en el entendimiento de Stott es enteramente un mandato en la Biblia), del contenido bíblico general sobre la obra *salvadora* de Dios.

En segundo lugar, Stott es plenamente consciente —y lo menciona en varias ocasiones— de que en última instancia (es decir, escatológicamente) la obra salvadora y redentora de Dios *en efecto* incluirá en la nueva creación la sanación total del cuerpo (con el final de todo sufrimiento, enfermedad y muerte), y *en efecto* incluirá el establecimiento completo de la justicia y la paz (con el final de toda forma de opresión y violencia). No niega en absoluto que «la enfermedad, el dolor y la muerte no tendrán lugar alguno en los cuerpos nuevos y el nuevo universo que Dios va a crear un día». Por el contrario, presenta tres afirmaciones positivas:

> Primero, Dios *está* enormemente interesado en esas dos áreas, es decir, nuestro cuerpo y nuestra sociedad.
> En segundo lugar, llegará un día en que ambos, el cuerpo y la sociedad, *serán* redimidos. Tercero, el amor nos mueve a esforzarnos en los dos ámbitos, promoviendo la salud física (con recursos preventivos y terapéuticos) y procurando crear un orden social radicalmente diferente que ofrezca libertad, dignidad, justicia y paz.

Una vez más, de manera un tanto extraña, aunque en términos bíblicos la salvación *en efecto* incluirá estas extraordinarias bendiciones escatológicas, estas *no* se hallan incluidas en «la salvación que ahora se ofrece a la humanidad por medio de Cristo a través del evangelio».

Esta disociación (entre la evangelización que ofrece salvación y el compromiso social que es agradable y obediente a Dios, pero que no está vinculada a la salvación) es lo que encaminó la estructura del párrafo relevante en el Pacto de Lausana:

> Afirmamos que Dios es tanto el Creador como el Juez de toda la humanidad. Por lo tanto, debemos compartir su preocupación por la justicia y la reconciliación en toda la sociedad humana, y por la liberación de los hombres y las mujeres de toda clase de opresión. Dado que los

hombres y mujeres son hechos a la imagen de Dios, toda persona, independientemente de su raza, religión, color, cultura, clase, sexo o edad, tiene una dignidad intrínseca, por la que debe ser respetada y servida, no explotada […]. Aunque la reconciliación con otras personas no equivale a la reconciliación con Dios, ni la acción social a la evangelización, ni la liberación política a la salvación, afirmamos no obstante que tanto la evangelización como la participación sociopolítica forman parte de nuestro deber cristiano. Pues ambas son expresiones necesarias de nuestras doctrinas de Dios y del hombre, de nuestro amor por nuestro prójimo y nuestra obediencia a Jesucristo. El mensaje de salvación implica también un mensaje de juicio contra toda forma de alienación, opresión y discriminación, y no debemos temer denunciar el mal y la injusticia dondequiera que existan.[2]

Queda claro en ese párrafo que el compromiso social cristiano está enraizado en la doctrina de Dios como Creador, más que conectada a la obra salvadora de Dios; esto es, hasta la última y llamativa oración, que aplica «el mensaje de salvación» precisamente a esas áreas, presuntamente porque Stott no podía olvidar su entendimiento bíblico de que la salvación de Dios eventualmente eliminará «el mal y la injusticia, dondequiera que existan».

Tercero, la concesión que hace Stott es que la Biblia sí usa el lenguaje de «salvar» y «salvación», y en una muy amplia variedad de maneras, incluyendo la sanación y la liberación política.[3] Pero

---

2 Pacto de Lausana, párrafo 5.

3 En efecto, Stott examinó los sentidos más amplios del vocabulario de la salvación solamente en el Nuevo Testamento. En mi libro *Salvation Belongs to Our God*, examiné el vocabulario en el registro completo de los dos Testamentos. En el Antiguo Testamento, la salvación (aludiendo con ello a los modos en que *Dios* es el sujeto de actos de salvación de personas), puede abarcar la liberación de los opresores, la victoria en la batalla, el rescate de los enemigos, y la reivindicación en la corte. En el Nuevo Testamento, el vocabulario de la salvación se usa (ya sea aplicado a Jesús o a Dios) para el rescate de alguien que está por ahogarse, la recuperación de una enfermedad terminal, la sanación de una enfermedad o discapacidad, y el rescate de la muerte o de peligros amenazantes. En *ambos* Testamentos (no solo en el Nuevo), la salvación incluye a Dios *salvando* a las personas del pecado. Ver *Salvation Belongs to Our God* (*La salvación viene de nuestro Dios*), cap. 1.

reduce el impacto de este concepto, porque vuelve a insistir en que «la doctrina bíblica de la salvación» no puede equipararse a «una especie de seguro total contra males físicos de todo tipo, incluyendo la enfermedad, el ahogarse y aun la muerte». Tales milagros fueron «señales de salvación», no la salvación misma.

¿Cómo hemos de responder a estas cosas? Queda claro que Stott está inquieto, y con razón, por proteger el sentido bíblico de la salvación en dos frentes. Por un lado, no quiere que se convierta en una clase de «liberación» simplemente material, física, social o política, que deja intacto el problema subyacente del pecado y el mal y sus consecuencias finales y eternas, y por lo tanto no tiene tiempo o lugar alguno para la necesidad de la evangelización y la regeneración personal por medio de Cristo. Por otro lado, se está resistiendo a una escatología sobrerrealizada que imagina que todas las bendiciones finales de la salvación, de las que habla la Biblia en referencia a la nueva creación, pueden ser prometidas y disfrutadas en nuestra existencia actual en este mundo.

De todos modos, me parece que una manera más apropiada de alcanzar los mismos objetivos —es decir, de preservar toda la comprensión bíblica de la salvación y, a la vez, evitar una interpretación meramente física o política—, sería no «dividir» la salvación en términos de su «contenido» (ya que en tantos lugares de ambos Testamentos la Biblia colma a esta palabra de un contenido de enorme riqueza, todo asociado con la obra salvadora de Dios), para después poner algunas partes en paréntesis y decir que no están incluidas en «la salvación que Dios ofrece por medio de Cristo». Más bien, sería mejor seguir el instinto secundario del propio Stott: que la cuestión no se relaciona tanto con el contenido de la salvación, sino con el *momento* o el *plazo* en que la experimentaremos en toda su plenitud. En otras palabras, necesitamos reconocer que dentro de la totalidad de la salvación bíblica (que es enteramente obra de Dios y en última instancia lograda por medio de Cristo) hay algo de lo que podemos estar *seguros* aquí y ahora, y algo que no necesariamente *experimentaremos* aquí y ahora en esta vida, aunque lo celebraremos gloriosamente como realidad en la nueva creación. Dicho de otra manera, podemos hacer una distinción entre las dimensiones actuales y escatológicas de la salvación, y al mismo tiempo mantener ambas dentro del *paquete* completo de lo que Cristo logró y el evangelio ofrece.

¿Qué, exactamente, podemos prometer a quienes se vuelven a Dios en actitud de arrepentimiento y fe? La Biblia afirma con absoluta consistencia que, si los pecadores se arrepienten y confían en la obra salvadora de Cristo, encontrarán el perdón de pecados, podrán estar seguros de que estarán a salvo de la ira de Dios cuando llegue el fin, y tendrán la seguridad de que han recibido el regalo de la vida eterna. Dios nos garantiza que, *en relación con el pecado y sus consecuencias eternas*, hemos sido salvados, estamos siendo salvados, y seremos salvados, todo ello a partir de la crucifixión y la resurrección de Jesucristo. Podemos tener plena confianza de esto para nosotros mismos y prometerlo a otros sobre la base de las claras promesas de Dios.

¿Qué de todas aquellas otras cosas de las que la Biblia habla con lenguaje de salvación, como la sanación física, la liberación, el rescate del peligro y de la muerte, etc.? Todas estas cosas pueden ocurrir en esta vida, y las Escrituras nos muestran que Dios puede y a menudo las hace en favor de algunas personas en lugares y momentos particulares. Sin embargo, ¿podemos garantizar que lo hará siempre para todo el que lo pida o confíe en ello?

Algunos ministerios cristianos declaran precisamente esto; por ejemplo, que *siempre* es la voluntad de Dios sacarnos de la pobreza y volvernos ricos, aquí y ahora; que *siempre* es la voluntad de Dios salvarnos de la enfermedad y darnos sanidad, aquí y ahora. Tenga fe, suficiente fe, o la clase correcta de fe, y todos los beneficios de la salvación de Dios pueden ser suyos, aquí y ahora. Stott no menciona las enseñanzas del evangelio de la prosperidad en este capítulo, pero sin duda las hubiera encontrado culpables de ese tipo de distorsión.

¿Garantiza la fe todas esas cosas de las que la Biblia habla con vocabulario de salvación? Según Hebreos 11, no lo hace. Este capítulo contiene un catálogo de los actos salvadores de Dios en relación con la fe de muchos individuos del Antiguo Testamento. Todos ellos tuvieron fe. Según Hebreos 11.32-35, muchos de ellos experimentaron dimensiones materiales, físicas y militares de la salvación de Dios (Gedeón, Barac, Sansón, Jefté, David, Samuel, y «los profetas» son mencionados como ejemplos).

Pero *otros no* experimentaron la salvación de este modo inmediato. Por el contrario, «fueron muertos a golpes [...] no aceptaron que los pusieran en libertad [...] sufrieron la prueba de burlas y azotes [...]

cadenas y cárceles. [...] Fueron apedreados [...] aserrados por la mitad, asesinados a filo de espada. Anduvieron fugitivos de aquí para allá, cubiertos de pieles de oveja y de cabra, pasando necesidades, afligidos y maltratados. [...] sin rumbo por desiertos y montañas, por cuevas y cavernas» (Hebreos 11.35-38). Por ello, el escritor nos dice que en muchos sentidos la salvación nunca los alcanzó en esta vida terrenal. *Sin embargo*, «*todos* obtuvieron un testimonio favorable mediante la fe».

Este texto contrarresta todos los postulados falsos y exagerados a favor de la sanación y la riqueza instantánea como resultado inevitable de una declaración de fe. La diferencia en el destino de estos individuos no está en la presencia o ausencia de la fe, sino en los caminos misteriosos de Dios. Podemos prometer lo que él mismo promete de modo incuestionable (la salvación eterna para todos los que se arrepienten y confían en el Señor, y, *en la nueva creación*, la liberación de toda enfermedad, muerte y opresión). Pero no debemos prometer lo que Dios no promete (liberación, en esta vida, de todos los sufrimientos y problemas). Cualquiera que sea la medida de sanación y justicia que él otorgue a las personas en esta vida, por medio de nuestra participación en obras de amor, de compasión, de construcción de la paz y búsqueda de la justicia (por más parciales y precarios que sean esos esfuerzos), esta constituye una primicia anticipatoria de la salvación definitiva que Dios ha llevado a cabo por medio de Cristo para su pueblo redimido en la nueva creación.

Stott es plenamente consciente de las distinciones temporales en la concepción bíblica de la salvación (sus tiempos pasado, presente y futuro). Los aplica de manera muy eficaz en la sección más extensa de este capítulo, bajo el subtítulo «La salvación y la libertad personal». Como indica este título, el énfasis está en las bendiciones y los beneficios de la salvación que disfruta el creyente de forma individual. Sin embargo, hay otra dimensión, que este capítulo sobre la salvación no aborda adecuadamente: la dimensión corporativa y cósmica (o creacional) de la salvación. No cabe duda de que no se trata de un descuido, porque Stott tuvo mucho para decir sobre ambos asuntos en sus escritos posteriores, y debemos recordar el comentario que hice en el prefacio, de que este libro está basado en cinco conferencias en las que era imposible decirlo todo. Para conocer la reflexión amplia y madura de John Stott sobre las vastas dimensiones de la salvación bíblica (incluyendo sus resultados eclesiales y sociales, y su consumación final en la nueva creación), habría que invertir un cierto tiempo —muy provechoso, por cierto— en la lectura de sus libros *La cruz de Cristo* y *El cristiano contemporáneo*.[4]

Es alentador que el pensamiento y las publicaciones evangélicas más recientes hayan recuperado algo de esta plenitud bíblica de la salvación —en todas sus fases temporales (pasado, presente y futuro) y en todas sus dimensiones (personal, social y creacional). Tengo la confianza de que el propio Stott hubiera aplaudido el equilibrio bíblico y la riqueza de la esperanza (bíblica) de la salvación que enfatizan los libros que menciono en la próxima nota bibliográfica, principalmente porque se mantienen tan comprometidas como Stott mismo con la premisa de que la salvación es exclusivamente la obra de Dios que se nos ha revelado en la Biblia (el SEÑOR, el Santo de Israel, encarnado en el Mesías, Jesús de Nazaret, Hijo de Dios), y que Dios llevó a cabo esa salvación exclusivamente por medio de la encarnación, muerte y resurrección de Jesucristo: el logro central de la gran narrativa bíblica de la obra salvadora de Dios que se extiende desde la creación hasta la nueva creación.[5]

La hermenéutica de la salvación: ¿cómo debemos usar el Antiguo Testamento?

Cuando escribió este libro en 1975, John Stott fue uno de los primeros evangélicos británicos que respondió a la teología latinoamericana de la liberación, cuando esta irrumpió en el mundo de habla inglesa

---

4 John Stott, *The Cross of Christ*, ed. 20.° aniversario (Downers Grove, IL: InterVarsity Press, 2006); *The Contemporary Christian* (Downers Grove, IL: InterVarsity Press, 1992). En español, *La Cruz de Cristo* (Buenos Aires: Ediciones Certeza, 1996) y *El cristiano contemporáneo* (Buenos Aires: Nueva Creación, 1995).

5 Entre los libros recientes con fuerte énfasis en la amplitud escatológica (en términos de nueva creación) de la esperanza bíblica de salvación, y su consiguiente impacto en cómo deben vivir los salvados aquí y ahora en el mundo, ver, por ejemplo, John Colwell, ed., *Called to One Hope: Perspectives on the Life to Come* (Carlisle, UK: Paternoster, 2000); Michael Wittmer, *Heaven Is a Place on Earth: Why Everything You Do Matters to God* (Grand Rapids: Zondervan, 2004); Darrell Cosden, *The Heavenly Good of Earthly Work* (Peabody, MA: Hendrickson, 2006); N. T. Wright, *Surprised by Hope* (N. York: HarperOne, 2007); Stephen Holmes y Russell Rook, eds., *What Are We Waiting For? Christian Hope and Contemporary Culture* (Carlisle, UK: Paternoster, 2008).

por medio de la traducción del influyente libro de Gustavo Gutiérrez, *A Theology of Liberation* (*Teología de la liberación: Perspectivas*).[6] La reacción de Stott es típica. Primero, es evidente que estudió el libro con mucho cuidado y minuciosidad. En segundo lugar, procura elogiar todo lo que pueda encontrar positivo y que le parece que los evangélicos deberían tomar en cuenta y respaldar. Pero, entonces, en tercer lugar, brinda una crítica bíblica aguda, poniendo al descubierto aquellos puntos en los que considera que Gutiérrez se alejó mucho de lo que es bíblicamente justificable, o ha confundido categorías que deben mantenerse separadas. En los años siguientes, otros aceptaron el desafío de interactuar con la teología de la liberación, en sus diversas variantes, algunas más agradables a los evangélicos que otras.[7]

En este capítulo, Stott afirma que su principal controversia con el tipo de teología de la liberación planteada por Gutiérrez y otros es de índole hermenéutica, es decir, su manejo de las Escrituras. En particular, Stott cuestiona el uso que hacen de los textos del Antiguo Testamento. Menciona especialmente el fuerte uso de la narración del éxodo. Si bien reconoce sin reservas que la Biblia como un todo, y esa historia en particular, muestran que «la opresión en cualquier forma le es detestable a Dios», y que los cristianos deben estar a la vanguardia de exponerla y resistirla, objeta en dos frentes el uso que hace del éxodo la teología de la liberación. En sentido negativo, se pregunta si «esta narración bíblica puede aplicarse a cualquiera o a todos los grupos de personas oprimidas, y si puede considerarse

---

6 Gustavo Gutiérrez, *Teología de la liberación* (Lima: CEP, 1971); *A Theology of Liberation: History, Politics and Salvation* (Maryknoll, NY: Orbis, 1973).

7 Para un sondeo, con crítica y bibliografía más amplia, ver por ejemplo: J. Andrew Kirk, *Liberation Theology: An Evangelical View from the Third World* (Londres: Marshall, Morgan & Scott, 1979); Kirk, *Theology Encounters Revolution* (Leicester, UK: Inter-Varsity Press, 1980); David J. Bosch, *Transforming Mission* (Maryknoll, NY: Orbis, 1991), 432-47; *Misión en Transformación* (Grand Rapids, MI: Libros Desafío, 2000), 528-546; Orlando E. Costas, *The Church and Its Mission: A Shattering Critique from the Third World* (Londres: Coverdale, 1974); José Míguez Bonino, *Doing Theology in a Revolutionary Situation* (Fildaelfia: Fortress, 1975); *La fe en busca de eficacia* (Salamanca: Sígueme, 1977); M. Daniel Carroll R., «Liberation Theologies», en A. Scott Moreau, ed., *Evangelical Dictionary of World Missions* (Grand Rapids: Baker, 2000), 574-76; Samuel Escobar, «Latin American Theology», en John Corrie, ed., *Dictionary of Mission Theology* (Downers Grove, IL: InterVarsity Press, 2007), 203-7; John Corrie, «Evangelicals and Liberation Theology», en John Corrie y Cathy Ross, *Mission in Context: Explorations Inspired by J. Andrew Kirk* (Aldershot, UK: Ashgate, 2012), 61-76.

como la clase de liberación que Dios se propone o promete para todos los oprimidos. Sin duda, la respuesta debe ser "no"». Y en sentido positivo, afirma que el Nuevo Testamento transforma el éxodo en «una figura de nuestra redención del pecado por medio de Cristo, no en una promesa de liberación para todas las minorías políticamente oprimidas».

Por mi parte, encuentro que en ambos puntos estoy parcialmente de acuerdo y parcialmente en desacuerdo.

Sobre lo primero, estoy de acuerdo en que no podemos tomar un dato histórico de lo que Dios hizo por Israel y convertirlo en la expectativa o la promesa de lo que Dios hará por todos los grupos oprimidos en la historia de este mundo caído. Esa pretensión sería una distorsión semejante a la «escatología realizada» que vemos en el evangelio de la prosperidad, con la promesa de la sanación física y/o la abundancia material asegurada aquí y ahora. Sin embargo, tenemos que equilibrar esto con otras ideas.

En primer lugar, está claro que los israelitas mismos tenían una fuerte expectativa de que el Dios del éxodo podía y querría «hacerlo otra vez», tanto a nivel personal (de allí las frecuentes apelaciones en los salmos a la acción liberadora de Dios) como a nivel nacional (atestiguado en los profetas por la fuerte temática de un «nuevo éxodo»). Además, no debemos olvidar que la existencia de Israel tuvo como origen el propósito último de Dios de bendecir y extender su relación de pacto a *todas las naciones*. Por supuesto, esta es una esperanza escatológica, no una garantía para el presente o una agenda geopolítica de implementación inmediata. Sin embargo, sí significa que la narración del éxodo no funciona meramente o en forma exclusiva como algo que solo atañe a Israel (aunque sin duda es un aspecto de su singular identidad como pueblo de Dios), sino que tiene también un propósito *paradigmático*. El Dios que hizo esto por Israel es por cierto el Dios que se caracteriza por su amor hacia los extranjeros y oprimidos, en el más amplio sentido genérico (Deuteronomio 10.17-19).

En otras palabras, los teólogos de la liberación no estaban equivocados cuando vieron en esta narración la demostración de las preocupaciones y prioridades de Dios. Hay una senda hermenéutica, con fundamento bíblico, para ir de la narración bíblica al compromiso social con y a favor de los pobres, un compromiso que busca justicia y liberación de la opresión. Sin embargo, Stott y otros tienen razón en quejarse cuando las teologías de la liberación *equiparan* cualquier actividad humana que desafía a la injusticia con *la salvación* como tal, si no incluye además llevar a las personas a una relación con Dios por medio de Jesucristo. El Antiguo Testamento describe reiteradamente al éxodo como el grandioso y original primer acto de la *redención* de Dios. En el Israel del Antiguo Testamento, cuando se hablaba de Dios como «Redentor», se pensaba en el «éxodo». Aun así, el propósito del éxodo no fue únicamente sacar a Israel de Egipto (*libertad* en un sentido puramente geográfico y político), sino llevarlos hasta el monte Sinaí para entrar en una relación de pacto con su Dios, y para luego poner en práctica la relación de obediencia redimida propia de ese pacto, en la tierra que Dios les iba a dar. Por esa razón, un uso meramente sociopolítico del éxodo, aunque refleja una parte de la historia, resulta gravemente deficiente aun en el uso que hace de la Biblia.

En cuanto al segundo punto, es patentemente cierto que el Nuevo Testamento utiliza la narración del éxodo como una manera de entender lo que logró Cristo en la cruz y en su resurrección. Esto es característico de la misma naturaleza narrativa de la salvación en la Biblia: la gran historia central de la salvación en los Evangelios recoge y «revive» todo lo que Dios había hecho en la historia precedente de Israel (parte de lo que quiso decir Pablo con «que Cristo murió por nuestros pecados *según las Escrituras*, que [...] resucitó al tercer día *según las Escrituras*», 1 Corintios 15.3-4) y apunta hacia el clímax de la nueva creación, la cual, en Apocalipsis 21-22, se nutre otra vez y con abundancia del Antiguo Testamento. Sin embargo, el éxodo no es meramente «una figura» de la futura redención espiritual. Fue en sí mismo una realidad: Dios de verdad rescató al pueblo de una opresión real que era política, económica y social, tanto como espiritual. El Antiguo Testamento utiliza reiteradamente el vocabulario de redención para aplicarlo al éxodo como un todo.

Por eso, me parece, no debemos reducir su profunda significación bíblica a un entendimiento *espiritual* de la redención del pecado, y pasar por alto las otras dimensiones de su fuerza paradigmática, como tampoco debemos reducirlo al ámbito sociopolítico y pasar por alto su intrínseco significado espiritual. Cualquiera de estos extremos termina distorsionando el modo en que la narración del éxodo funciona en una comprensión bíblica global de la salvación (y de la misión). He analizado esto más cabalmente en todo un capítulo de mi libro *La misión de Dios*, en donde concluyo apelando a una interpretación más integrada del éxodo que da pleno valor a todas sus dimensiones.[8]

La historia de la salvación: ¿pueden otras historias preparar el camino?

Hemos enfatizado más arriba el carácter narrativo de la salvación en la Biblia. Es decir, en las Escrituras la salvación no es una fórmula, una técnica o un misterio mágico. La salvación siempre se describe como algo que Dios ha realizado en la historia por medio de una continua cadena de promesas y sucesos que se centran y culminan en Jesucristo. Eso nos conduce a otro punto, del que nos ocuparemos aquí, aunque hubiera sido también relevante en relación con el capítulo de Stott sobre el diálogo interreligioso.

La naturaleza narrativa de la salvación bíblica es parte medular de su singularidad. Cuando la Biblia habla de salvación, no se refiere a alguna cuestión común en la que todas las otras religiones también creen, solo que de diferentes maneras. En la Biblia, apenas uno menciona la salvación, hay que contar la historia: *esta* historia, ninguna otra. Todas las demás nociones de la salvación parten desde un lugar equivocado: que la salvación es algo que esperamos eventualmente alcanzar por nuestros propios esfuerzos, con un poco de ayuda de parte de los gurúes o de los dioses. En la Biblia, Dios es el *sujeto*, no el *objeto* de la salvación. Dios lo hace. Dios lo realiza. Dios es el sujeto activo. Nosotros no tenemos que trabajar para alcanzar la salvación, persuadiéndolo o manipulándolo para que nos la garantice. Conforme a las Escrituras, lo que Dios realiza lo hace por medio de los eventos registrados en esta historia narrada.

En la Biblia, la salvación está enraizada en el hecho de que *han sucedido* los eventos históricos a través de los cuales Dios ha actuado

---

8 Christopher J. H. Wright, *The Mission of God: Unlocking the Bible's Grand Narrative* (Downers Grove, IL: InterVarsity Press, 2006), cap. 8, «God's Model of Redemption: The Exodus», 265-88; *La misión de Dios: Descubriendo el gran mensaje de la Biblia* (Buenos Aires: Certeza Unida, 2009), capítulo 8, «El modelo divino de redención: El éxodo», 351-381.

para salvar a la humanidad y la creación. Es lo que Dios ha hecho en el *pasado*, y en consecuencia se aseguran ciertos resultados en el *futuro*; a causa de esto, vivimos en el *presente* una vida transformada. Otras religiones no salvan *porque no cuentan esta historia.* Por lo tanto, no pueden «conectar» a las personas a esa historia y al Salvador, quien es el gran Sujeto de la historia. No tienen un evangelio, porque no conocen la única historia que constituye buenas noticias.

El alcance de la salvación: ¿a quiénes incluirá?

Una cuestión sobre la salvación que no abordó Stott en este libro, aunque se ocupó de ella más adelante, es la pregunta sobre el alcance de la salvación o, dicho con más precisión quizás, sus límites. En este capítulo, se refiere con frecuencia a la salvación que Dios ofrece a las personas por medio del evangelio de Cristo. Pero ¿qué de aquellos que nunca escuchan este ofrecimiento? ¿Qué de las personas que nunca se enteran de la buena noticia de Jesucristo? En otras palabras, ¿cuál es el destino de los no evangelizados?

En *El cristiano contemporáneo*, Stott incluye un capítulo titulado «La singularidad de Jesucristo», en el que expone con su claridad acostumbrada lo que significa decir que solo Jesús es Señor y Salvador. Sin embargo, al final de ese capítulo, anticipa que quizás en la mente de su lector surjan exactamente las preguntas que acabamos de plantear aquí. Cuando se propone responder, dice: «Es preciso que combinemos confianza con agnosticismo, lo que sabemos (porque las Escrituras lo enseñan claramente) y lo que no sabemos (porque las Escrituras no son claras o guardan silencio al respecto)».

A continuación, define «lo que sabemos por las Escrituras», concretamente, que no hay posibilidad de salvarnos por nosotros mismos; Jesucristo es el único Salvador; «que la salvación se da solamente por la gracia de Dios, sobre la base de la cruz de Cristo exclusivamente, y por la fe sola». Entonces continúa:

> Lo que no sabemos, no obstante, es exactamente
> cuánto conocimiento y comprensión del evangelio
> se requiere para que la gente esté en condiciones de
> clamar a Dios pidiendo misericordia, para obtener la
> salvación. Por cierto que en el Antiguo Testamento, el

pueblo se «justificaba por gracia mediante la fe», aun cuando tuviesen poco conocimiento o expectativa en cuanto a Cristo. Quizá haya otros en el día de hoy que se encuentren en una posición algo similar. Saben que son pecadores y culpables delante de Dios, y que no pueden hacer nada para ganar su favor, de modo que sintiéndose desesperados claman salvación a Dios, a quien perciben oscuramente, en busca de salvación. Si Dios realmente salva a tales personas, como creen muchos cristianos evangélicos tentativamente, su salvación sigue siendo solo por gracia, solo por medio de Cristo, solo por fe.[9]

En vista de esto, parece razonable incluir a Stott entre aquellos que podrían ser llamados «exclusivistas no restrictivos» (¡si no fuera por lo horrible de esta combinación de palabras!). Es decir, tenía muy en claro que la salvación se alcanza solo *en* y *por medio de* Jesucristo, y en ninguna otra parte, y que la salvación es exclusivamente asunto de la gracia de Dios, que se recibe mediante el arrepentimiento y la fe. Sin embargo, no quería ser dogmático acerca de si la salvación estaría en última instancia restringida solamente a quienes, en su vida terrenal, escucharon una explicación comprensible del evangelio y entonces pusieron su fe en Jesucristo. Más bien se alinearía con quienes reverentemente dejan el destino de todas las personas, evangelizadas o no, en manos del siempre justo y todo misericordioso Dios. Es notable con cuánto cuidado expresa Stott esta posibilidad, recurriendo a palabras como *quizás*, *si*, *tentativamente*.

Este debate sobre el alcance de la salvación y el destino de los no evangelizados se mantiene abierto entre los teólogos y misionólogos evangélicos. La siguiente nota final incluye una breve muestra de algunos trabajos clave de ambos lados del debate.[10]

---

9 Stott, *Contemporary Christian*, 319; *Cristiano Contemporáneo*, 304-305.

10 Clark Pinnock, *A Wideness in God's Mercy: The Finality of Jesus Christ in a World of Religions* (Grand Rapids: Zondervan, 1992) elabora, a partir de un enfoque explícitamente arminiano, el argumento a favor de la posibilidad de que (o dicho más enérgicamente, la afirmación de que) algunas de las personas que nunca escucharon el evangelio serán salvadas por Dios sobre la base de la obra redentora de Cristo (no por sus propias creencias religiosas). Se puede encontrar una exploración más minuciosa del asunto, desde el punto de vista histórico, teológico y bíblico, en John Sanders, *No Other Name: An Investigation into the Destiny of*

191

Mi propio punto de vista sobre este tema fue expuesto en mis libros *The Uniqueness of Jesus* y *Salvation Belongs to Our God* (*La salvación viene de nuestro Dios*) —que fueron leídos y recomendados por Stott, de modo que puedo confiar en que coincidía con la esencia de los argumentos que esbozaré aquí. Con todo, tanto él como yo querríamos expresar este punto de vista sin llegar a un dogmatismo extremo, y en comunión respetuosa —pese a los desacuerdos— con quienes sostienen que la salvación es posible *solo y exclusivamente* para aquellos que han escuchado el evangelio y expresan conscientemente su fe en el Jesús que se les ha proclamado.

Se presentan varios argumentos en apoyo de la perspectiva de que Dios salvará *por medio de Cristo* a quienes, aunque durante su vida terrenal nunca escucharon sobre Cristo, aun así, recurrieron a Dios expresando de algún modo arrepentimiento y fe. Uno de ellos se relaciona con los creyentes del Antiguo Testamento. Hubo creyentes en este Testamento a los que incuestionablemente consideraríamos «salvos» a pesar de que nunca supieron acerca del Jesús de Nazaret de la historia. Sin duda, fueron salvados *por* Cristo (cuya muerte es efectiva para toda la historia humana), pero no por haberlo *conocido* (en el sentido de conocer la historia de la vida, la muerte y la resurrección de Jesús de Nazaret, el evangelio del Nuevo Testamento).

Aun si llegáramos a la conclusión de que los creyentes del Antiguo Testamento tenían una posición especial por pertenecer a la nación del pacto, el Antiguo Testamento también describe el modo en que Dios respondió con gracia a otros que *no* pertenecían a la nación del pacto; por ejemplo, «conversos» como Rahab (Josué 2), Rut (Rut 1.16-17), la viuda de Sarepta (1 Reyes 17.24) y Naamán (2 Reyes 5.15-18), y pecadores arrepentidos como los habitantes de Nínive (Jonás). Todos ellos se integraron a la comunidad de los salvados al ejercer su fe en el Dios a quien conocieron por el testimonio de los israelitas, de modo que también los podríamos calificar como

---

the *Unevangelized* (Grand Rapids: Eerdmans, 1992). El importante trabajo de Terrance L. Tiessen, *Who Can Be Saved: Reassessing Salvation in Christ and World Religions* (Downers Grove, IL: InterVarsity Press, 2004) presenta el argumento desde una perspectiva fuertemente reformada. El libro de William V. Crockett y James G. Sigountos, *Through No Fault of Their Own? The Fate of Those Who Have Never Heard* (Grand Rapids: Baker Books, 1991) es un simposio que reúne una variedad de perspectivas, aunque se inclina con toda claridad hacia la crítica de «la posibilidad de salvación de los no evangelizados».

«evangelizados», aunque lo que oyeron no se pareciera en absoluto al evangelio del Nuevo Testamento.

También están aquellos que fueron salvados aunque vivieron mucho antes de que la revelación redentora se encarnara en la historia de Israel (es decir, antes de Abraham); por ejemplo, Enoc, cuya fe es destacada como modelo en el Nuevo Testamento. Por consiguiente, podemos preguntarnos: ¿Hubo y todavía puede haber personas en circunstancias similares a las de Enoc, es decir, personas que creen que Dios existe y lo buscan sinceramente? Si es así, ¿no los salvará Dios de la misma manera y por la misma razón (la fe que expresan), y sobre la misma base: la muerte de Cristo? Entonces, si la Biblia nos dice que fue posible que personas de aquellas épocas antes de Cristo fueran salvadas por él aunque no lo conocieron, porque era *históricamente* imposible que lo hubieran conocido, ¿no es también posible que haya en la actualidad personas que serán salvadas por Cristo aun sin conocerlo, debido a obstáculos *geográficos* o de otro tipo?

Apocalipsis dice que el canto de salvación será entonado por «una multitud de *todas* las naciones, tribus, pueblos y lenguas» (Apocalipsis 7.9, cursivas añadidas). Ese vocabulario podría entenderse en un sentido general o aproximado. Pero si lo tomamos en un sentido más intencional, entonces afirma que Dios habrá salvado a personas de *todos* los grupos étnicos, culturales y lingüísticos de la raza humana a lo largo de la historia. Si eso es lo que se propone expresar Apocalipsis 7.9, entonces el número final de los redimidos incluirá muchas más personas que las que fueron explícitamente evangelizadas por los misioneros cristianos en los siglos que siguieron a Pentecostés, porque muchas tribus e idiomas desaparecieron de la faz de la tierra mucho antes de la era del Nuevo Testamento.

Hay que ser muy cuidadosos en cuanto a qué se está diciendo y qué *no*. En primer lugar, esto no es universalismo, en el sentido de que todos serán salvos no importa en qué crean o cómo vivan. La Biblia contradice esa idea muy claramente. Más bien, lo que esta perspectiva dice es que somos salvos solamente por la gracia de Dios, que nos llega por los canales del arrepentimiento y la confianza en la misericordia de Dios.

En segundo lugar, esta perspectiva no afirma que los adherentes a cualquier creencia religiosa son salvados por su bondad y su sinceridad. Es exactamente lo opuesto, pues todos lo que sean finalmente salvados lo serán por la gracia de Dios. La esencia del evangelio es que Dios salva a los pecadores que reconocen que lo son, se alejan del pecado y del egocentrismo, y se vuelven a Dios.

En tercer lugar, esta perspectiva no dice que las personas adherentes a otras creencias se salven por medio de sus propios sistemas religiosos, o que las otras religiones puedan ser caminos provisionales de salvación. El Nuevo Testamento solo habla de salvación *en* y *por medio* de Cristo.

Por mi parte, me parece presuntuoso limitar la soberanía de la gracia salvadora de Dios a la obediencia evangelizadora de la iglesia. Es decir, aunque sostengo con firmeza que las personas pueden ser salvadas solo y exclusivamente por Cristo, y que la manera habitual en que Dios obra la salvación es por medio del testimonio de quienes ya conocen a Cristo para con quienes todavía no lo conocen, y guían a estos al arrepentimiento y a la fe, no puedo tomar el paso adicional de decir que Dios sea incapaz o no tenga voluntad de salvar a nadie en ningún momento de la historia humana, a menos o hasta que se les acerque una persona cristiana y les presente una explicación comprensible de la historia del evangelio.

Tal perspectiva, si se la fuerza hasta su límite teológico, significaría que finalmente los elegidos de Dios serían un subgrupo de aquellos a quienes nosotros evangelizamos. Sería como decir: solo aquellos que fueron evangelizados pueden ser salvados, pero no todos los evangelizados son efectivamente salvados; es decir, que el número total de los salvados (por Dios) será menor al número total de los evangelizados (por nosotros). Eso parece restringir la operación de la gracia de Dios a los límites operativos de nuestros esfuerzos de evangelización.

Me parece que la Biblia nos da razones para creer que será todo lo contrario. Esto es, que aquellos que hayan respondido a la evangelización cristiana explícita serán un subgrupo de los finalmente elegidos y redimidos. Dios obra en su soberana gracia para alcanzar y afectar a las personas hasta los confines de la tierra y en todas las épocas de la historia. La historia de la misión cristiana tiene muchos ejemplos de encuentros con personas que habían tenido una experiencia de la gracia salvadora de Dios, o alguna revelación sobre ella, antes de que llegaran al lugar los misioneros cristianos, por lo que, en consecuencia, recibieron con los brazos abiertos la noticia sobre Jesús. Aquello para lo cual nos prepara el Antiguo Testamento es reproducido en la historia de la misión transcultural.

La posibilidad de que Dios, en su gracia soberana, salve a algunas personas a quienes la iglesia quizás nunca llegue con el evangelio (o personas que murieron antes de que la iglesia hubiera podido alcanzarlas) no disminuye la obligación que tiene ella para con la misión y la evangelización. Si Dios, en la soberanía de su gracia, pero independientemente de la actividad evangelizadora humana, inicia en el corazón de cualquier ser humano una respuesta de arrepentimiento y fe que conduce a su salvación final por medio de Cristo, será motivo de alegría cuando nos encontremos con ellos, sea aquí o en la nueva creación. Sin embargo, esta no es una razón válida para desobedecer la Gran Comisión, como tampoco lo es la doctrina bíblica de la elección, que también ha sido acusada de desincentivar la evangelización. Desde nuestra perspectiva, la única forma en la que podemos estar seguros de que las personas están encontrando la salvación es que seamos fieles en nuestro testimonio y que las personas respondan con arrepentimiento y fe en Cristo.

9

La conversión
John Stott

La misión es el servicio de amor para el cual Dios envía a su pueblo al mundo. Incluye la evangelización y la acción social, porque ambas son en sí mismas auténticas expresiones de amor, y ninguna de las dos necesita de la otra para justificarse. Sin embargo, debido al terrible extravío de la humanidad, la tarea evangelizadora se presenta con apremiante urgencia. El carácter de la evangelización se refleja en una fiel proclamación de las buenas noticias. El diálogo es un paso preliminar y necesario, ya que debemos escuchar antes de proclamar. Asimismo, la salvación, que es su meta, es la liberación individual por medio de Cristo, si bien tiene implicaciones sociales inevitables como anticipo de la «gloriosa libertad» escatológica, cuando Dios haga nuevas todas las cosas. Nuestra quinta palabra es *conversión*. Se refiere a la respuesta que las buenas nuevas exigen, sin la cual no es posible recibir la salvación.

El desagrado contemporáneo por la «conversión»

La palabra *conversión* es otra de las palabras impopulares en nuestros días. Una de las razones de esta impopularidad es la impresión de arrogante imperialismo que han producido algunos evangelistas. Toda vez que nuestra evangelización desciende al nivel de *construcción de un imperio*, *caza de trofeos* o alarde sobre el número de conversos, desde luego que desacreditamos la palabra *conversión*.

A esas formas pervertidas de la evangelización deberíamos, en realidad, aplicarles el término de *proselitismo*. La evangelización y el proselitismo son, decididamente actividades muy diferentes. Es verdad que resulta difícil encontrar una definición adecuada para los dos términos, por lo que el obispo Lesslie Newbigin escribió:

«Uno tiende a concluir que la única distinción factible es que la evangelización es lo que hacemos nosotros y proselitismo es lo que hacen otros».[1]

El Consejo Mundial de Iglesias (wcc, por su sigla en inglés) aportó una distinción útil, al referirse al proselitismo de la siguiente manera:

> El proselitismo [...] es la corrupción del testimonio. El testimonio se corrompe cuando se recurre a los halagos, al soborno, a la presión indebida o a la intimidación (en forma sutil o manifiesta) para producir una conversión aparente; cuando ponemos el éxito de nuestra iglesia por encima del honor de Cristo; [...] cuando el egoísmo personal o corporativo remplaza al amor hacia cada alma individual por la que estamos preocupados. Esa corrupción del testimonio cristiano indica falta de confianza en el poder del Espíritu Santo, falta de respeto a la naturaleza humana y falta de reconocimiento del verdadero carácter del evangelio.[2]

El Pacto de Lausana incluye una declaración bastante parecida. Confiesa que somos culpables de *mundanalidad* cuando «por nuestro deseo de asegurar una respuesta al evangelio, hemos comprometido nuestro mensaje, hemos manipulado a nuestros oyentes por medio de técnicas agresivas y nos hemos preocupado excesivamente por las estadísticas, o incluso hemos sido deshonestos con el uso que hemos hecho de ellas».[3]

Frente al uso de la coerción y al indecoroso espíritu de triunfalismo, resulta alentador la insistencia de J. C. Hoekendijk en las cualidades contrarias: «Evangelizar es sembrar y esperar con humildad respetuosa y esperanza expectante: con humildad porque la semilla que hemos sembrado tiene que morir; y con esperanza porque confiamos en que Dios hará que esa semilla germine y produzca el cuerpo correspondiente».[4]

---

1 Lesslie Newbigin, *The Finality of Christ* (Londres: scm Press, 1964), 88.
2 «Christian Witness, Proselytism and Religious Liberty in the Setting of the wcc», wcc *Central Committee Minutes*, 1960, 214, citado por Philip Potter en su discurso ante el Comité Central, en Creta, agosto de 1967.
3 Pacto de Lausana, párrafo 12.
4 J. C. Hoekendijk, *The Church Inside Out* (Londres: scm Press, 1967), 21.

Esas expresiones desacertadas de la evangelización son motivos que provocan una reacción revulsiva contra la conversión. Otro motivo es la popularidad del relativismo religioso y el universalismo. El relativismo declara que ninguna religión tiene carácter definitivo, y el universalismo sostiene que ningún ser humano está perdido. Según algunas líneas de la teología universalista, la salvación universal ya ha sido realizada por Jesucristo; toda la raza humana ha sido reconciliada con Dios por medio de Cristo. Si así fuera, entonces la única función que le queda a la evangelización sería dar a conocer a los ignorantes esta buena noticia, y la conversión dejaría de indicar algún tipo de cambio excepto en la percepción personal de aquella condición e identidad.

Las Escrituras no avalan esta perspectiva. Es verdad que se afirma que Dios ha hecho algo objetivo y decisivo por medio de la cruz. Así, «Dios [...] por medio de Cristo nos reconcilió consigo mismo» y «en Cristo, Dios estaba reconciliando al mundo consigo mismo» (2 Corintios 5.18-19). Sin embargo, esto no significa que todos los seres humanos hayan sido efectivamente reconciliados con Dios. Es por ello que ahora nos encarga el ministerio y el mensaje de la reconciliación. Y este ministerio y mensaje no son para informar a las personas que ya han sido reconciliadas, sino para rogarles en nombre de Cristo «que se reconcilien con Dios». ¿Qué validez tendría este llamado si aquellos que la reciben ya están reconciliados con Dios y solo les resta saber que lo están? Nunca debemos explicar la obra reconciliadora de Dios en y por medio de Cristo de tal manera que elimine la necesidad contemporánea y actual de que las personas sean reconciliadas con Dios. Como lo expresó James Denney: «Es en virtud de algo ya consumado en la cruz que Cristo puede hacer el llamado que nos hace, y obtener la respuesta con base en la cual recibimos la reconciliación».[5]

Es decir que, si hemos de ser genuinamente bíblicos en nuestro entendimiento, debemos mantener unidas dos verdades: primero, que Dios estaba «en Cristo» reconciliando al mundo consigo mismo, y segundo, que nosotros mismos tenemos que estar «en Cristo» si hemos de recibir la reconciliación (2 Corintios 5.18-21; ver 2 Corintios 5.17; Romanos 5.11).

---

5 James Denney, *The Death of Christ* (Londres: Tyndale, 1951), 86.

Más aún, nuestro solemne deber es decirles a quienes les anunciamos el evangelio y a los que dirigimos nuestro llamado, que están, en efecto, en camino a la «perdición». Les proclamamos las buenas noticias de Jesús no porque ya están salvados, sino para que sean salvados de perecer. Nuestra responsabilidad es «predicar la paz», en el sentido de prometerles paz con Dios por medio de Jesucristo a quienes se arrepientan y crean. Predicar la paz, en el sentido de anunciarles palabras suaves a quienes todavía están en rebelión contra Dios, y decir «¡Paz, paz!», cuando en realidad no hay paz, es el anuncio de un falso profeta, no de un verdadero evangelista de Jesucristo. El evangelio contiene tanto promesas como advertencias; habla tanto de perdonar pecados como de no perdonarlos (Juan 20.23). «Miren, pues —advirtió el apóstol Pablo—, que no sobrevenga lo que está dicho en los Profetas: "Miren, burladores, asómbrense y perezcan"» (Hechos 13.40-41, RVA-2015). *Perecer* es una palabra terrible. También lo es *infierno*. Creo que deberíamos mantener cierto agnosticismo reverente y humilde acerca de la *naturaleza* exacta del infierno, así como de la *naturaleza* precisa del cielo. Ambos exceden nuestro entendimiento. Pero debemos ser absolutamente claros y definidos acerca de la *realidad* horrible y eterna del infierno. No es el dogmatismo lo inapropiado cuando se habla de la realidad del infierno; lo inapropiado es hacerlo con frivolidad y falta de sinceridad. ¿Cómo podríamos pensar en el infierno sin derramar lágrimas?

La conversión y la regeneración

Entonces, si el evangelio requiere una respuesta, a esta respuesta la llamamos conversión. ¿Qué significa? En el Nuevo Testamento, el verbo *epistrephō* por lo general aparece en la voz pasiva o media, y por esa razón en seis ocasiones se traduce como *ser convertido(s)* (por ejemplo, «para que [...] se conviertan», Hechos 26.18). También tiene un sentido activo, que significa 'volverse'. Cuando se usa en contextos corrientes, no religiosos, el significado primario es 'volverse'; por ejemplo, cuando Jesús se volvió en medio de la multitud para ver quién lo había tocado (Marcos 5.30). Su otro significado es 'regresar', como cuando un saludo no deseado vuelve a quien lo dio (Mateo 19.13) o el demonio decide regresar a la casa que ha quedado vacía (Mateo 12.44); aunque el verbo más habitual para expresar regreso es *hypostrephō*, como cuando los pastores de Belén regresaron a sus rebaños y la sagrada familia a Nazaret (Lucas 2.20, 39).

Cuando el mismo verbo se usa teológicamente, es evidente que no cambia su significado básico. Todavía quiere decir volverse de una dirección hacia otra, o regresar de un lugar a otro. Así, los cristianos pueden ser descritos como quienes «abandonaron los ídolos y se volvieron al Dios vivo» (1 Tesalonicenses 1.9, DHH; ver Hechos 14.15), y también, después de ser «como ovejas descarriadas […] ahora han vuelto al Pastor que cuida de sus vidas» (1 Pedro 2.25). Ya que el volverse de los ídolos y del pecado habitualmente lo llamamos «arrepentimiento», y el volverse a Dios y a Cristo lo denominamos «fe», llegamos a la interesante ecuación bíblica de que «arrepentimiento + fe = conversión».

¿Cuál es, entonces, la relación entre la conversión y la regeneración o el nuevo nacimiento? Por supuesto que se pertenecen la una a la otra, como las dos caras de una moneda. Podemos afirmar sin temor a contradecirnos que todos los convertidos están regenerados, y todos los regenerados están convertidos. Es imposible imaginar o experimentar una sin la otra. Sin embargo, debemos distinguirlas teológicamente. Podemos mencionar tres diferencias.

En primer lugar, la regeneración es obra de Dios, en tanto la conversión es una acción humana. La regeneración es un nuevo nacimiento, un nacimiento «de arriba» (*anōthen*), un nacimiento «del Espíritu». Es la obra propia del Espíritu Santo, quien infunde vida a los muertos. Por su parte, la conversión es lo que hacemos cuando nos arrepentimos y creemos. Es verdad que tanto el arrepentimiento como la fe son dones de Dios, y que no podríamos arrepentirnos ni creer si no fuese por su gracia (por ejemplo, Hechos 11.18; 18.27). Aun así, lo que hace la gracia de Dios es liberarnos de la oscuridad y de la esclavitud para que podamos arrepentirnos y creer. No creo que valga la pena desvelarnos por dilucidar cuál viene primero. A veces las Escrituras dan prioridad a una, y a veces a la otra. La verdad realmente importante es que son inseparables.

En segundo lugar, la regeneración es inconsciente; en cambio, la conversión normalmente es consciente. Esta última no siempre es un acto que se *recuerda* como consciente, porque muchas personas que crecieron en un hogar cristiano amaron a Dios y creyeron en

Jesús desde sus primeros años y no recuerdan un tiempo cuando no hayan creído o un momento en que comenzaron a creer. A esas personas debemos decirles que la conversión como una condición de vida es mucho más importante que la conversión como una experiencia recordada. Sin embargo, en el caso de las personas adultas, el volverse de los ídolos al Dios vivo, y del pecado a Cristo, es un acto consciente de penitencia y de fe. Pero la regeneración es inconsciente. Sus efectos pueden ser disfrutados de manera consciente, en el sentido de que ofrecen seguridad, alivio, comunión con Dios, amor, gozo y paz, pero el paso de la muerte a la vida no es una experiencia sentida como tal. Por cierto, esto es lo que parece haber estado pensando Jesús cuando le dijo a Nicodemo: «El viento sopla por donde quiere, y lo oyes silbar, aunque ignoras de dónde viene y a dónde va. Lo mismo pasa con todo el que nace del Espíritu» (Juan 3.8). El nuevo nacimiento es en sí mismo una obra misteriosa. Sus consecuencias, en cambio, son evidentes. Puede ser útil trazar una analogía con el nacimiento físico. No fuimos conscientes del proceso de nacer; nuestra autoconciencia se desarrolló después; sin embargo, el hecho de que seamos conscientes de estar vivos es en sí una prueba de que, en algún momento del pasado, ¡efectivamente nacimos! De manera similar, la razón por la que sabemos que hemos nacido de nuevo no es que en ese momento fuimos conscientes de que estaba sucediendo, sino porque nuestra actual vida espiritual, percibida en nuestra autoconciencia cristiana, o más bien en nuestra conciencia de Dios, tiene que haber tenido su origen en un nacimiento espiritual.

La tercera diferencia entre la regeneración y la conversión es que la primera es una acción completa e instantánea de parte de Dios; en cambio, el giro de arrepentimiento y fe al que llamamos «conversión» es más un proceso que un evento. No cabe duda de lo repentino del nuevo nacimiento. La simbología del nacimiento deja esto en claro. Aunque la gestación previa lleva meses y el crecimiento posterior se prolonga por años, el nacimiento en sí mismo es un evento crítico. Hemos nacido o no hemos nacido, del mismo modo que estamos vivos o estamos muertos. Además, el nacimiento es una experiencia completa. Una vez nacidos, ya no podemos estar de ningún modo más nacidos que en el primer momento de salir del vientre materno. Lo mismo ocurre con el nuevo nacimiento. La regeneración no se sujeta a una cuestión de grados, como si una persona pudiera estar más regenerada que otra. Podemos ser más o menos santos, más o menos obedientes, más o menos semejantes a Cristo o a nuestro Padre celestial, tanto en el sentido comparativo con otras personas como en la transformación progresiva en nuestro camino de discipulado; pero no podemos estar más o menos regenerados, como tampoco estar más o menos nacidos.

Es evidente, sin embargo, que muchas conversiones son graduales. Las personas comienzan a sentir que la conciencia les molesta y a ver que necesitan arrepentirse. El Espíritu Santo comienza a abrirles los ojos y empiezan a reconocer en Jesucristo el Salvador que necesitan. Quizás entren en un periodo de lucha, en que a medias se resisten y a medias se entregan. Podrían parecerse a Agripa (Hechos 26.28), *casi convencidos*, o al padre del muchacho epiléptico (Lucas 9.39-41, LBLA) que declaraba a la vez creer y sentir incredulidad. Aun Saulo de Tarso, de quien se estima que constituye el caso más conspicuo de una conversión repentina, en realidad no lo fue. No tenemos por qué imaginar que el encuentro en el camino a Damasco haya sido su primer contacto con Jesús, porque al parecer había estado «dando coces contra el aguijón» (Hechos 9.5, RVR 1960) de Jesús por algún tiempo.

Es indudable que en la experiencia de muchas personas llega un momento cuando ese volverse que llamamos conversión se completa, y la fe naciente se transforma en fe salvadora. Además, algunas personas son conscientes de ese momento. Sin embargo, el Espíritu Santo es un Espíritu amable; a menudo se toma su tiempo para conducir a las personas de su egocentrismo a Cristo. Aun entonces, cuando legítimamente podríamos ser considerados *cristianos convertidos*, su trabajo está lejos de haber terminado. Aunque la regeneración no puede crecer, el arrepentimiento y la fe que constituyen la conversión sí pueden hacerlo, y de hecho deben crecer. Necesitamos un arrepentimiento más profundo y una fe más fuerte. La conversión es solo el comienzo. Ante nosotros se extiende toda una vida de crecimiento para llegar a la madurez en Cristo, a la transformación en la imagen de Cristo.

Después de este intento de definir la conversión, tanto en sí misma como en su relación con la regeneración, ahora debemos explorar ciertas implicancias de este cambio radical.

La conversión y el arrepentimiento

En primer lugar, consideremos la conversión y el señorío de Cristo. En el capítulo sobre la evangelización, vimos que el arrepentimiento y la fe son las exigencias gemelas del evangelio, y ya hemos comentado en este capítulo que juntas constituyen la conversión. El elemento del arrepentimiento está, lamentablemente, ausente en gran parte de la predicación evangelizadora contemporánea, pese a que era prominente en el mensaje de nuestro Señor (por ejemplo, Marcos 1.15; Lucas 13.3, 5) y en el de sus apóstoles (a saber, Hechos 2.38; 3.19; 17.30).

Lo que hace falta hoy en la predicación del arrepentimiento es integridad y realismo. En toda nuestra evangelización debe haber integridad. A veces, la ansiedad por ganar conversos nos induce a callar el llamado al arrepentimiento. Sin embargo, ocultar deliberadamente este aspecto de nuestro mensaje es deshonesto y, además, de mirada corta. Jesús nunca suavizó el costo del discipulado; por el contrario, invitaba a quienes querían ser sus discípulos a «sentarse y calcular el costo», porque les estaba exigiendo, en caso de seguirlo, que se negaran a sí mismos, tomaran su cruz y murieran. Cualquier táctica ingeniosa para lograr «decisiones» que sacrifica la honestidad sobre el altar de las estadísticas no puede menos que ocasionar otras pérdidas o bajas, víctimas de nuestra propia temeridad. Tenemos la obligación de enseñar que una nueva vida en Cristo trae consigo inevitablemente nuevas actitudes, nuevas ambiciones y nuevas normas de vida. La conversión cristiana no solo implica que las cosas viejas pasan, sino que otras nuevas vienen a ocupar su lugar (2 Corintios 5.17).

Además de integridad, nuestra predicación del arrepentimiento y del señorío de Cristo requiere de realismo. No basta con llamar a las personas al arrepentimiento en términos ambiguos, como si la conversión ocurriera en una especie de vacío místico del que se ha extraído toda la vida real. Cuando Juan el Bautista predicaba su bautismo de arrepentimiento, insistía en que las personas que respondían debían producir «frutos que demuestren arrepentimiento». Tampoco terminaba ahí. Hablaba de asuntos concretos. Los ricos debían compartir con los carenciados los excedentes de su riqueza. Los cobradores de impuestos debían remplazar la extorsión por la honestidad. Y los soldados no debían valerse de su poder para extorsionar al pueblo, sino más bien conformarse con su salario (Lucas 3.8, 10-14). Evidentemente, Jesús hizo lo mismo, porque Zaqueo claramente entendió que su discipulado implicaría la devolución de sus ganancias ilícitas. Y entonces procedió a dar la mitad de su capital a los pobres, posiblemente porque le hubiera resultado prácticamente imposible rastrear a la mayoría de las personas a las que les había robado. Nosotros también debemos presentar en términos realistas y concretos las implicancias contemporáneas del arrepentimiento, la conversión y el señorío de Cristo.

La conversión y la iglesia

La segunda implicancia de la conversión es la membresía en la iglesia. Sin embargo, se han levantado algunas voces influyentes que sostienen que a los conversos no se les debe requerir que necesariamente se unan a la iglesia. El teólogo cristiano indio, doctor M. M. Thomas, por ejemplo, argumentó a favor de lo que denominó «una fraternidad secular cristocéntrica fuera de la iglesia» y, en el contexto de la India, «una fraternidad cristocéntrica de fe y ética [en el seno de] la comunidad religiosa hindú». Al elaborar este concepto agregó que «la conversión a Cristo» no debería necesariamente implicar «la conversión a la comunidad cristiana». En lugar de ello, los conversos deberían tratar de construir «una fraternidad cristocéntrica de fe, dentro de la sociedad, la cultura y la religión en la que viven, transformando sus estructuras y valores desde adentro». Desde su perspectiva, este enfoque podría aun incluir la omisión del bautismo, porque este se ha vuelto «un signo no principalmente de la incorporación a Cristo, sino de proselitismo, para la incorporación en una comunidad socio-político-religiosa». A una persona convertida desde el hinduismo no se le debería exigir que se separe «de la comunidad hindú, en el sentido social, legal y religioso».[6]

Por revolucionarias que suenen las propuestas del doctor Thomas, creo que debemos reaccionar a ellas amablemente y con espíritu de comprensión. El trasfondo de su argumento es el catastrófico desarrollo, en la India y en otros lugares, de lo que generalmente se denomina *comunitarismo*. Es el surgimiento de una comunidad

---

6 M. M. Thomas, *Salvation and Humanization* (Madrás: CLS, 1971).

cristiana que, en lugar de estar esparcida en medio de la comunidad no cristiana como sal y luz, se aísla de ella y conforma por sí misma una entidad cultural distintiva en sí misma. Volveremos a esta cuestión cultural más adelante.

Una segunda razón por la que podemos entender la posición del doctor Thomas concierne al estado de la iglesia a la que se espera que se unan los conversos. Hay mucho en las iglesias que resulta poco atractivo, no solo en la India, sino en todas partes. Hay desunión, falta de integridad, ansias de poder y hasta corrupción e inmoralidad. Nos desilusionamos con la iglesia y nos preguntamos por qué querríamos traer a alguien «de afuera» a entrar en ella. Pero ¿acaso no es nuestro deber cristiano, a la luz de lo expresado, procurar renovar la iglesia, en lugar de eludirla o abandonarla? Todavía sigue siendo la iglesia de Dios, a menos, por supuesto, que haya apostatado completamente de la verdad revelada del Señor. A pesar de sus amargas divisiones, de la inmoralidad que toleraba, de los desórdenes en los cultos de adoración públicos y de las incertezas doctrinales, Pablo se dirigió a la iglesia de Corinto como «la iglesia de Dios que está en Corinto» (1 Corintios 1.2).

Frente a este debate contemporáneo necesitamos volver a la Biblia y a su consistente testimonio de que, a lo largo del proceso histórico, Dios ha venido llamando y sigue llamando a las personas a volverse a él, a constituir un pueblo que ha de ser distinto del mundo en sus convicciones y sus normas de vida, y a la vez permanecer inmerso en él. Según la carta a los Efesios, esta comunidad redimida es central tanto en el evangelio como en la historia. Más aún, a partir del día de Pentecostés, cuando el pueblo de Dios se convirtió en el cuerpo de Cristo lleno del Espíritu Santo, los apóstoles esperaban que los que se convertían se unieran a ese cuerpo. El llamado de Pedro a sus oyentes ese mismo día no fue solo a que se arrepintieran y creyeran —como si su conversión pudiera quedar en una transacción individualista—, sino también a que fueran bautizados y de ese modo «se salvaran» de esa «generación perversa» y se «unieran» a la nueva comunidad del Espíritu Santo (Hechos 2.40-47). Desde el principio estaba prevista alguna clase de transferencia de una comunidad a otra (más adelante explicaré lo que quiero decir con «transferencia»). En el Nuevo Testamento, el bautismo claramente incorporaba a los conversos a la iglesia, la comunidad donde se practicaban la adoración, la enseñanza y el servicio.

En realidad, aunque sin duda existe cierta «comunidad humana» fuera de Cristo, y millones de personas la están buscando hoy en la tecnocracia despersonalizada de Occidente, nosotros debemos insistir en que la «comunidad cristiana» es algo diferente en esencia. Es de origen y naturaleza sobrenatural, porque comprende la comunión con Dios al mismo tiempo que con su pueblo. Una congregación cristiana que llama a las personas a convertirse y a formar parte de la iglesia, debe exhibir visiblemente «la gracia del Señor Jesucristo, el amor de Dios y la comunión del Espíritu Santo».

La conversión y la sociedad

En tercer lugar, debemos examinar la relación entre la conversión y la responsabilidad social. La conversión personal conduce a la acción social. Esto es así, o debiera serlo, porque alguien que se convierte a Jesucristo vive en el mundo, al igual que en la iglesia, y tiene responsabilidades hacia el mundo, así como las tiene hacia la iglesia. Creo que la tendencia de las iglesias a «eclesializar» a sus miembros ha provocado que muchos cristianos modernos miren con recelo la conversión y la membresía en la iglesia. La conversión no debe *sacar* del mundo al converso, sino más bien enviarlo *nuevamente* al mundo. Es la misma persona quien vuelve al mismo mundo; sin embargo, es una nueva persona con nuevas convicciones y nuevas normas de vida. Si el primer mandato de Jesús fue «¡vengan!», el segundo fue «¡vayan!»; es decir, tenemos que volver al mundo del cual hemos salido, pero como embajadores de Cristo.

Paradójicamente, la conversión combina este alejarse del mundo (en cuanto a su pecado y su rebelión contra Dios) con un volverse hacia el mundo, a la luz de nuestra esperanza bíblica y nuestra conciencia del propósito final de Dios de redimir al mundo.

Con su acostumbrada sencillez, el arzobispo Michael Ramsey resumió las alternativas en una de sus conferencias dirigidas a quienes estaban por ser ordenados para el ministerio pastoral. Dijo:

> Pienso que hay tres procedimientos claramente
> diferenciados. Es posible predicar el evangelio de la
> conversión sin tomar en cuenta su contexto social.

> Es posible predicar un evangelio social que omite la
> realidad de la conversión a Cristo. Tengan ustedes la
> sabiduría de predicar el evangelio de la conversión,
> dejando en claro que es la totalidad de la persona, junto
> con todos sus vínculos, la que se convierte a Jesús como
> Señor de todo lo que es y hace.[7]

El compromiso con Cristo implica un compromiso con el mundo al cual y para el cual él vino.

En octubre de 1973, en el transcurso de una misión en la Universidad de Dar es Salaam, tuve el privilegio de que se me concediera una breve entrevista con el presidente Julius Nyerere. Hablamos acerca del grado de compromiso de los cristianos en el desarrollo nacional de Tanzania. El presidente Nyerere dijo entonces con gran énfasis: «Yo mismo estoy comprometido. Todo cristiano debería estarlo. En ocasiones, a quienes se presentan como 'cristianos comprometidos', les pregunto con qué están comprometidos. Cristo se comprometió con las personas. Así debería ser con nosotros también».

La conversión y la cultura

En cuarto lugar, llegamos a la cuestión de la conversión y la cultura humana. Ya mencionamos algo al respecto cuando analizamos la membresía en la iglesia. Permítanme ahora introducir el tema de la siguiente manera. Algunas personas piensan y hablan de la conversión como si no implicara mayor trastorno, y poco o ningún cambio en el estilo de vida del converso. Otros parecen esperar un cambio completo como si virtualmente se fumigara al converso de toda supuesta contaminación provocada por su anterior cultura. Sin embargo, la conversión no supone la renuncia automática a toda nuestra cultura heredada. Es cierto que la conversión supone arrepentimiento, y que el arrepentimiento es renuncia. Pero esto no requiere que el converso se separe por completo de su cultura para entrar a una subcultura cristiana que sea totalmente distintiva.

---

7 Michael Ramsey, *The Christian Priest Today* (Londres: SPCK, 1972), 37.

¡A veces damos la impresión de que quisiéramos que se retiren por completo del mundo real!

Es vital que, tanto en Occidente como en Oriente, aprendamos a distinguir entre Biblia y cultura, y entre aquellos elementos en la cultura que son inherentemente malos —a los que por amor a Cristo debemos renunciar—, y los que son buenos o neutros, que pueden ser conservados, hasta transformados y enriquecidos. En Occidente, la conversión a veces puede parecer un paso hacia un pasado obsoleto.

> Nuestras congregaciones exigen de cada nuevo miembro no solo la conversión, sino también un cambio de cultura. Debe abandonar algunas de sus conductas actuales y aceptar los patrones conductuales viejos que prevalecen en gran parte de la congregación. El nuevo cristiano debe aprender los viejos himnos y apreciarlos. Tiene que aprender el lenguaje del púlpito. Tiene que compartir ciertas opiniones políticas conservadoras. Deberá vestirse un poco a la antigua. […] En pocas palabras, deberá retroceder dos generaciones y soportar lo que uno podría rotular como una dolorosa circuncisión cultural.[8]

También en el Mundo Mayoritario, y dondequiera que una religión no cristiana domine la cultura del país, los cristianos necesitan mucha sabiduría para discernir entre lo que se puede conservar y lo que debe ser abandonado. En muchos casos, los nuevos conversos adoptan una actitud demasiado negativa hacia su cultura anterior. Esto puede acarrear varias consecuencias serias. Los cristianos que se separan completamente de la sociedad en la que fueron formados pueden llegar a sentirse inseguros y sin raíces, y hasta pueden —por haber abandonado las restricciones convencionales— caer en la permisividad moral. Incluso pueden desarrollar un *comunitarismo* cristiano que les da una nueva seguridad en la cual vivir, pero los aísla de sus parientes y sus amigos de antes. También pueden despertar oposición. Cuando se da lugar a pensar que los cristianos socavan el entretejido de la sociedad tradicional, se los considera como fanáticos peligrosos y provocan una hostilidad intensa e irracional.

---

8 Mark Gibbs y T. R. Morton, *God's Lively People* (Londres: Fontana, 1970), 206.

Hubo casos desde los primeros días de la iglesia, como cuando los judíos acusaron a Esteban de enseñar que «ese Jesús de Nazaret destruirá este lugar y cambiará las tradiciones que nos dejó Moisés», y cuando algunos mercaderes de Filipos acusaron a Pablo y a Silas de estar «alborotando» a la ciudad porque estaban «enseñando costumbres que a los romanos se nos prohíbe admitir o practicar» (Hechos 6.14; 16.20-21). En ambos casos, aunque uno de los contextos era judío y el otro romano, el asunto se relacionaba con las «costumbres», ya sea el abandono de las viejas costumbres o la introducción de otras nuevas. La cultura se compone de costumbres, y las personas se sienten amenazadas cuando sus costumbres son perturbadas. Por supuesto que, en un sentido, Jesucristo siempre es un perturbador de la paz, porque desafía las costumbres, las convenciones y las tradiciones heredadas, e insiste en que la totalidad de la vida debe ser puesta bajo su escrutinio y juicio. Aun así, no es parte necesaria de nuestra lealtad a la causa cristiana el hacernos iconoclastas y destruir la cultura del pasado por la sola razón de que es antigua o que formaba parte de nuestra vida anterior a la conversión. Como lo expresa el Pacto de Lausana: «Porque los hombres y mujeres son criaturas de Dios, parte de su cultura es rica en belleza y bondad. Porque han caído, está toda contaminada por el pecado y parte de ella es demoníaca».[9] En consecuencia, «la cultura siempre debe ser probada y juzgada por las Escrituras» y necesitamos discernimiento para evaluarla.

Con un trasfondo musulmán como marco, el obispo Kenneth Cragg resume bien la relación entre conversión y cultura:

> El bautismo, la forma en que la iglesia acoge a las personas significa su incorporación por fe a la comunión supranacional de Cristo. Correctamente entendido, no tiene el efecto de «desculturizar» al nuevo creyente; más bien lo «eclesializa». Esto último, a medida que profundiza y amplía su impacto, da fruto de manera creativa en todas las áreas de su contexto. El nuevo cristiano se hace responsable ante Cristo de su contexto anterior, y ante su anterior contexto por la nueva verdad. Pero no por ello se «vuelve ajeno». Todo lo que no es

9 Pacto de Lausana, párrafo 10.

incompatible con Cristo entra con él en el bautismo. La conversión no es una «migración»; es el descubrimiento personal del significado del Cristo universal dentro del anterior marco de raza, lengua y tradición.[10]

La conversión y el Espíritu Santo

El quinto y último aspecto de la conversión al que queremos abocarnos es el de la obra del Espíritu Santo. Es el aspecto en el que considero acertado concluir, porque mucho de lo que he escrito hasta ahora podría haber parecido demasiado centrado en el ser humano y en la confianza en lo humano. La misión, como he insistido, es lo que a *nosotros* se nos envía a hacer en el mundo. En la evangelización *nosotros* proclamamos y en el diálogo *nosotros* escuchamos. La salvación es lo que *nosotros* anhelamos que nuestras amistades reciban. Y la conversión describe (incluso en el Nuevo Testamento) lo que *nosotros* hacemos, tanto cuando nos volvemos nosotros mismos a Cristo como cuando llevamos a otros a él. Así, en Hechos se dice que «se convirtieron al Señor» (por ejemplo, Hechos 9.35; 11.21), y Jesús mismo habló de nuestra necesidad de «volvernos» y de hacernos humildes como niños si hemos de entrar al reino de Dios (Mateo 18.3-4). Juan el Bautista también habría de hacer «que muchos israelitas se vuelvan al Señor su Dios» (Lucas 1.16), en tanto que el apóstol Pablo habría de hacer que muchos gentiles «se conviertan de las tinieblas a la luz, y del poder de Satanás a Dios» (Hechos 26.17-18; ver Hechos 26.20 y Santiago 5.19-20). Pero todo este vocabulario sobre la actividad humana resulta sumamente engañoso si se lo interpreta en el sentido de que en última instancia la misión es obra humana y la conversión un logro humano.

Esta es precisamente la impresión que damos con frecuencia. En esta era pragmática, la iglesia se acomoda fácilmente a las perspectivas del mundo y da por sentado que la clave del éxito evangelizador radica en la eficiencia empresarial. Entonces publicamos nuestros manuales de instrucción del estilo «hágalo usted mismo» y

---

10 Kenneth Cragg, *The Call of the Minaret* (Cambridge: Lutterworth, 1956), 336.

perfeccionamos nuestras metodologías eclesiásticas. Aclaro que yo mismo creo en la eficiencia, ¡y no conozco ninguna razón por la cual los cristianos deban ser conocidos por su ineficiencia! A la vez, no debemos degradar la evangelización a ser meramente, y menos aún, principalmente, una técnica que debe aprenderse o una fórmula que deba recitarse. Algunas personas parecen anhelar con deleite el momento en que la labor de evangelización de la iglesia se pueda sistematizar en una computadora, y que todo el trabajo sea hecho por máquinas en lugar de personas, ¡y que la evangelización del mundo entero sea el triunfo final de la tecnología humana!

En contraste con el tono de arrogante autosuficiencia de la era moderna, resalta sobremanera la dependencia humilde de los apóstoles en el poder del Espíritu Santo. Ellos creían (y nosotros debemos creer con ellos) que las personas están muertas en sus transgresiones y pecados, ciegas a la verdad espiritual, esclavos del pecado y de Satanás. En consecuencia, no pueden *volverse* por sí mismos ni salvarse a sí mismos. Tampoco puede alguno de nosotros *volver* a otras personas o salvarlas. Solo el Espíritu Santo puede abrirles los ojos, iluminar su oscuridad, liberarlos de la opresión, volverlos a Dios y llevarlos de la muerte a la vida. Es verdad que en el Nuevo Testamento el arrepentimiento y la fe son claramente definidos como un deber humano (Hechos 2.38; 16.31; 17.30), aunque, como hemos visto, también son un don de Dios (por ejemplo, Hechos 11.18; Efesios 2.8; Filipenses 1.29). Por más desconcertante que pueda ser esta antinomia, en nuestro mundo centrado en lo humano es necesario que la afirmemos para mantenernos humildes delante de Dios.

Todos estamos familiarizados con el desarrollo de las técnicas modernas de la psicología: para fines publicitarios (tanto pública como subliminal), para propaganda política, para inducir intencionalmente la histeria colectiva, y para esa más perversa agresión contra la personalidad humana, el «lavado de cerebro». Sin embargo, los cristianos debemos esforzarnos por demostrar, más allá de toda duda, que la evangelización es una actividad enteramente diferente. Debemos rehusarnos a forzar a las personas a que entren a golpes al reino de Dios. El solo hecho de intentarlo es un insulto a la dignidad de los seres humanos y una usurpación pecaminosa de las prerrogativas del Espíritu Santo. Además, es improductivo. Un resultado inevitable de la evangelización por medios ilegítimos (a los que Pablo denominaba «lo vergonzoso que se hace a escondidas», 2 Corintios 4.2) es que los convertidos mediante tales procedimientos terminan por alejarse de la iglesia.

Es necesario agregar algunas palabras de precaución, para evitar deducciones indebidas a partir de la condición indispensable de la obra del Espíritu Santo en la evangelización. Quisiera mencionar brevemente cuatro conclusiones que no pueden ser justificadas por la confianza en el Espíritu Santo.

La primera conclusión es que la confianza en el Espíritu Santo no es excusa para descuidar la preparación. «No necesito prepararme antes de predicar», argumentan algunos; «Confío en que el Espíritu Santo me dará las palabras adecuadas. Jesús mismo prometió que en la hora de necesidad nos sería dado qué decir». Hablar así puede parecer aceptable, hasta que recordamos que citar incorrectamente las Escrituras es una de las artimañas del diablo. Jesús se estaba refiriendo a la hora de la persecución, no a la de la proclamación; al banquillo del acusado en la corte, no al púlpito en la iglesia. Confiar en el Espíritu Santo no tiene como fin ahorrarnos la molestia de la preparación. El Espíritu Santo realmente puede darnos qué decir, si de pronto se nos pide hablar y no hemos tenido oportunidad para prepararnos. Sin embargo, también puede clarificar y orientar nuestra reflexión y nuestro estudio. De hecho, la experiencia sugiere que hace un mejor trabajo allí que en el púlpito.

La segunda conclusión es que la confianza en el Espíritu Santo no justifica un antintelectualismo generalizado. Las «palabras sabias y elocuentes» a las que renunció Pablo no eran las de la predicación doctrinal o del uso de su mente, sino la sabiduría popular del mundo y la retórica elegante de los griegos. En contraposición a la primera, decidió ser fiel a la locura del mensaje de la cruz; y en contraste con la segunda, en su debilidad humana, decidió depender de la «demostración del poder del Espíritu» (1 Corintios 2.4). Pero Pablo no era antintelectual. Sus sermones estaban cargados de sustancia doctrinal y de razonamientos. Él y sus compañeros apóstoles no eran solo heraldos que anunciaban buenas nuevas; eran abogados que defendían una causa. Como escribió Wolfhart Pannenberg:

> Un mensaje que de otro modo no sería convincente no
> puede lograr el poder de convencimiento con solo apelar

al Espíritu Santo. [...] La capacidad de convencimiento del mensaje cristiano proviene solamente de su contenido. Si no fuera así, apelar al Espíritu Santo no le ayudaría en nada al predicador. [...] La argumentación y la obra del Espíritu Santo no entran en competencia entre sí.

Al confiar en el Espíritu, Pablo de ningún modo prescindía de pensar o de argumentar.[11]

La tercera conclusión es que la confianza en el Espíritu Santo no justifica la irrelevancia. Hay quienes afirman devotamente que el Espíritu Santo es la solución completa y satisfactoria para el problema de la comunicación, y que, cuando está presente y activo, ella deja de ser un problema. ¿Qué se supone que quiere decir eso? ¿Nos da la libertad de ser tan confusos, oscuros o irrelevantes como nos guste, porque el Espíritu Santo aclarará todas las cosas? Valernos del Espíritu Santo para racionalizar nuestra pereza se acerca más a la blasfemia que a la devoción. Por supuesto que *sin* el Espíritu Santo todas nuestras explicaciones son inútiles, pero esto no significa que *con* el Espíritu Santo también serán inútiles. El Espíritu Santo elige obrar por medio de ellas. La confianza en el Espíritu Santo no debe ser usada como forma de evitarnos el esfuerzo de los estudios bíblicos y contemporáneos.

La cuarta conclusión es que la confianza en el Espíritu Santo no justifica la supresión de nuestra personalidad. Algunos parecen imaginar que, a fin de que el Espíritu Santo tenga pleno control, deben anularse a sí mismos por completo. ¿Qué doctrina del Espíritu Santo es esta? Lo que sabemos de la inspiración bíblica debiera habernos protegido de este error. En el proceso al que llamamos *inspiración*, el Espíritu no suprimió la personalidad de los escritores humanos, sino que primero la moldeó y luego la usó plenamente. Aunque los comunicadores cristianos modernos no pueden hacer gala de una inspiración comparable, pueden tener la certeza de que ese mismo Espíritu no tiene ningún deseo de anularles la personalidad a ellos tampoco.

---

11 Wolfhart Pannenberg, *Basic Questions in Theology* (Londres: SCM Press, 1971), 2:34-35.

Lo que se nos prohíbe es la afección retórica; el intento deliberado y artificioso de producir efecto; la artificialidad, la hipocresía y la dramatización; la contemplación frente al espejo con la intención de planificar conscientemente nuestros gestos y muecas; y toda autopromoción y autosuficiencia. Dicho positivamente, hemos de ser como somos, actuar con naturalidad, desarrollar y ejercitar los dones que Dios nos ha dado y, a la vez, en lugar de confiar en nosotros mismos, confiar en el Espíritu Santo que se digna obrar por medio de nosotros.

A lo largo de su historia, la iglesia cristiana parece haber oscilado de un extremo al otro. Algunas veces adopta criterios tan mundanos que llega al extremo de la autosuficiencia, como si la evangelización fuera meramente un asunto de eficiencia empresarial y técnicas humanas. Otras veces adopta criterios tan ultramundanos y espiritualizados que llega al extremo opuesto del autodesprecio, como si la evangelización fuera enteramente obra del Espíritu Santo y nosotros no tuviéramos absolutamente nada que aportar. Pero, si entendiésemos en forma verdaderamente bíblica el propósito del Espíritu —de obrar por medio de algunos seres humanos para guiar a otros a la conversión—, nos veríamos libres de ambos extremos, el de la autoconfianza y el del autodesprecio, el de la soberbia y el de la pereza.

En cambio, lo que las Escrituras nos enseñan es la necesidad de una adecuada combinación de humildad y humanidad; la humildad de permitir que Dios sea Dios, reconociendo que solo él puede dar vista a los ciegos y vida a los muertos, y la humanidad de ser como somos, tal como Dios nos hizo, sin suprimir nuestra individualidad, sino ejerciendo los dones que nos ha dado, ofreciéndonos a él como instrumentos de justicia en sus manos. Me pregunto si habrá algo más necesario para la misión cristiana en la época moderna que esta saludable fusión entre humildad y humanidad en nuestra dependencia del poder del Espíritu Santo.

10

Reflexiones sobre la conversión

Chris Wright

«A pesar de estar muerto, habla todavía» (Hebreos 11.4) son palabras que a veces se encuentran en las lápidas de predicadores o escritores cristianos, y que bien podrían aplicarse a John Stott.[1] Una y otra vez, mientras leía y volvía a leer los capítulos de este pequeño libro, me he sentido maravillado al ver con cuánta frecuencia se anticipó, con un párrafo breve o aun con una oración al pasar, a cuestiones que han ocupado la mente de los teólogos cristianos, especialmente los misionólogos, en debates que se extendieron a lo largo de las siguientes décadas. Sobresalen tres temas en este capítulo.

La conversión y los «movimientos internos»

En la sección «La conversión y la iglesia», Stott cita a M. M. Thomas, el conocido erudito de la India apenas unos años mayor que él:[2]

---

1 Las palabras no pertenecen a la lápida de Stott. Las palabras que él mismo escogió para que fueran grabadas allí estaban inspiradas en uno de sus grandes héroes, Charles Simeon de Cambridge (1750-1836), cuyo epitafio dice: «Ya sea como el fundamento de sus propias esperanzas, o el tema de todas sus ministraciones, se decidió a "no conocer sino a Jesucristo, y este crucificado"». La lápida de John Stott en la aldea galesa de Dale, Pembrokeshire, cercana a The Hookses (la cabaña costera donde escribió la mayoría de sus libros), tiene la siguiente inscripción: «Aquí están enterradas las cenizas de John Robert Walmsley Stott, 1921-2011, Rector de la iglesia All Souls, Langham Place, Londres, 1950-1975 y Rector Emérito 1975-2011, quien decidió, como fundamento de su salvación y tema de su ministerio no conocer nada sino a Jesucristo, y a este crucificado. 1 Corintios 2.2».

2 Esto nos da una idea de la envergadura internacional de la lectura de Stott. M. M. Thomas fue un brillante y reconocido teólogo indio. Abogaba por una forma más autóctona del cristianismo en la India, tenía un fuerte interés por reformar su sociedad y consideraba a la salvación como un acto de humanización. Su oposición a la opresión que sufrían los *dalits* (los intocables) reflejaba la teología de la liberación de América Latina.

El teólogo cristiano doctor M. M. Thomas, por ejemplo, argumentó a favor de lo que denominó «una fraternidad secular cristocéntrica fuera de la iglesia» y, en el contexto de la India, «una fraternidad cristocéntrica de fe y ética en la comunidad religiosa hindú». Al elaborar este concepto agregó que «la conversión a Cristo» no debería necesariamente implicar «la conversión a la comunidad cristiana». En lugar de ello, los conversos deberían tratar de construir «una fraternidad cristocéntrica de fe, dentro de la sociedad, la cultura y la religión en la que viven, transformando sus estructuras y valores desde adentro». [...] A una persona convertida desde el hinduismo no se le debería exigir que se separe «de la comunidad hindú, en el sentido social, legal y religioso».

Aquello por lo que *abogaba* el doctor M. M. Thomas es algo que ha estado sucediendo en una escala notable en las décadas recientes, no solo en la India entre personas que viven en el contexto de la cultura hindú, sino también en varios países de población mayoritariamente musulmana. El fenómeno se ha llegado a conocer como *movimientos internos*, es decir, movimientos de personas que ponen su fe en Jesús como Salvador y Señor, aunque permanecen dentro de la anterior comunidad de fe que los rodea, o por lo menos no salen de sus comunidades de una manera visible, como podría ser unirse a una iglesia cristiana establecida (o formar una según el modelo tradicional). Como era de esperar, este desarrollo ha despertado considerable controversia tanto entre teólogos como practicantes del ámbito de la misión cristiana.

Es notable que, si bien no hay duda de que Stott estaba en desacuerdo con M. M. Thomas en varios asuntos (y lo expresó en algunos de sus otros escritos), su primera reacción sobre este punto dista de ser hostil. Escribe: «Por revolucionarias que suenen las propuestas del Dr. Thomas, creo que debemos reaccionar a ellas... con espíritu de comprensión». Da dos razones de esta *comprensión*. En primer lugar, menciona los «catastróficos» resultados de extraer a los conversos de su ambiente cultural para introducirlos en iglesias y comunidades cristianas que en los hechos están aisladas de la sociedad más amplia, y tienen poca influencia como sal y luz. Como segunda razón, cita la naturaleza «poco atractiva» de la iglesia a la que se espera que se sumen los conversos. A estas lamentables realidades, no hay duda de que se podrían agregar otras. En algunos países la palabra *cristiano* se asocia con todo tipo de bagaje histórico (que sea merecido o no es indistinto, pues para muchas personas esa percepción es la realidad), incluyendo el legado de las Cruzadas, el colonialismo, y el sentimiento de que el cristianismo es ajeno, una «religión occidental» impuesta por misioneros e imperialistas. Dado que la propia palabra *cristiano* apareció como un apodo y solo se menciona tres veces en el Nuevo Testamento, uno podría preguntarse por qué los que llegan a creer en Jesús deberían adoptar un nombre que de inmediato se expone a suposiciones distorsionadas, prejuicios y actitudes hostiles. Deberíamos diferenciar, se nos urge, entre la auténtica «ofensa de la cruz» —el costo del discipulado— y la acumulación histórica de expresiones ofensivas del cristianismo como fenómeno religioso, cultural e institucional.

La controversia sobre los *movimientos internos* tiende a cristalizarse en torno a unas pocas cuestiones centrales. Quienes profesan su fe en Jesús y a la vez retienen alguna, o la mayor, parte de su vínculo con la religión de la comunidad cultural que los rodea, ¿no están acaso practicando una forma de sincretismo que en efecto niega la singularidad de Jesucristo? Sin embargo, si la alternativa (la clara renuncia a las prácticas religiosas de su familia y su comunidad, junto con una confesión pública de Cristo) conduce al rechazo, a la expulsión o incluso (como ocurre con frecuencia) a la muerte, ¿no es eso peor? O, por el contrario, y según el Nuevo Testamento, ¿no son estas consecuencias, incluido el martirio, el costo que puede esperarse por confesar a Cristo?

En los círculos misionológicos sigue el debate candente acerca de si los movimientos internos (donde son visibles para «los de afuera») simplemente deben ser reconocidos, promovidos y alentados como una estrategia misionera, aceptando con humildad la soberanía del Espíritu de Dios que obra donde quiere y como quiere, o si deberían ser activamente desalentados, por considerarlos una traición al evangelio y una verdadera amenaza a la auténtica salvación de las personas.[3] Para

---

3 Puede encontrarse una muestra de algunas de las posiciones tomadas por los diferentes protagonistas en el debate en el sitio de Lausana, por ejemplo, Joseph Cummings, «Muslim Followers of Jesus?», consultado el 25 de abril de 2015,

algunos de nosotros, surge otra pregunta: ¿Por qué, quienes vivimos en Occidente y experimentamos y respiramos una de las formas más sincretistas de la fe cristiana que el mundo haya visto, tendríamos derecho a dictaminar lo que *cuenta* y lo que *no cuenta* como *verdadera* fidelidad a Cristo en culturas tan diferentes donde Dios está obrando? ¿Por qué deberíamos nosotros, en nuestra habitual urgencia por manejar y establecer estrategias, ser quienes dictaminemos los rótulos, las taxonomías y los criterios?

Sin embargo, mi interés aquí no es examinar todo este debate misionológico, sino sencillamente señalar la manera en que Stott anticipa el tema al reflexionar sobre lo que la conversión *debería* significar y lo que *no necesita* significar. Estoy seguro de que, a pesar de la *comprensión* de Stott hacia M. M. Thomas y su propuesta de una expresión india de la fe en Jesús más auténticamente autóctona, también habría estado alerta a los peligros del sincretismo y preocupado de que los nuevos convertidos a Cristo, más allá de cuán *internos* se mantuvieran, crecieran en Cristo, aprendieran la verdadera, distintiva y singular historia de redención de toda la Biblia y se sintieran seguros en su identidad como comunidades de seguidores de Jesús —aun si todo ello tuviera que ocurrir sin la parafernalia del cristianismo institucional y las estructuras eclesiales tradicionales, en lo que estas fueran ajenas a la cultura local. Nunca tuve la oportunidad de analizar esta cuestión misionológica con Stott, pero puedo imaginar que lo habría manejado con su equilibrio y discernimiento característico. Se sentiría muy alentado por la obra del Espíritu de Dios manifiesta en el hecho empírico de que muchas personas de trasfondos religiosos diversos se están volviendo seguidoras de Jesús (y en consecuencia miembros de la iglesia de Cristo, aun donde no hubiera iglesia institucional, o no se permitiera su existencia). A la vez su preocupación sería cómo proteger a ese discipulado de los peligros, tan evidentes en la Biblia, de mezclar la

---

www.lausanne.org/content/muslim-followers-of-Jesus. La revista *Christianity Today* también se ocupó del tema, auspiciando una serie de «Conversatorios Globales» en el año precedente al Tercer Congreso de Lausana que se realizaría en Ciudad del Cabo en octubre de 2010. El artículo y las respuestas se encuentran en el volumen publicado en diciembre de 2009, disponible en línea en www.lausanne.org/global-conversation-articles. Un buen resumen de toda la temática, con vínculos a otros recursos bibliográficos, está disponible en http://en.wikipedia.org/wiki/Insider_movement.

adoración al Dios viviente con suposiciones idolátricas tomadas de una cosmovisión cultural no confrontada.

Ya que sé que pidió que se le leyera todo el Compromiso de Ciudad del Cabo, y se alegró al escucharlo, creo que habría respaldado los párrafos (necesariamente breves) sobre el asunto. Pertenecen a la sección IIC, «Vivir el amor de Cristo entre personas de otras creencias religiosas», que expresa lo que sigue:

El amor respeta la diversidad del discipulado

En el seno de diversas religiones pueden encontrarse los denominados «movimientos internos». Estos son grupos de personas que están siguiendo ahora a Jesús como su Dios y Salvador. Se reúnen en grupos pequeños para la comunión, enseñanza, adoración y oración centradas en Jesús y la Biblia, mientras continúan viviendo social y culturalmente en sus comunidades de nacimiento, incluyendo algunos elementos de sus prácticas religiosas. Es un fenómeno complejo, y hay mucho desacuerdo sobre cómo responder a él. Algunos elogian estos movimientos. Otros advierten acerca del peligro del sincretismo. Sin embargo, el sincretismo es un peligro que se encuentra entre los cristianos en cualquier parte al expresar nuestra fe en nuestras propias culturas. Cuando vemos a Dios obrar en formas inesperadas o no familiares, debemos evitar la tendencia a (i) apresurarnos a clasificarlas y promoverlas como una nueva estrategia misionera, o (ii) apresurarnos a condenarlas sin escuchar lo que sucede en forma sensible y contextualizada.

A) Con el espíritu de Bernabé, quien al llegar a Antioquía «vio la gracia de Dios» y «se regocijó, y exhortó a todos a que con propósito de corazón permaneciesen fieles al Señor» [Hechos 11.20-24], queremos hacer un llamado a todas las personas preocupadas por este tema a:

i. Tomar como su principio rector fundamental la decisión y la práctica apostólica: «Que no se inquiete a los gentiles que se convierten a Dios» («debemos dejar de ponerles trabas a los gentiles que se convierten a Dios») [Hechos 15.19].

ii. Conducirse con humildad, paciencia y amabilidad en el reconocimiento de la diversidad de puntos de vista, y participar de conversaciones sin estridencia ni condenación mutua [Romanos 14.1-3].[4]

La conversión, la iglesia y el evangelio

En la misma sección «La conversión y la iglesia», Stott recurre a la Biblia y nos recuerda que la iglesia no es un edificio ni una institución, sino un pueblo; de hecho, *el* pueblo que Dios ha estado llamando y creando para sí mismo, lo cual sigue haciendo. Stott no menciona el Antiguo Testamento por nombre; pero, al referirse a «su consistente testimonio» y al «proceso histórico», sin duda se propone que entendamos que el pueblo de Dios abarca todas las épocas de ambos Testamentos, a lo largo de toda la historia de la Biblia. Entonces agrega lo siguiente en una de esas oraciones asombrosamente condensadas y *preñadas* de significado: «Según la carta a los Efesios, esta comunidad redimida es central tanto en el evangelio como en la historia».

No solo tenía razón, por supuesto, sino que se anticipó a la creciente conciencia de dos cuestiones que han quedado enfocadas con más nitidez en la teología evangélica reciente: que la iglesia, por su existencia, es parte integral de lo que significa el evangelio; y que ella es, en su esencia, misional (razón por la cual también es central «en la historia»). Dicho en lenguaje técnico, no debemos divorciar nuestra eclesiología de nuestra soteriología, ni la misionología de la eclesiología.

¿Y por qué destacó a Efesios? La razón más inmediata es que en ese momento la epístola estaba muy presente en sus pensamientos. Cuando publicó, en 1979, su estudio sobre Efesios, *God's New Society* (*El mensaje de Efesios*), nos dijo en el prefacio lo siguiente: «Durante los últimos cinco años, y aún más, he estado estudiando el texto de Efesios, absorbiendo su mensaje, sintiendo su impacto, y soñando su sueño».[5] Por eso, no causa sorpresa que la afirmación que citamos arriba esté reflejada en dos subtítulos de su comentario sobre

---

4 Compromiso de Ciudad del Cabo, IIC.4.

5 Más tarde incorporado a la serie Bible Speaks Today con el título *The Message of Ephesians: God's New Society* (Downers Grove, IL: InterVarsity Press, 1979). En español, *El mensaje de Efesios: la nueva humanidad* (Quito: Ediciones Certeza, 1987).

Efesios 3. Después de afirmar que «la lección más importante que nos enseña esta primera mitad de Efesios 3 es la centralidad bíblica de la iglesia», esboza de qué manera «la iglesia es central en la historia» y «la iglesia es central para el evangelio».

En cuanto a la *historia*, Pablo habla acerca del propósito eterno de Dios, un plan divino que pertenece a la historia y a la eternidad, que es la creación de una comunidad multinacional de judíos y gentiles reconciliados, «que no tiene fronteras territoriales, que reclama nada menos que todo el mundo para Cristo», «su propia sociedad nueva, el comienzo de su nueva creación». Este es un entendimiento misional de la iglesia, porque percibe a la iglesia como parte integral de la misión última de Dios, de reunir bajo el señorío de Cristo a toda la creación (Efesios 1.10).

En cuanto al *evangelio*, Pablo argumenta que la meta divina de la integración cósmica en el capítulo 1 ha resultado en la reconciliación étnica (Efesios 2.11-3.11) entre judíos y gentiles. Y ve esa reconciliación como la acción de paz lograda por Cristo mediante la cruz (Efesios 2.14-18), así como el despliegue —la revelación— del «misterio» del evangelio (Efesios 3.3-6). El evangelio es la buena noticia de lo que Dios ha realizado, lo que incluye el hecho de que ha creado una comunidad reconciliada: reconciliada con Dios y unos con otros en Cristo.

> Las buenas nuevas de las riquezas inescrutables de
> Cristo que Pablo predicó son que él murió y resucitó,
> no solo para salvar a los pecadores como yo (aunque lo
> hizo), sino también para crear una nueva humanidad;
> no solo para redimirnos del pecado, sino también
> para adoptarnos en la familia de Dios; no solo para
> reconciliarnos con Dios, sino también unos con otros.
> Por lo tanto, la iglesia es una parte integral del evangelio.
> El evangelio es buenas nuevas acerca de una sociedad
> nueva tanto como de una vida nueva.[6]

Esta percepción de la iglesia como central al evangelio y a la misión se puede ver en otros escritos de Pablo. En Colosenses 1.15-20, incluye a la iglesia, el cuerpo del que Cristo es cabeza, en su exposición

---

6 *God's New Society*, 126-29; *El mensaje de Efesios*, 124-129.

sobre la supremacía de Cristo sobre «todas las cosas [...] tanto las que están en la tierra como las que están en el cielo», por derecho de creación, redención y herencia. Pablo considera a la comunidad cristiana de creyentes en Corinto, pese a todas sus faltas, como «una carta de Cristo» (2 Corintios 3.2-3), demostrando así la verdad y la autenticidad del evangelio apostólico. Elogia su contribución (como gentiles) a la ofrenda para los pobres que sufrían hambruna en Jerusalén (creyentes judíos), como «la obediencia con que ustedes acompañan la confesión del evangelio» (2 Corintios 9.13). Y les asegura a los creyentes gentiles en Galacia que su fe en el Mesías Jesús los ha incorporado a la simiente espiritual de Abraham, y que eso en sí mismo es la demostración sustantiva de la fidelidad de Dios a su promesa a Abraham, que Pablo expresa con vocabulario propio del evangelio. «La Escritura, habiendo previsto que Dios justificaría por la fe a las naciones, anunció de antemano el evangelio a Abraham: "Por medio de ti serán bendecidas todas las naciones"» (Gálatas 3.8).

Para Pablo, el evangelio (la buena noticia que Dios había prometido al mundo) comienza en Génesis y ahora se hace visible en la iglesia —y visible no solo en la tierra. La iglesia, según Pablo en Efesios 3 (entendiendo, en ese contexto, a la iglesia como la nueva humanidad de judíos y gentiles reconciliados por medio de la cruz), es la demostración de Dios, para todo el cosmos de poderes espirituales, de la verdad del «misterio de Cristo» y del logro de la extraordinaria misión redentora de Dios: «El fin de todo esto es que la sabiduría de Dios, en toda su diversidad, se dé a conocer ahora, por medio de la iglesia, a los poderes y autoridades en las regiones celestiales, conforme a su eterno propósito realizado en Cristo Jesús nuestro Señor» (Efesios 3.10-11).

Debido a que la iglesia es central al evangelio, el modo en que ella *se comporta*, al vivir, amar y adorar en comunidad, es una parte central de su testimonio y su misión en el mundo —algo en lo que Pablo insiste con regularidad. La iglesia no es solo el mensajero que entrega el mensaje, sino que es en sí misma una corporeización del mensaje (aunque de manera imperfecta en este mundo caído).

Esta centralidad de la iglesia en el evangelio y en la misión ha recibido más atención en obras recientes. Se evidencia con fuerza, por ejemplo, en la obra de N. T. Wright (a tal punto que a veces ha sido acusado, equivocadamente según mi punto de vista, de *sustituir* la eclesiología por la soteriología).[7] También es de especial interés para Scot McKnight en varios de sus escritos, el más reciente de ellos *Kingdom Conspiracy*.[8] En mi propio libro *The Mission of God's People: A Biblical Theology of the Church's Mission*, se enfatiza la continuidad histórica del pueblo de Dios a partir de Génesis y a lo largo de toda la Biblia, y cómo fueron ellos (y nosotros) llamados a ser un pueblo que encarnase las buenas noticias del evangelio bíblico, que diera testimonio del evangelio en palabra y en acción como esencia de esa misión, la razón de nuestra existencia en la historia.[9]

Como tantos otros temas misionológicos «recientes» y favoritos, esta comprensión de la centralidad de la iglesia tanto en el evangelio como en la misión, ya había sido anticipada en la obra de Lesslie Newbigin, quien se refirió a «la congregación como hermenéutica del evangelio» con las poderosas y misionales palabras: «¿Cómo es posible que el evangelio sea creíble, que las personas lleguen a creer que el poder que tiene la última palabra en los asuntos humanos esté representado por un hombre colgado en una cruz? Sugiero que la única respuesta, la única hermenéutica del evangelio, es una congregación de hombres y mujeres que creen en el evangelio y viven en conformidad con él».[10]

Como dije, Stott tenía este tema muy presente en sus pensamientos en la década de 1970, y es evidente que también en el Pacto de Lausana de 1974. Las siguientes palabras pertenecen al párrafo 6, «La iglesia y la evangelización»: «La iglesia está en el centro mismo del propósito cósmico de Dios y es el instrumento que él ha designado para la difusión del evangelio. Pero una iglesia que predica la cruz debe estar ella misma marcada por la cruz». Esto conduce a un imperativo ético, que resuena con la manera en que Pablo pasa del indicativo

---

7 Ver especialmente su provocativa obra, *The New Testament and the People of God* (Mineápolis: Fortress, 1992), y también sus trabajos recientes y más populares: capítulos como «Reshaping the Church for Mission», en *Surprised by Hope* (N. York: HarperOne, 2008) y «The Launching of God's Renewed People», en *How God Became King* (N. York: HarperOne, 2012).

8 Scot McKnight, *Kingdom Conspiracy: Returning to the Radical Mission of the Local Church* (Grand Rapids: Brazos, 2014).

9 Christopher J. H. Wright, *The Mission of God's People: A Biblical Theology of the Church's Mission* (Grand Rapids: Zondervan, 2010).

10 Lesslie Newbigin, *The Gospel in a Pluralist Society* (Grand Rapids: Eerdmans, 1989), 227.

del evangelio al imperativo que debe caracterizar a quienes creen y obedecen el evangelio. «[La iglesia] se convierte en una piedra de tropiezo para la evangelización cuando traiciona el evangelio o carece de una fe viva en Dios, un amor genuino por las personas o una honradez escrupulosa en todas las cosas, incluyendo la promoción y las finanzas».[11]

Esta misma integración de las dimensiones ética, eclesial y misional se mantiene en el Movimiento de Lausana, como puede verse en el Compromiso de Ciudad del Cabo. Resulta interesante que la sección sobre la *iglesia* (parte I.9, «Amamos al pueblo de Dios») pasa rápidamente al papel de la iglesia en relación con la misión y las demandas éticas que plantea, en tanto que la sección sobre la *misión* (parte I.10, «Amamos la misión de Dios») se ocupa en seguida de la identidad y el rol de la iglesia, y de su calidad de vida en el mundo. La eclesiología y la misionología no son separables.

> *El pueblo de Dios son todas las personas de todas las edades y todas las naciones a quienes Dios, en Cristo, ha amado, escogido, llamado, salvado y santificado como un pueblo para su propia posesión, para compartir la gloria de Cristo como ciudadanos de la nueva creación. En consecuencia, como aquellas personas que Dios ha amado de eternidad a eternidad y a lo largo de toda nuestra historia turbulenta y rebelde, se nos ordena amarnos unos a otros. Porque «si Dios nos ha amado así, debemos también nosotros amarnos unos a otros» y, por lo tanto: «Sed, pues, imitadores de Dios... y andad en amor, como también Cristo nos amó, y se entregó a sí mismo por nosotros». El amor de unos por otros en la familia de Dios no es meramente una opción deseable, sino un mandamiento ineludible. Este amor es la primera evidencia de la obediencia al evangelio, la expresión necesaria de nuestra sumisión al señorío de Cristo, y un potente motor para la misión mundial* [2 Tesalonicenses 2.13-14; 1 Juan 4.11; Efesios 5.2; 1 Tesalonicenses 1.3; 4.9-10; Juan 13.35].
>
> A) *El amor exige unidad.* El mandamiento de Jesús, de que sus discípulos se amen unos a otros, está vinculado con su

---

11 Pacto de Lausana, párrafo 6.

oración para que sean uno. Tanto el mandamiento como la oración son misionales: «En esto conocerán todos que sois mis discípulos» y «para que el mundo crea que tú [el Padre] me enviaste» [Juan 13.34-35; 17.21]. Un signo sumamente convincente de la verdad del evangelio es cuando los creyentes cristianos están unidos en amor a través de las arraigadas divisiones del mundo: barreras de raza, color, género, clase social, privilegio económico o alineación política. Hay pocas cosas que destruyen tanto nuestro testimonio como cuando los cristianos reflejan y amplifican las mismas divisiones entre ellos. Buscamos urgentemente una nueva asociación global dentro del cuerpo de Cristo a través de todos los continentes, arraigada en un profundo amor mutuo, la sumisión mutua y un intenso compartir de recursos económicos sin paternalismo ni dependencia malsana. Y buscamos esto no sólo como una demostración de nuestra unidad en el evangelio, sino por el bien del nombre de Cristo y la misión de Dios en todo el mundo.[12]

Después de resumir la misión de Dios como «central a nuestra comprensión de Dios, de la Biblia, la iglesia, la historia humana y el futuro último», la sección sobre la misión continúa así:

Nuestra participación en la misión de Dios. Dios llama a su pueblo a compartir su misión. La iglesia de todas las naciones es la continuidad, a través del Mesías Jesús, del pueblo de Dios en el Antiguo Testamento. Con ellos, hemos sido llamados a través de Abraham y comisionados para ser una bendición y una luz a las naciones. Con ellos, debemos ser moldeados y enseñados por medio de la ley y los profetas para ser una comunidad de santidad, compasión y justicia en un mundo de pecado y sufrimiento. Hemos sido redimidos por medio de la cruz y la resurrección de Jesucristo, y hemos sido dotados de poder por el Espíritu Santo para dar testimonio de lo que Dios ha hecho en Cristo. La iglesia existe para adorar y glorificar a Dios por toda la eternidad, y para participar en la misión transformadora de Dios dentro de la historia.

---

12 Compromiso de Ciudad del Cabo, I.9a).

227

> Nuestra misión se deriva plenamente de la misión de Dios,
> está dirigida a toda la creación de Dios y tiene como centro y
> fundamento la victoria redentora de la cruz. Este es el pueblo
> al cual pertenecemos, cuya fe confesamos y cuya misión
> compartimos.[13]

Podríamos agregar, en relación con el tema del capítulo de Stott,
que este es el pueblo al cual son injertados los nuevos conversos,
cuando se arrepienten, confían y viven como discípulos obedientes a
Jesucristo, sea cual fuere el tipo de *iglesia* con la que quieran alinearse
o no en sus circunstancias culturales e históricas inmediatas.

La conversión, la cultura y la contextualización

La sección «La conversión y la cultura», en el capítulo de Stott, plantea
temas que tienen raíces profundas en la historia de la iglesia (con lo
cual quiero decir que se adentran también en el Antiguo Testamento),
que siguen estimulando la mente, el corazón y la capacidad práctica
de los teólogos, los estrategas y los practicantes de la misión.

Dada la prominencia del debate sobre la *contextualización*
(o *inculturación*, como lo denominó la Iglesia Católica Romana), en
la historia de la misión cristiana (no solo en los tiempos modernos;
los movimientos misioneros jesuitas lucharon con ello en la India y
en China), bien vale la pena recordar que la relación entre quienes
pertenecen a Dios y las culturas en las que necesariamente viven
(no hay vida humana sin cultura) es un tema presente en la Biblia
misma. El Nuevo Testamento muestra a los primeros seguidores
de Jesús esforzándose por relacionar los postulados y los desafíos
de su fe con la cultura del judaísmo del primer siglo y luego con las
culturas griega y romana. También en el Antiguo Testamento, Israel
enfrentó el desafío de toda una secuencia de ambientes culturales
(mesopotámica antigua, egipcia, cananea, babilónica, persa, griega),
con una mezcla muy humana de diferenciación exitosa y rendido
amoldamiento. Gran parte del mensaje de la Torá y de los Profetas
se ilumina cuando entendemos este conflicto, que en su esencia era
de índole misional: ¿estaban dispuestos a *vivir* como una nación

---

13 Compromiso de Ciudad del Cabo, I.10a).

entre otras naciones (una cultura en medio de otras culturas), como el pueblo distintivo (*santo*) que Dios había creado y que los había llamado a *ser*? Esa es la principal idea del extraordinario *sermón* que conocemos como el libro de Deuteronomio.[14]

Sea lo que fuere lo que signifique la conversión ocurre necesariamente *dentro de* una cultura, en una relación dinámica e ineludible con ella. Esto queda muy en claro cuando examinamos el lenguaje bíblico que se usa en relación con el fenómeno en sí, ya sea en el Antiguo Testamento, con su constante llamado a Israel a «volver(se)» (en todos sus sentidos: volverse de otros dioses, volverse al Dios viviente, etc.), o en el Nuevo Testamento, con el imperativo del reino de Dios en boca de Juan el Bautista y de Jesús a sus compatriotas judíos, de que «se arrepintieran y creyeran en las buenas nuevas», o con la apelación de Pablo a los paganos politeístas a que se convirtieran a Dios «dejando los ídolos para servir al Dios vivo y verdadero» (1 Tesalonicenses 1.9).[15]

Esta interacción entre la conversión y la cultura fue explorada con cierta profundidad en un número de la revista *International Bulletin of Missionary Research*, bajo el título «Conversión cristiana y misión». Andrew Walls exploró la crucial diferencia entre lo que se conoce sobre el proselitismo judío en el judaísmo del primer siglo y la naturaleza de la evangelización y la conversión practicados entre los gentiles por Pablo y los otros apóstoles.[16] Por mi parte, estudié el tema de la conversión en ambos Testamentos, en los cuales observé que incluía el desplazamiento radical de todos los otros dioses y

---

14 He explorado esta dimensión misional-cultural de Deuteronomio en mi comentario: Christopher J. H. Wright, *Deuteronomy*, New International Biblical Commentary (Peabody, MA: Hendrickson, 1996); publicado nuevamente en la serie *Understanding the Bible Commentary* (Grand Rapids: Baker, 2012).

15 Es un dato aleccionador que el vocabulario sobre la *conversión* se aplica con mucha más frecuencia al pueblo que pertenece a Dios que a las naciones extranjeras, aunque ellas también pueden ser convocadas a que «vuelvan [...] y sean salvos» (Isaías 45.22). Nos recuerda que, si bien puede haber un momento concreto de conversión asociado con nuestro primer ejercicio de arrepentimiento y fe, ser convertido es un proceso cada vez más profundo que lleva toda la vida, un volverse y volver a amar al Señor nuestro Dios con todo nuestro corazón, con toda nuestra alma, con toda nuestra mente y con todas nuestras fuerzas.

16 Andrew F. Walls, «Converts or Proselytes? The Crisis over Conversion in the Early Church», *International Bulletin of Missionary Research*, vol. 28, n.° 1 (2004): 2-6.

la transformación ética, y que tenía implicancias misionales significativas vinculadas con la bendición a las naciones.[17]

Stott hace algunas afirmaciones seminales en esta sección, que
vale la pena citar nuevamente:

> La conversión no supone la renuncia automática a toda
> nuestra cultura heredada. Es cierto que la conversión
> supone arrepentimiento, y que el arrepentimiento es
> renuncia. Pero esto no requiere que el converso se separe
> por completo de su cultura para entrar a una subcultura
> cristiana que sea totalmente distintiva. [...]
>
> Los cristianos que se separan completamente de
> la sociedad en la que fueron formados pueden llegar a
> sentirse inseguros y sin raíces, y hasta pueden —por haber
> abandonado las restricciones convencionales— caer en
> la permisividad moral. Incluso pueden desarrollar un
> *comunitarismo* cristiano que les da una nueva seguridad
> en la cual vivir, pero los aísla de sus parientes y sus amigos
> de antes. También pueden despertar oposición. Cuando se
> da lugar a pensar que los cristianos socavan el entretejido
> de la sociedad tradicional, se los considera como fanáticos
> peligrosos y provocan una hostilidad intensa e irracional.

Como ya vimos, esto apunta directamente a la controversia sobre
los *movimientos internos*. Por supuesto que Stott de ninguna manera
habría considerado esta breve observación como la última palabra
sobre un asunto tan complejo. Pero sí nos muestra que estaba
consciente del tipo de problemas que buscan superar los *movimientos
internos*, y no importa cuán controversiales resulten para los obser-
vadores comprometidos con la misión y los interesados en la teología.
Escribe Stott:

> Es vital que, tanto en Occidente como en Oriente,
> aprendamos a distinguir entre Biblia y cultura, y entre
> aquellas cosas en la cultura que son inherentemente
> malas —a las que por amor a Cristo debemos

---

17 Christopher J. H. Wright, «Implications of Conversion in the Old Testament and
the New», *International Bulletin of Missionary Research*, vol. 28, n.º 1 (2004): 14-19.

renunciar—, y cosas que son buenas o neutras, que pueden ser conservadas, hasta transformadas y enriquecidas. [...]

Aun así, no es parte de nuestra lealtad a la causa cristiana el hacernos iconoclastas y destruir la cultura del pasado por la sola razón de que es antigua o que formaba parte de nuestra vida anterior a la conversión. Como lo expresó el Pacto de Lausana: «Porque los hombres y mujeres son criaturas de Dios, parte de su cultura es rica en belleza y bondad. Porque han caído, está toda contaminada por el pecado y parte de ella es demoníaca». En consecuencia, «La cultura siempre debe ser probada y juzgada por las Escrituras» y necesitamos discernimiento para evaluarla.

Como acabo de expresar, ese proceso de discernimiento es evidente en la Biblia misma. En uno de mis primeros libros (en el que estoy seguro de haber sido influenciado por la lectura de este libro de Stott publicado en 1975), exploré cómo el Antiguo Testamento da testimonio de la compleja relación de Israel con la cultura que la rodeaba —y lo hice haciendo eco del primer párrafo de Stott que acabo de transcribir. Podemos observar que la respuesta de Israel (visible especialmente en la Torá) abarca desde un absoluto *rechazo y prohibición*, pasando por la *tolerancia restringida* (por ejemplo, la poligamia, el divorcio y la esclavitud), hasta una *confirmación crítica* (a saber, la importancia de tener un rey y la viabilidad y la cohesión de la familia).[18]

Muy poco después de Lausana 1974 y de la publicación de este libro en 1975, Stott aportó su intelecto, su autoridad para convocar, su incomparable capacidad como presidente de conferencia y sus habilidades para la redacción de un informe ante una consulta sobre este acuciante asunto del evangelio y la cultura. Tuvo lugar en Willowbank, Bermuda, en enero de 1978, y produjo el «Informe Willowbank: El evangelio y la cultura». Es un excelente documento de treinta y seis

---

[18] Estos eran los subtítulos en el capítulo «Culture and Family», en Christopher J. H. Wright: *An Eye for an Eye* (Downers Grove, IL: InterVarsity Press, 1983), ahora revisado y expandido en *Old Testament Ethics for the People of God* (Downers Grove, IL: InterVarsity Press, 2004), 327-62.

páginas que todavía ofrece algunas definiciones excepcionalmente claras, diferenciaciones, reflexiones teológicas y recomendaciones prácticas. Comienza de la siguiente manera:

> El proceso de comunicación del evangelio no puede aislarse de la cultura humana de la cual procede, ni de aquella en la que ha de ser proclamada. Este hecho constituyó una de las preocupaciones del Congreso de Lausana sobre la Evangelización Mundial, en julio de 1974. Por ello, el Grupo de Trabajo de Teología y Educación de la comisión de Lausana convocó a una consulta sobre este tema en enero de 1978. Dicha consulta reunió a 33 teólogos, antropólogos, lingüistas, misioneros y pastores de los seis continentes para estudiar «El evangelio y la cultura». La consulta fue coauspiciada por el Grupo de Trabajo sobre Estrategia de la Comisión de Lausana, y se propuso cuatro metas:

1. Desarrollar nuestra comprensión de la interrelación del evangelio y la cultura, con especial referencia a la revelación de Dios, a nuestra interpretación y comunicación de ella, y a la respuesta de quienes la escuchen en su conversión, sus iglesias y su estilo de vida.

2. Reflexionar críticamente sobre las implicancias de la comunicación transcultural del evangelio.

3. Identificar las herramientas necesarias para una comunicación más adecuada del evangelio.

4. Compartir los frutos de la consulta con líderes cristianos en iglesias y misiones.

Muchas agencias misioneras y muchas iglesias cristianas establecidas en países que antes habían sido *campos de misión*, que por consiguiente estaban buscando cómo reflexionar sobre cuestiones relativas al involucramiento posmisionero con sus culturas locales, encontraron en este documento, uno de los primeros Documentos Ocasionales de Lausana, algunas pautas de mucha utilidad.[19]

---

19 Puede accederse al contenido de «The Willowbank Report-Gospel and Culture» en www.lausanne.org/content/lop/lop-2. También está incluido en John Stott, ed., *Making Christ Known: Historic Mission Documents from the Lausanne Movement, 1974-1989* (Grand Rapids: Eerdmans, 1997).

La bibliografía sobre contextualización y la relación entre evangelio, misión y cultura ha crecido de forma constante desde la década de 1970, así como el número de encuentros y congresos convocados para lidiar con los asuntos implicados. La siguiente nota bibliográfica muestra apenas una pequeña selección de títulos, en algunos de los cuales se encontrará bibliografía mucho más extensa.[20]

Sin embargo, corresponde darle al propio John Stott la última palabra. Como tantas otras veces, después de contemplar todo tipo de problemas, estrategias, desafíos y propósitos humanos, nos invita a humillarnos delante de Dios. Más allá de lo que para nosotros signifique la misión, es la misión de Dios la que estamos llamados a compartir. No importa qué abarque la salvación, es solo Dios quien salva. Más allá de lo que implique la conversión, es Dios quien transforma.

> En contraste con el tono de arrogante autosuficiencia de la era moderna, resalta sobremanera la dependencia humilde de los apóstoles en el poder del Espíritu Santo. Ellos creían (y nosotros debemos creer con ellos) que las personas están muertas en sus transgresiones y pecados, ciegas a la verdad espiritual, esclavos del pecado y de Satanás. En consecuencia, no pueden «volverse» por sí mismos ni salvarse a sí mismos. Tampoco puede alguno de nosotros «volver» a otras personas o salvarlas. Solo el Espíritu Santo puede abrirles los ojos,

---

20 Sin duda, Andrew Walls es el historiador más renombrado de la misión cristiana desde el Nuevo Testamento y a través de los siglos, y algunos de sus artículos más estimulantes sobre ello están reunidos en *The Missionary Movement in Christian History: Studies in the Transmission of Faith* (Maryknoll, NY: Orbis, 1996). Ciertamente, Lesslie Newbigin aportó sus acostumbradas y penetrantes percepciones: por ejemplo, «Church Growth, Conversion and Culture», en *The Open Secret: An Introduction to the Theology of Mission* (Grand Rapids: Eerdmans, 1995), 121-59. Otras obras relevantes incluyen: Vinay Samuel y Albrecht Hauser, *Proclaiming Christ in Christ's Way: Studies in Integral Evangelism* (Oxford: Regnum, 1989); David J. Hesselgrave y Edward Rommen, *Contextualization: Meanings, Methods and Models* (Grand Rapids: Baker, 1989); David Burnett, *Clash of Worlds* (Londres: Monarch, 1990); David Smith, *Against the Stream: Christianity and Mission in an Age of Globalization* (Leicester, UK: Inter-Varsity Press, 2003); Dean Flemming, *Contextualization in the New Testament: Patterns for Theology and Mission* (Downers Grove, IL: InterVarsity Press, 2005); A. Scott Moreau, *Contextualization in World Missions: Mapping and Assessing Evangelical Models* (Grand Rapids: Kregel, 2012); John Corrie y Cathy Ross, eds., *Mission in Context: Explorations Inspired by J. Andrew Kirk* (Aldershot, UK: Ashgate, 2012).

iluminar su oscuridad, liberarlos de la opresión, volverlos a Dios y llevarlos de la muerte a la vida. Es verdad que en el Nuevo Testamento el arrepentimiento y la fe son claramente definidos como un deber humano (Hechos 2.38; 16.31; 17.30), aunque, como hemos visto, también son un don de Dios (por ejemplo, Hechos 11.18; Efesios 2.8; Filipenses 1.29). Por más desconcertante que pueda ser esta antinomia, en nuestro mundo centrado en lo humano es necesario que la afirmemos para mantenernos humildes delante de Dios.

Ediciones Certeza Unida es la casa editorial de IFES en los países de habla hispana. La IFES (International Fellowship of Evangelical Students), también conocida en América Latina como la Comunidad Internacional de Estudiantes Evangélicos (CIEE), agrupa a movimientos estudiantiles nacionales que procuran formar comunidades de discípulos, quienes, transformados por el evangelio, impacten la universidad, la iglesia y la sociedad para la gloria de Cristo.

Editoriales miembro de Certeza Unida:

Certeza Argentina, Bernardo de Irigoyen 678, 5° I, (1072) CABA, Argentina.
pedidos@certezaonline.com | www.certezaonline.com

Ediciones Puma, Av. 28 de Julio 314, Oﬁcina G, Jesús María, Lima, Perú.
Apartado Postal 11-168.
ventas@edicionespuma.org | www.edicionespuma.org

Andamio Editorial, Alts Forns 68, Sótano 1, 08038, Barcelona, España.
libros@andamioeditorial.com | www.andamioeditorial.com

IFES América Latina está compuesta por los siguientes movimientos nacionales

Asociación Bíblica Universitaria Argentina (ABUA)
Comunidad Cristiana Universitaria, Bolivia (CCU)
Aliança Bíblica Universitária do Brasil (ABUB)
Grupo Bíblico Universitario de Chile (GBUCH)
Unidad Cristiana Universitaria, Colombia (UCU)
Estudiantes Cristianos Unidos, Costa Rica (ECU)
Grupo de Estudiantes y Profesionales Evangélicos Koinonía, Cuba
Comunidad de Estudiantes Cristianos del Ecuador (CECE)
Movimiento Universitario Cristiano, El Salvador (MUC)
Grupo Evangélico Universitario, Guatemala (GEU)
Comunidad Cristiana Universitaria de Honduras (CCUH)
Compañerismo Estudiantil Asociación Civil, México (COMPA)
Comunidad de Estudiantes Cristianos de Nicaragua (CECNIC)
Comunidad de Estudiantes Cristianos, Panamá (CEC)
Grupo Bíblico Universitario del Paraguay (GBUP)
Asociación de Grupos Evangélicos Universitarios del Perú (AGEUP)
Asociación Bíblica Universitaria de Puerto Rico (ABU)
Asociación Dominicana de Estudiantes Evangélicos (ADEE)
Comunidad Bíblica Universitaria del Uruguay (CBUU)
Movimiento Universitario Evangélico Venezolano (MUEVE)

Web: IFES América Latina *https://ifesworld.org/es/region/americalatina/*

Printed in the USA
CPSIA information can be obtained
at www.ICGtesting.com
CBHW020902010624
9376CB00019B/311